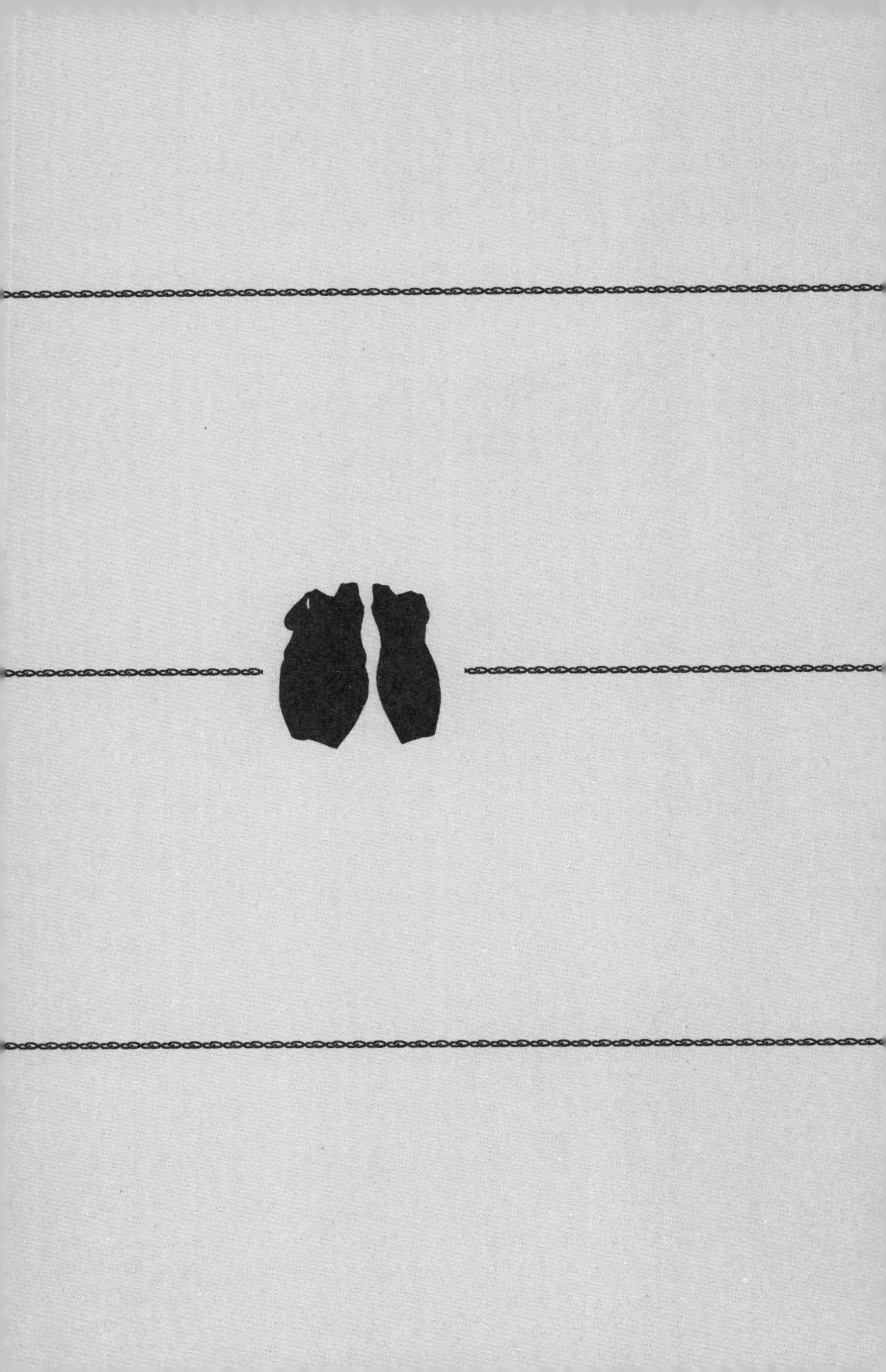

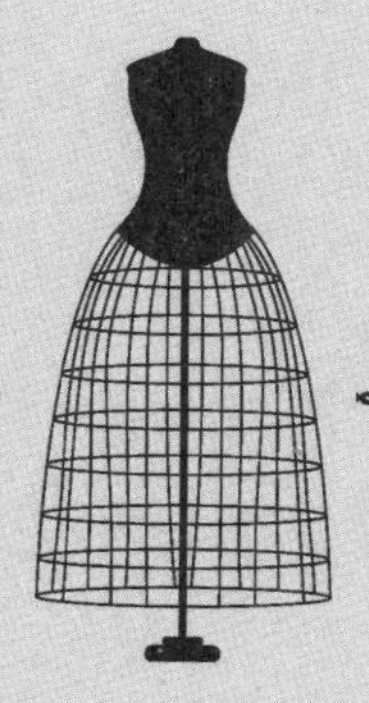

다이어트의 역사

다이어트의 역사

초판 1쇄 인쇄 2022년 1월 17일
초판 1쇄 발행 2022년 1월 27일

지은이 운노 히로시
옮긴이 서수지
펴낸이 이효원
편집인 김사라
마케팅 한성호
디자인 김성엽의 디자인모아
펴낸곳 탐나는책
출판등록 2015년 10월 12일 제 2021-000142호
주소 경기도 고양시 덕양구 삼송로 222, 101동 305호(삼송동, 현대헤리엇)
전화 02-381-7311 **팩스** 02-381-7312
전자우편 tcbook@naver.com

ISBN 979-11-89550-60-8 (03900)

:: 값은 뒤표지에 있습니다.
:: 잘못된 책은 구입하신 서점에서 바꾸어 드립니다.

다이어트의 역사

운노 히로시 지음 | 서수지 옮김

체중과 외모,
다이어트를 둘러싼
인류와 역사 이야기

탐나는책

사람은 왜
끊임없이 살을 찌우고,
또 끊임없이 빼는가

차례

들어가는 글 | 다이어트의 신화

1장 다이어트의 시작: 세기말

2장 새로운 여성과 날씬한 몸매: 1920년대

3장 슬렌더와 내추럴: 1930~1950년대

4장 고도 소비사회의 다이어트: 1960~1970년대

5장 다이어트 카니발: 1980~1990년대

들어가는 글

다이어트의 신화

입에서 엉덩이까지

다이어트는 오늘날 가장 일반적인 생활양식 혹은 관심사 중 하나가 아닐까. 현대인은 놀라울 정도로 몸무게에 민감하다. 커피에 들어가는 설탕을 줄이거나 엘리베이터를 타지 않고 계단을 오르는 등의 생활 속에서 실천할 수 있는 가벼운 다이어트부터 달리기와 걷기, 피트니스센터 등록과 같은 본격적인 다이어트까지, 상당한 인구가 항상 무언가 다이어트를 시도하고 있다. 아무것도 하지 않는 사람이라도 마음 한구석으로는 다이어트에 신경을 쓴다. 텔레비전을 틀면 '과음과 과식을 주의하라'는 경고를 담은 공익광고가 주문처럼 되풀이되고 있다. 자고 일어나면 매일같이 새로운 다이어트 책이 쏟아져 나와 베스트셀러가 되고 여성잡지에서 다이어트 이야기는 매달 빠지지 않는 단골 기사다.

현대인은 다이어트를 해야 한다는 압박을 받으며 다이어트 강박관념에 사로잡혀 있는 듯하다. 이제 다이어트라고 하면 굳이 설명할 필요가 없는 기본적인 상식으로 자리 잡은 것 같다.

그렇다면 다이어트란 무엇일까? 왜 당연히 누구도 의심하지 않고 다이어트가 필요하다고 여기게 되었을까? 새삼 생각해보면 우리는 다이어트에 관해 확실히 알지 못한다. 왜 다이어트가 필요할까? 너무 많이 먹기 때문에? 비만은 성인병의 원인이 되고, 몸에 나쁘기 때문이라고 하면 일단 수긍할 수 있다. 그러나 그것만으로는 설명이 부족하다. 몸에 나쁜 다이어트도 있다. 왜 몸에 안 좋은 다이어트를 할까? 젊은 여성이라면 예뻐지기 위해서라고 대답하리라.

다시 말해 다이어트는 단순한 건강법이 아닌 인간적이고 불가사의한 열정이다. 동물은 다이어트를 하지 않는다. 반려동물은 별개로 치고 야생동물은 필요한 먹이를 섭취하며 몸을 유지한다. 그런데 인간의 신체는 기능적으로 생기지 않았는지 필요 이상으로 먹게 된다. 그리고 필요 이상 꾸역꾸역 먹은 음식의 칼로리를 태우려고 사서 고생한다. 인간 신체의 신진대사 구조는 어딘가 잘못되어 있는 모양이다.

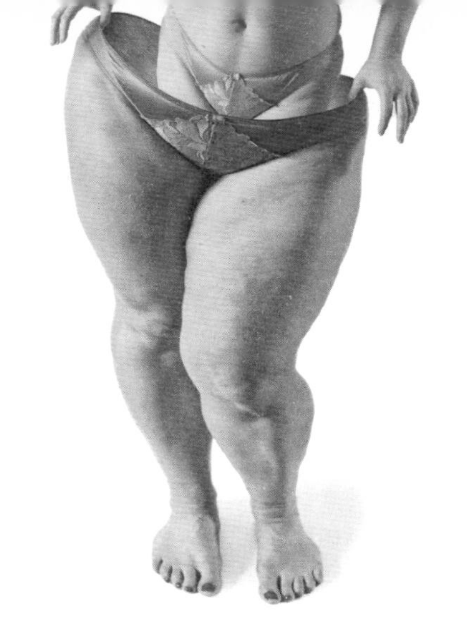

그렇게 생각하면 다이어트는 인간적이고 상당히 불가사의한 행동이다. 다이어트가 인간이라는 존재를 이해하는 하나의 열쇠가 될 수 있지 않을까? 또 이 정도로 다이어트 열풍이 분 시대는 여태까지 없었다. 다이어트는 현대적인 신드롬으로 자리매김하고 있다. 우리 사회에 불어닥친 다이어트 광풍은 언제 시작되었을까? 이 책에서는 다이어트의 역사를 돌아보고 다이어트라는 키워드를 통해 우리가 사는 시대를 읽어나가려 한다.

다이어트의 어원

다이어트라는 단어는 무슨 뜻일까? 먼저 어원을 더듬어 올라가 보자. 예전 교통안전 표어 중에 '5분 먼저 가려다 50년 먼저 간다'는 문구가 있었다. 비슷한 다이어트 표어로 '5분 입이 즐거우면 투실투실해진 엉덩이 군살은 평생 간다'는 말이 있다. 5분 먼저 가려다 교통사고로 황천길에 갈 수 있다는 경고를 담은 표어를 먹는다는 쾌락은 순간이나 먹어서 찐 살은 평생 몸뚱이에 붙어 다닌다는 다이어트 경고로 바꾼 셈이다.

지금 먹으면 영원히 뚱뚱한 몸으로 살아야 한다. 그러니 참자!

이것이 다이어트의 원리다. 입이 심심해서 고작 5분 동안 먹는 즐거움을 느끼려고 섭취한 음식이 살이 되어 평생 따라다니게 된다니, 아찔하면서도 효과적인 다이어트 표어다.

입으로 들어온 음식은 엉덩이로 나간다. 입이 입구라면 출구는 엉덩이다. 입에서부터 엉덩이로 이어지는 파이프를 둘러싼 온갖 다이어트법이 난무한다. 즉 다이어트는 입으로 들어온 음식을 엉덩이로 내보내는 것과의 관계성, 단순하게 말하면 뺄셈이다. 이 뺄셈이 깔끔하게 떨어지지 않고 나머지, 즉 우수리가 나오면 비만이 된다.

'Diet'를 영어 사전에서 찾아보면 두 가지 뜻이 있다.

1. 일상적인 음식, 식사

2. 몸무게를 줄이기 위해 정해진 음식을 먹는 규정식, 식이요법

사전에 실린 뜻풀이 중 두 번째가 우리가 지금 말하는 다이어트에 해당한다. 그렇다고 매일 정해진 음식을 먹는 방식은 모조리 다이어트라거나 건강식이라고는 할 수 없다. 또 'Day'라는 단어와 관계가 있는지, 어느 특정한 날에 열리기 때문인지, 'Diet'에는 '국회' '의회' '회기'라는 의미도 있다. 그러면 첫 번째 의미도 역시 'Day'와 연결해 '하루 치 정해진 식사'를 다이어트라고 풀이할 수 있을 것이다.

결국 하루에 필요한 정량의 음식을 다이어트라고 규정하는 듯하다. 여기서부터는 내 상상인데, 옛날 사람들은 신체에 필요한 만큼만 식사했기에 하루에 먹는 양이 일정하게 정해져 있었다. 그런데 시간이 지나며 정량 이상으로 먹는 사람이 나타났고, 각자 내키는 대로 자유롭게 먹게 되었다. 지금 정량 식사를 하는 공간은 수도원과 군대, 교도소를 들 수 있다. 이런 곳에서는 정해진 양의 배식으로 만족해야 한다.

이처럼 정량 식사가 한정된 장소에서 이루어지는 특별한 상황이 되며, 정량 식사에는 징벌적 의미가 더해졌다. 수도원의 금식에도 속죄의 의미가 담겨 있다.

이처럼 다이어트에는 죄와 벌이라는 의미가 포함되었다. 이는 현대의 다이어트에도 여전히 그림자를 드리우고 있다. 옛날 사람들은 몸이 요구하는 필요량의 식사로 만족했으나 차츰 필요한 양보다 더 먹게 되었다. 그 포식에 대한 벌로 제한된 식사, 다이어트의 의무가 생긴 것이다. '5분 입이 즐거우면 투실투실해진 엉덩이 군살은 평생 간다'는 말처럼, 입을 만족시키면 평생 거대한 엉덩이를 실룩거리며 살아야 한다고 경고한다.

그렇다면 언제부터 우리는 무엇을 먹으면서 엉덩이가 거대해질지 몰라 죄책감을 느끼게 되었을까? 우리는 다이어트를 당연하게 받아들이지만, 일반 사람들이 이 정도로 다이어트에 목숨을 거는 시대는 그리 오래되지 않았다.

자, 이쯤에서 다이어트의 세 가지 특성에 대해 고찰해보자. 다이어트에는 세 가지 특징이 있다.

- 특히 근대의 산물
- 특히 여성의 전유물
- 특히 미국적

이 세 가지 특징을 중심으로 지금부터 다이어트의 역사를 살펴보자.

특히 근대

다이어트는 언제 시작되었을까? 체중계가 발명된 시대부터일까? 사실 우리가 생각하는 다이어트는 그리 오래되지 않았다. 나중에 다시 설명하겠지만, 다이어트가 사회적 현상으로 자리 잡은 시대는 19세기 무렵이다. 하비 리번스타인Harvey Levenstein 교수는 《식탁의 혁명: 미국 식단의 변화Revolution at the Table: The Transformation of the American Diet》(1988)라는 책에서 1880년에서 1930년 사이에 미국인의 식탁에 일대 전환이 일어났다는 이론을 제시했다.

우리가 생각하는 날씬한 몸매를 위한 다이어트라는 개념은 이 무렵 100년 사이에 생겨났다. 즉 다이어트는 근대화 현상이다.

> 1890년대부터 1910년 사이에 미국 중산층은 지금도 진행 중인 비만과의 전쟁을 시작했다. 대중의 조직적 관심이 뚱보로 지목된 사람에게 쏠리고, 섬뜩할 정도의 강렬한 반감과 동시에 사생활의 영역이 터무니없을 정도로 확장되는 요인이 되었다. 여성의 체형뿐 아니라 10년마다 어지러울 정도로 빠르게 달라지던 19세기 패턴과 반대로 날씬한 몸매를 추구하는 열정은 적어도 1세기 가까이 이어지며 틀을 갖추었다. 날씬함을 이상으로 여기는 현상은 20세기에 몇 번이고 되풀이되었다. 가슴과 엉덩이에 대한 기준은 어느 정도 변화했다. 하지만 전체적으로는 날씬함

을 강조하는 풍조가 강화되었다. 1900년 전후로 형성된 비만에 대항하는 십자군은 훗날 20세기 기준으로 우리 생활의 일부가 되었는데, 기본적인 문화는 이 시기에 확립되었다.

_ 피터 너새니얼 스턴스Peter Nathaniel Stearns, 《비만의 역사: 현대 서구세계의 신체와 아름다움Fat History: Bodies and Beauty in the Modern West》(1997)

19세기 말에 살찐 몸은 바람직하지 않다는 사고방식이 일반화되며 다이어트가 등장했다. 뚱뚱한 몸매가 바람직하지 않다는 풍조가 생겨나며 역설적으로 뚱뚱함이 문제가 된 것처럼 보인다. 그전에는 중류계급에서 뚱뚱함은 문제가 되지 않았다. 사람들은 비만을 걱정해야 할 정도로 살찌지 않았다. 그런데 중류계급이 부유해지고 필요한 양보다 더 먹을 수 있게 되자 살찌는 것이 악으로 여겨지게 되었다. 따라서 다이어트는 특히 근대의 문제다.

세기말, 빈에서 장식이 악으로 규정되었던 일이 연상된다. 아돌프 로스Adolf Loos가 '장식은 죄악'이라고 주장하며 내놓은 단순한 디자인은 모던 디자인의 출발점이 되었고, 장식을 배제한 최대한 심플한 디자인이 20세기 주류가 되었다. 완전히 같은 시기, 비만도 악으로 규정됐다. 디자인과 다이어트는 나란히 앞으로 나아갔다.

특히 미국

근대 다이어트가 가장 성행한 다이어트 왕국은 미국이고, 그것은 지금도 마찬가지다. 다이어트는 미국적 현상이다. 왜 하필 미국이라는 나라였을까? 이 부분에 관해서는 자세한 설명이 필요하나 여기서는 세기말 미국 식생활의 극적인 변화에 초점을 맞추기로 한다. 어느 순간부터 푸짐하게 양이 많아지고 살찌기 쉬운 기름진 식사가 미국인의 식탁에 오르게 되었다. 다이어트는 사회적 문제로 자리매김했다. 다이어트는 근대화 · 도시화에 연계되는 문제로, 다른 나라보다 더 큰 변환기를 거친 미국에서 다이어트는 첨예한 현상으로 격렬한 논쟁을 유발하는 사회적 관심사가 되었다.

다이어트가 특히 근대 미국에서 일어난 현상임을 보여주는 한 예를 일본 신문기사에서 찾아볼 수 있다(《아사히신문》 1998년 1월 8일자). 스모 선수인 아케보노曙의 어머니가 '하와이 다이어트'를 하는 중이라는 기사였다. 은퇴한 하와이계 스모 선수 고니시키小錦도 몸무게가 270킬로그램이 넘는 거구였는데, 하와이에는 몸무게가 100킬로그램 넘는 사람들이 수두룩하다. 실제로 하와이 주민의 60퍼센트가 비만이라는 통계도 있다. 심장병, 당뇨병 등의 사망률이 미국에서 가장 높은 지역이 하와이라는 자료도 있다.

그래서 일본계 의사 테리 신타니テリー新谷가 '하와이 다이어

트'를 고안해 효과를 봤다는 소식이었다. 방법은 간단하다. 흔히 타로Taro라고 부르는 감자와 비슷한 작물로 만드는 포이Poi라는 걸쭉한 죽이 하와이 사람들의 주식이었는데, 테리 신타니는 이 전통식단을 부활시켰다. 테리 신타니에 따르면, 수백 년 전 하와이 주민을 찍은 사진에는 뚱뚱한 사람이 없다고 한다. 포이 등의 전통식단으로 자급자족하던 시대에 하와이 사람들은 살찌지 않았는데 19세기 이후 미국 문화가 들어오며 식생활도 미국식으로 바뀌었다. 햄버거, 프라이드치킨, 고기 통조림 등 기름지고 자극적인 음식이 하와이 사람들의 식탁에 올랐고, 식단에서 지방이 차지하는 비율이 10퍼센트에서 40퍼센트까지 치솟았다. 안 그래도 체질적으로 살이 찌기 쉬운 하와이 사람들은 몸집이 거대해지고 점점 더 살이 쪘다. 그러니 미국식 식단을 버리고 살찌기 이전의 전통식단으로 돌아가자는 것이 하와이 다이어트의 요지다.

미국의 근대 식생활이 하와이까지 비만하게 만들었다고 이 기사는 주장했다. 하와이는 미국식 식문화를 받아들인 대가를 다른 지역보다 먼저 톡톡히 치른 셈이다.

살찌는 식생활로 변환한 근대 미국에서는 이미 다이어트가 중요한 관심사가 되었다. 피터 너새니얼 스턴스는 다이어트의 영역을 다음의 세 분야로 구분한다.

- 패션
- 새로운 다이어트법과 기구
- 비만에 관한 높은 관심

패션에 관해서는 뒤에서 살펴보기로 하고 나머지 두 분야에 살포시 눈도장을 찍어보자. 먼저 '새로운 다이어트법과 기구' 분야인데, 다이어트 열풍에 편승해 다양한 상품화 · 비즈니스화가 시도되었다. 다이어트 상품 광고가 줄을 이었고 〈레이디스 홈 저널Ladies' Home Journal〉 같은 여성잡지에서는 연일 다이어트 기사를 내보냈다. 예를 들면 워런 부인은 의사의 진찰을 받거나 특별한 다이어트를 하지 않고도 저렴한 가격에 살을 뺄 수 있는 방법이 있다고 주장했다. 식후에 바트키싱엔 생수와 V2 생수를 번갈아 마시는 방법으로, 두 가지 광천수에 포함된 산성 성분과 알칼리성 성분이 중화되어 일주일에 약 900그램이나 뺄 수 있다고 하는 다이어트법이었다.

이 기사를 읽은 수천 명의 독자는 흥분했고, 워런 부인은 효과가 증명되었다며 당당하게 주장했다. 당시 신문과 잡지에는 다이어트, 건강, 미용 등에 관한 기사와 광고가 넘쳐 났다. 당시에는 과대광고와 가짜 약, 가짜 요법 등에 관한 규제가 아직 정비되지 않았기에 상당히 수상한 방법까지 뒤범벅된 채로 걸러지지 않고 독자에게 마구잡이로 소개되었다. 아주 최근까지도 이와 같은 상황은 크게 달라지지 않았을 수 있다.

어쨌든 날씬한 몸매를 만들어준다는 약물과 기구가 선풍적인 인기를 끌었고, 1900년 무렵부터 뉴욕 등 미국 주요 도시에 체중조절을 위한 체육교실이 문을 열었다.

1870년대에 창간한 〈피츠버그 프레스The Pittsburgh Press〉라는 대중지를 보면, 1900년까지는 다이어트 관련 광고를 전혀 싣지 않다가 1900년대 들어선 후 느닷없이 '렝고Rengo'라는 이름의 살 빼는 약 광고가 등장한다. 1910년에는 격일로 렝고 광고가 실렸다. 렝고를 매일 과일이나 사탕을 챙겨 먹듯 먹으면 하루에 약 450그램씩 살이 빠진다는 광고였다. 이 회사는 자신의 회사 이름을 붙인 '렝고 벨트'라는 코르셋도 판매했다. 코르셋 광고에는 이 벨트를 매면 자연스럽게 약을 먹지 않고도 잘록한 허리와 풍만한 엉덩이를 가질 수 있다는 설명이 붙어 있었다. 한쪽 광고

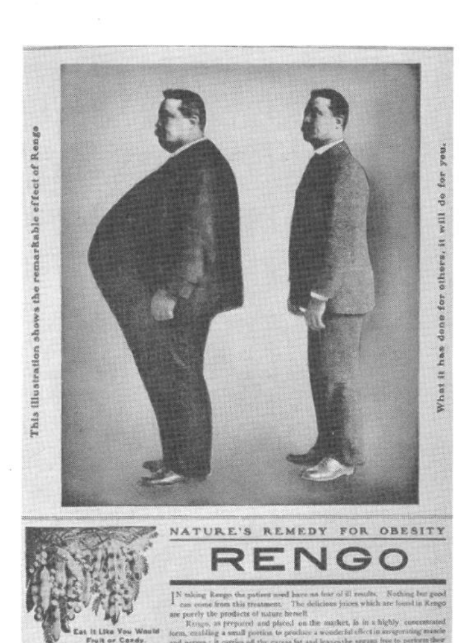

"살찌면 안 돼!" 1900년 이후 급속도로 증가한 다이어트 광고는 오늘날에도 여전히 유효하다.

에서는 약을 팔면서 또 다른 광고에서는 약 없이도 살을 뺄 수 있다는 모순 따위는 개의치 않고 일단 팔고 보자는 한탕주의 막무가내식 상술이 난무했다.

물론 경쟁자도 가만히 있지 않았다. 운동과 다이어트로 언제 살을 빼겠냐며 복용하자마자 바로 살이 빠진다는 '마머라Marmora' 알약 등의 제품도 광고에 열을 올렸다. 1900년 이후 다이어트 상품 광고가 단숨에 증가한 현상은 이 무렵부터 다이어트가 사회현상으로 자리 잡았음을 방증하는 것이다.

릴리언 러셀(1904년)

1909년, 미국의 인기 배우이자 가수였던 릴리언 러셀Lillian Russell이 신문 인터뷰에서 '자신의 다이어트법'을 이야기했다. 그녀는 살을 빼기 위해 매일 아침 250번씩 데굴데굴 구른다고 다이어트 비결을 털어놓았다. 결과는 어땠을까? 피터 너새니얼 스턴스가 '솔직히 말하면 몸무게와의 싸움에 비겼다'고 적었으니, 릴리언 러셀은 살을 빼지는 못했던 모양이다. 그도 그럴 것이 릴리언 러셀은 1880년대 스타로, 풍만한 몸매로 알려졌다. 1909년의 전성기를 지나자 최신 유행인 날씬한 미인에 밀려 퇴물 신세가 되고 말았다.

당대 최고 스타였던 릴리언 러셀조차 매일 아침 다이어트 운동을 했던 것이다. 잘나가는 스타라도 달라진 시대 흐름과 유행을 마냥 무시할 수는 없었던 모양이다. 그녀의 인터뷰는 스타가 말하는 연예인 다이어트의 시초로 꼽을 수 있다.

사람들이 몸무게를 의식하게 되자 체중계가 보급되었다. 처음에는 공공장소에서 여러 사람이 함께 사용하는 공용 체중계가 1891년 무렵부터 널리 유행했다. 가정용 체중계는 1913년쯤부터 팔리기 시작했다. 그러고 보니 예전에는 동네 목욕탕에 꼭 체중계가 놓여 있었다.

신문과 잡지에서 광고하는 다이어트법과 다이어트 기구, 약품 등으로 다이어트는 상품사회에 편입되고 상업화되었다.

다이어트는 상업사회에 발맞추어 발전했고 소비자는 뚱뚱함에 대한 새로운 개념과 도덕 관념을 발전시켰다. 그 소비자의 내적 세계가 곧 다이어트가 활동하는 세 번째 영역이다. '뚱뚱한 것은 나쁘다' '비만은 죄'라는 사고방식이 19세기 후반에 일반인 사이에 널리 퍼졌다. 살찐 사람을 경멸하는 풍조도 나타났다.

예를 들어 1860년대부터 '포키Porky(뚱뚱한)', 1879년부터 '버터볼Butter Ball(뚱보)', 1880년부터 '점보Jumbo(특대형)' 등의 단어가 등장했다. '질척질척한 진흙'을 뜻하는 아일랜드어 '슬랩Slab'은 1860년대부터 '돼지'를 뜻하게 되었다.

1860년대부터 뚱뚱함에 대한 비판이 종종 등장하더니 1890년대 들어서며 살찐 것을 비판하는 풍조가 집약되어 뚱뚱한 것은 바람직하지 않다는 사회적 합의가 이루어졌다.

1866년에 미국 코네티컷주에서 '팻맨클럽Fat Men's Club'이 결성되었다. 이 당시에는 아직 살찐 사람은 부유하다는 인식이 저변에 깔려 있었다. 그러나 이 클럽은 시대 변화를 반영하듯 1903년에 해산했다.

윌리엄 하워드 태프트(1908년)

1907년에는 〈아무도 뚱보를 사랑하지 않아Nobody Loves A Fat Man〉라는 연극이 상연되었다. 이 연극은 살집이 있었던 윌리엄 하워드 태프트William Howard Taft 미국 대통령을 직설적으로 풍자하는 내용이었는데, 당시 뚱보를 비웃는 세태가 예술에 반영되었다고 볼 수 있다.

1912년에는 어느 젊은 여성이 대스타였던 릴리언 러셀의 사진을 보며 "누구야? 이 뚱보는?"이라고 물었다는 이야기가 우스갯소리처럼 퍼지기도 했다. 그 탓인지 릴리언 러셀은 그해에 은퇴했다. 시대가 달라지며 사람들의 취향도 변했다.

무엇보다 '팻Fat(뚱뚱한)'이라는 단어 자체가 부끄럽게 여겨지면서 '플럼프Plump(포동포동한)'나 '스타우트Stout(통통한)' 등 에둘러 표현하는 단어로 대체해서 사용할 정도였다.

제1차세계대전도 비만에 대한 공세를 가하는 계기가 되었다. 전시에 뒤룩뒤룩 살이 찌거나 포동포동 살집이 붙은 사람은 애국자가 아니라며 손가락질을 받았다. 물자가 부족한데 사치스럽게 입 호강을 누리는 사람, 그래서 살찐 사람은 국가를 위해 싸우지 않는 비애국자 취급을 받았던 것이다.

> 1880년대부터 1920년 사이에 미국 시민사회에서 비만에 반대하는 도덕적 움직임이 일어났다. 그때까지 특별히 논의되지 않고 때로 흠모의 대상이 되던 습관이 부도덕의 증거로 고발되었다. 훗날 흡연반대운동과 마찬가지로 체중 관리를 하지 못하는 사람을 윤리적으로 비난하고 죄인이라는 낙인을 찍었다.
>
> _ 피터 너새니얼 스턴스, 《비만의 역사》

근대의 다이어트는 비단 신체뿐 아니라 도덕의 문제, 정신운동의 양상을 띠었다. 과거 풍만한 스타일이 선호되던 시대에 마른 사람은 말라깽이라며 조롱의 대상이 되었는데, 근대의 비만에 대한 공격만큼 집요하고 악의적이지는 않았다. 왜 이 정도로 근대 미국인은 비만을 도덕적인 죄악으로 간주하게 되었을까? 이 물음에 답하기 전에, 다이어트의 첫 번째 분야인 패션에 관해 살펴보자.

특히 여성

미국 근대 다이어트 열풍은 도덕주의 양상을 띠었고 남성에게도 영향을 미쳤지만 역시 그 중심은 여성이었다. 20세기 다이어트가 왜 특히 여성의 문제가 되었는지는 이 책 전체의 주제라고 할 수 있으나, 어쨌든 19세기 말부터 여성은 사회로 진출해 활동하게 되었다. 즉 사회적으로 눈에 띄는 존재가 되며 스타일이 특히 관심의 대상이 되었다고 해석할 수 있다. 페미니즘 역사와 다이어트의 관계는 양의적兩意的이었다.

먼저 특히 여성에게 체중 관리의 기준을 강요하는 풍조는 여성을 눈에 보이는 대상, 에로틱한 시선 아래에 놓는 남성의 에고이즘에서 비롯되었다. 남성의 시선을 받기 위해, 남성의 마음에

들기 위해 여성은 다이어트를 한다. 다이어트는 어쩌면 남성 중심 사회에서 여성에게 가해진 새로운 족쇄였을 수도 있다.

그러나 그 반대 측면도 있다. 여성이 자립하고 사회에 진출하기 위한 준비 자세로 다이어트를 표현했을 수도 있다. 가령 현대 무용의 선구자인 이사도라 덩컨Isadora Duncan은 무대에서 맨발로 춤추어 사람들에게 충격을 주었다. 그녀는 미국 샌프란시스코 출신으로, 어머니는 페미니즘 운동에 발을 담갔던 페미니스트였다. 춤과 체조 등 몸을 움직이는 활동은 다이어트와 밀접하게 연관되어 있다. 세기말에 여성이 춤, 체조, 스포츠에 적극적으로 참여하게 된 배경에는 이 시기 다이어트운동이 자리하고 있다.

이런 측면에서 보면 여성은 다이어트로 사회에 나가 활동하는 신체를 획득할 수 있었다. 다이어트는 여성의 새로운 사회적 지위에 이바지했다. 다이어트는 여성에게 양날의 검과 같았다. 여성에게 다이어트라는 칼끝이 겨누어지면 강박관념과 스트레스의 원인이 될 수 있었다. 그러나 여성은 다이어트를 무기로 삼아 남성 사회를 난도질하고 쥐락펴락하게 되었다.

세기말이라는 전환점에 여성의 스타일은 극적으로 변화했다. 풍만한 아름다움에서 날씬한 아름다움으로 전환한 것이다. 뉴욕 상류사회 여성은 미용체조를 하고 자전거를 타며 몸매 관리에 힘쓰게 되었고, 운동하기 편한 셔츠 스타일 블라우스가 유행했다. 이와 같은 여성을 위한 체조, 리듬운동의 유행과 미국의 현대무용 탄생은 무관하지 않다.

시대는 날씬함으로 방향을 전환했다. 미국 여배우 세라 버너Sara Berner는 시대의 변화를 전형적으로 보여주는 인물이다. 1900년에 미국 전역을 도는 순회공연에 나선 세라 버너에게 찬사가 쏟아졌다. 그녀는 1880년대부터 몇 차례나 순회공연을 벌였는데 이때만큼 아름답다고 칭송받은 적이 없었다. 그녀는 당시 쉰여섯 살이었다. 젊어서는 못난이라는 말을 듣기도 했다. 그녀는 바지를 입고 남자 역할을 연기할 정도로 여성스러운 굴곡이 없는 몸매로, 날렵한 소년 같았다. 19세기 여배우는 앞에서 소개한 릴리언 러셀처럼 풍만한 육체미를 자랑했고, 세라 버너 같은 몸매는 말라서 볼품없다고 여겨졌다. 그런데 1900년 무렵에는 분위기가 반전되었다. 세라와 릴리언의 아름다움이 역전된 것이다.

이사도라 덩컨

1900년 전후로 미녀의 전형은 '깁슨 걸Gibson Girl'이었다. 1895년부터 1914년에 걸쳐 찰스 데이나 깁슨Charles Dana Gibson이라는 화가가 그린 그림에 나오는 여성상이다. 이 그림은 〈라이프Life〉 등의 잡지에 게재되어 뭇 남성의 시선을 사로잡았다. 꼿꼿한 등에 시원하게 뻗은 팔다리에 운동을 즐기는 듯한 몸매의 여성들이었다. 가슴과 엉덩이는 풍만해 19세기 말 풍만한 여성과 1920년대 막대처럼 마른 몸매 사이의 과도기적 스타일을 보여주고 있다.

찰스 데이나 깁슨의 그림 속 여성

'이상적인 깁슨 걸'로 불린 카미유 클리포드 Camille Clifford(1918년 무렵)

이 시기 이사도라 덩컨은 맨발로 춤을 추어 집중 조명을 받았다. 그녀는 고대 그리스풍의 넉넉한 의상을 걸쳐 맨몸의 선을 고스란히 드러냈다. 19세기 여성을 구속하던 코르셋으로부터 해방은 새로운 여성의 슬로건이 되었다.

19세기 말 여성은 코르셋으로 인공적 실루엣을 완성했다. 이제는 그와 대조적으로 자유롭고 자연스러운 몸매를 추구한다. 그러나 이 자연스러운 몸매는 그냥 얻을 수 있는 게 아니었다. 운동과 다이어트로 날씬하게 다듬어야 했다.

슬렌더Slender(깡마른) 몸매의 유행에는 기성복의 발달이 한몫했다. 미국은 땅덩이가 넓은 나라다. 자가용이 보급되기 전 미국은 입을 옷이 없다고 지척에 있는 옷가게에 들어가 옷을 사 입고 나올 수 있는 나라가 아니었기에, 시어스로벅Sears Roebuck 같은 통신판매가 발달하고 사람들은 주로 우편으로 옷을 주문했다.

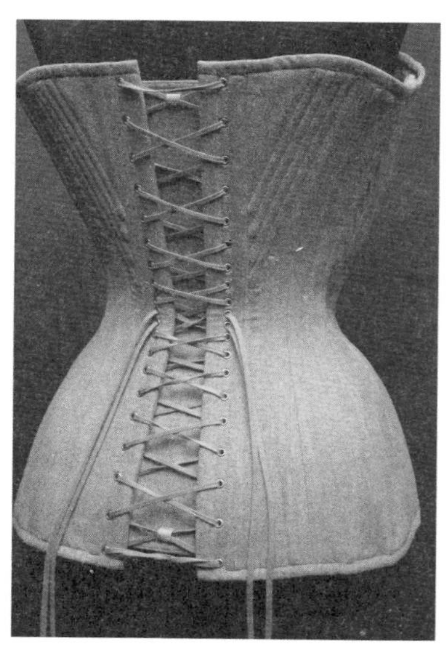

19세기 여성을 구속하던 코르셋으로부터 해방은 새로운 여성의 슬로건이 되었다.

미국의 통신판매는 1870

넌대부터 발달했는데, 옷은 사이즈가 맞지 않는 등 소비자 분쟁이 특히 많은 상품이었다. 1900년 무렵부터 사이즈 기준이 정해졌고, 의류회사들은 다양한 사이즈를 준비했다. 당시 주문서를 살펴보면, 몸 곳곳을 어떻게 재서 자신에게 맞는 사이즈를 선택할지 자세하게 지정되어 있다.

통신판매 옷 주문서를 작성하며 소비자들은 자신의 사이즈를 알게 되었고, 새삼 자기 몸매에 신경을 쓰게 되었다. 그러면서 몸무게 관리에도 관심을 기울이기 시작했다. 기껏 사이즈를 재서 우편으로 옷을 주문했는데 옷이 도착하기 전에 살이 쪄버리면 모처럼 장만한 새 옷을 입을 수 없기 때문이다. 자신의 사이즈를 안다는 것은 살찐 정도를 측정하는 잣대이기도 했다.

기성복을 구매한다는 건 대형 의류회사와 백화점 등이 정한 사이즈 체계에 편입된다는 뜻이다. 옷 사이즈가 정해지자 사람들은 몸매 줄 세우기에 싫든 좋든 순응해야 했고, 살찐 몸인지 아닌지를 가치 체계의 기준으로 받아들여야 했다. 사이즈 몇짜리 옷을 입을지가 중요해졌다. '원하는 사이즈를 입으려면 다이어트를 해야 한다'는 사고방식이 생겨났다. 몸에 옷을 맞추는 게 아니라 옷에 몸을 맞추는 시대가 왔다.

기성복과 통신판매가 특히 발달한 미국에서는 규격화가 진행되어 사람들의 몸도 사이즈 번호에 따라 분류되었다. 그에 따라 사람들은 각각의 기준 체계에 속하는지를 의식하게 되었다. 이 체계에서는 살찌면 마이너스, 날씬하면 플러스라는 식으로 점수가 매겨졌다. 사람들은 최대한 플러스에 가까워지려고 다이어트에 매달려야 했다.

미국의 대표 여성잡지 〈레이디스 홈 저널〉에서 비만에 대한 사고방식의 시대 변화를 읽을 수 있다. 잡지가 창간된 1880년대에는 몸무게 문제는 거의 다루지 않았다. 1891년에 들어서자 '퍼니 M.'이라는 서명으로 자신을 소개한 칼럼니스트가 몸무게에 관해 조언하는 칼럼을 쓰기 시작했다. 칼럼에서는 단순한 음식은 몸매에 좋지 않다고 주장한다. 가령 빵과 물 등으로 이루어진 소박한 식단은 살이 찐다. 특히 물은 좋지 않다고 강조했다. 감자 같은 전분질 채소도 좋지 않다. 그러나 고기는 괜찮다. 최근의 상식과 맞지 않는 부분도 있으나 당시에는 전분질을 피하고 단백질을 섭취하라는 조언이 일반적이었다. 프레더릭 밴팅 Frederick Banting이라는 캐나다 출신 학자가 창시한 영양학이 전성기를 맞이한 시대였다.

식단 못지않게 운동도 중요하게 여겨졌다. 마지막으로 퍼니 M.은 다음과 같은 당부를 덧붙인다.

게으름과 비만은 함께 나타남을 잊지 말라.

비만은 게으름뱅이에게 따라붙는 꼬리표라는 도덕관을 엿볼 수 있다.

그러나 이 칼럼은 당시에는 다소 예외적인 것으로, 이를 제외하면 너무 마른 몸매는 건강에 좋지 않다는 기사가 대세였다. 또 커피를 삼가라는 조언도 있었다.

1895년 칼럼에서는 다이어트 방식을 제시한다. 한 끼를 거르고, 붉은 고기와 포도를 섭취하고, 오렌지와 레몬을 고기와 함께 먹는 다이어트다.

1901년부터 다이어트 기사가 정기적으로 실리기 시작한다. 내용은 확연히 군살을 빼는 방향으로 집중되었다. 전분과 단 음식을 삼가고, 부지런히 몸을 움직이며 운동하라. 나태는 비만으로 가는 지름길이다. 다이어트 방법은 이 시기에 얼추 꼴을 갖추었는데, 예나 지금이나 기본은 거의 같다. 즉 적게 먹고 많이 움직이라는 것이다.

다이어트의 지향은 여성의 패션 동향과 밀접한 관련이 있었고, 남성에게도 나타났다고 피터 너새니얼 스턴스는 보고 있다. 1892년에 헤비급 챔피언 존 로런스 설리번John Lawrence Sullivan이 제임스 존 코빗James John Corbett에게 패해 챔피언 자리를 내주었다. 황소처럼 우람한 몸집의 설리번이 날렵한 코빗에게 무릎을 꿇었다. 이 당시 설리번은 몸이 너무 무거워져서 움직임이 둔해졌다고 비판을 받았고, 앞으로는 역시 코빗처럼 남자도 날렵한 체형이 바람직하다는 주장이 나왔다. 남성도 다이어트를 해야 한다는 사고방식이 조금씩 모습을 드러내기 시작했음을 알 수 있다.

남성의 다이어트는 식사 조절보다 근육 발달에 초점이 맞추어졌다. 1890년대 버나 맥패든Bernarr Macfadden은 보디빌딩 쇼를 개최했다. 그는 1899년 〈피지컬 컬처Physical Culture〉라는 운동잡지를 인수해 1906년에는 15만 부까지 판매 부수를 늘렸다.

'여자는 엉덩이, 남자는 근육에 집중하라'는 성별에 따라 달라지는 다이어트의 차이는 재미있다. 그러나 역시 다이어트 주류는 여성이 주도했다. 변화하는 패션이 여성을 중심으로 펼쳐졌기에 다이어트에도 여성이 더 민감하게 반응했다. 기성복의 보급에서도 남성은 상당히 뒤처졌다. 재킷에 와이셔츠를 받쳐 입고 바지를 입는 정장을 기본으로 하는 남성의 옷은 거의 변하지 않았다. 여성은 급격한 변화를 받아들여 새로운 패션을 소화하기 위해 그만큼 치열하게 다이어트에 돌입했다.

피터 너새니얼 스턴스는 '패션' '상품사회' '정신세계'라는 다이어트의 세 영역을 꼽았다. 나는 '근대' '미국' '여성'이라는 다이어트의 세 가지 특성을 고려하고 있다. 이 두 계통의 여섯 가지 요소는 다이어트의 역사를 고찰하는 데 도움이 되리라 믿는다.

다이어트의 주변

다이어트라는 삶의 방식 혹은 라이프스타일은 단순히 말하면 살을 빼는 방법이나 생리적 · 신체적 측면뿐 아니라 사회적 · 풍속적 의미를 지니고 있다. 그러한 다이어트의 주변, 다이어트의 문화적 확장이라는 제반 영역에 관해서도 다루어보자.

우선 다이어트의 확장을 보여주는 다이어그램을 만들어보자. 먼저 다이어트라고 하면 무엇을 어떻게 먹고, 먹지 않을지에 관련된 문제다. 또 살을 빼기 위해서는 운동이 필요하다. 다시 말해 식사와 운동이 다이어트에서 양대 산맥을 이루는 두 요소다. 이를 양쪽 끝에 두고 세로축을 설정할 수 있다.

식사와 운동은 다이어트의 방법을 보여주는데, 이어서 다이어트의 목적을 생각하면 아름다움과 건강이라는 결론에 이를 수 있다. 이를 가로축으로 설정하자. 이렇게 가로, 세로 직선이 교차하는 도표로 다이어트를 네 개 영역으로 나눌 수 있다. 오른쪽 아래부터 시계 반대 방향으로 1사분면, 2사분면, 3사분면, 4사분면이라 부르자.

누가 셌는지는 알 수 없으나 대충 시중에 나도는 다이어트법은 3만여 개 이상으로, 도저히 하나하나 모두 살펴보기는 어렵다. 다만 이 다이어그램에서 어느 영역에 들어가는지 정도는 분류할 수 있다. 먼저 식사와 관련된 것인지 운동과 관련된 것인지로 양분되고, 아름다움을 위해서인지 건강을 위해서인지로 양분된다. 물론 복합적인 다이어트도 있다. 사과 다이어트, 녹차 다이어트, 현미밥 다이어트 등은 식사 쪽으로 들어가고 덤벨운동, 수영 등은 운동의 영역에 속한다.

여기서 식사는 신체 내면의 다이어트, 운동은 외면의 다이어트를 보여준다. 또 건강은 '개인'의 영역이고, 아름다움은 '사회'의 영역이다. 이처럼 다이어트의 공간적 축을 고려하면 다이어트를 둘러싼 몇몇 문화적 영역이 눈에 들어온다.

우선 식사와 건강 사이 1사분면에 들어가는 영양학이 있다. 음식이 어떻게 소화 · 흡수되고 우리 몸을 구성하고 에너지를 내

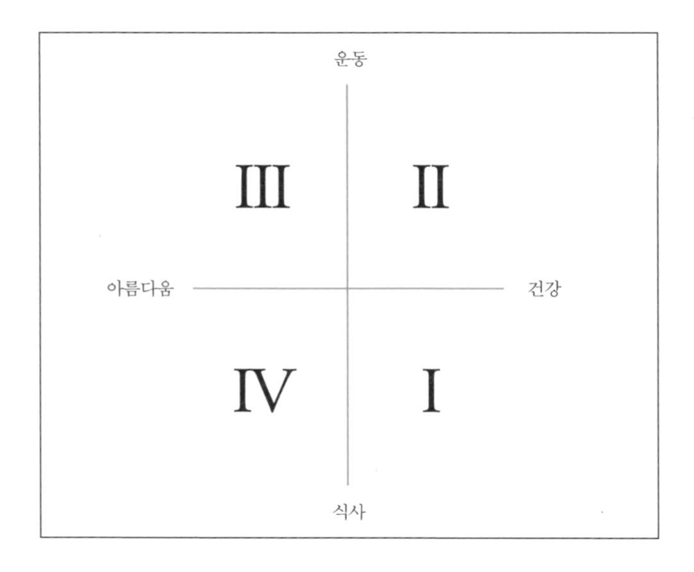

는지, 또 신체와 환경 사이에서 어떻게 에너지 순환이 이루어지는지를 문제로 삼으며 환경문제, 자연, 지구 등 생태환경론으로도 확장될 수 있다. 또 건강한 종을 만드는 우생학, 유전자조작 등에도 접하고 있다.

다음으로 건강과 운동 사이의 2사분면에는 체조와 스포츠 등이 속한다. 그리고 이는 1사분면과 겹치는데, 신체의 메커니즘과 생리학 등이 포함된다.

운동과 아름다움 사이의 3사분면에는 춤과 패션이 들어간다. 운동은 외면, 겉으로 보이는 요소를 보여주고 아름다움은 사적 · 개인적 세계에 대한 사회성, 문화성을 보여준다. 이 영역에서는 신체의 움직임(춤)과 형태(패션)가 어떻게 아름답게 보이는지를 중시한다. 그리고 아름다움은 역사적인 개념으로서, 문화로 형성된다. 건강에 속하는 오른쪽 절반은 자연으로서의 신체를 다루고, 아름다움에 속하는 왼쪽 절반은 시대에 따라 변화하는 문화로서의 신체를 취급하게 된다.

아름다움과 식사 사이의 4사분면은 약간 복잡하다. 나는 이 영역을 다이어트에서 뉴에이지 분면이라 규정한다. 미리 말하자면 1980년대부터 다이어트의 주류가 된 새로운 방향이 여기에 속한다. 예를 들어 논픽션 작가인 미야모토 미치코宮本美智子가 쓴 《세상에도 아름다운 다이어트世にも美しいダイエット》(1994), 다카노 유리たかの友利의《아유르베다 아름답게 날씬해진다!アーユルヴェーダできれいにやせる!》(1996) 같은 책을 4사분면에 넣을 수 있다.

이런 책에서는 단순히 살을 빼는 게 아니라 아름다움과 날씬함이라는 두 마리 토끼를 동시에 잡을 수 있다고 강조한다. 이미 설명했듯 아름다움은 사회성과 문화성을 보여준다. 그리고 식사는 신체의 내면을 보여주고, 건강 측면에서는 생리적 신체성을 의미하는 데 비해, 아름다움의 축에서는 건강한 몸을 유지하는 영양학 영역을 넘어 문화로서의 신체, 뇌, 정신세계를 의미하게 된다.

가령《아유르베다 아름답게 날씬해진다!》라는 책은 인도 전통의학인 아유르베다와 동양의학을 접목했는데, 과학으로서의 서양의학과 대비해 마술, 주술에 가까운 정신성을 함의하고 있다. 따라서 아유르베다에 바탕을 둔 마사지와 사우나 등의 다이어트법은 신체적 · 외적인 것으로 3사분면에 속한다고 볼 수도 있지만, 거기에 강한 정신성이 담겨 있기 때문에 역시 4사분면으로 분류해야 한다.

1980년대 접어들어 머리(뇌)나 마음가짐(정신)으로 살을 뺄 수 있다는 방향성이 제시되었다. 요가교실, 단식원 등 오리엔탈을 지향하는 다이어트법이 등장했고 스파와 피부관리실이 컬트문화나 신흥종교, 뉴에이지와 접목됐다. 4사분면이 복잡하다는 말은 이런 의미에서였다. 단순히 피부관리실에서 마사지를 받는 게 아니라 정신성, 도덕성, 종교성이 은근하게 스며 있는 것이다. 19세기 말 '비만은 죄'라는 도덕의식이 싹텄는데, 현재도 기독교 원리주의에서는 비만이 공격의 대상이 되고 있다.

이렇게 식사-운동, 건강-아름다움이라는 다이어그램으로 3만 개가 넘는다는 다이어트법을 분류하고, 각각 제자리를 찾아줄 수 있다. 물론 어느 영역으로 분류해야 할지 애매한 다이어트법도 있다. 나는 다이어트에 접목된 미용성형을 어느 분야에 넣을지 망설여진다. 코를 높이거나 유방을 확대하는 수술은 미인이 되기 위한 목적으로 다이어그램의 왼쪽 절반에 속한다. 그렇다면 3사분면과 4사분면 중 어느 영역에 넣어야 할까?

외모를 고치니 3사분면일까? 그러나 스스로 운동해서 몸매를 다듬는 다이어트와는 다르다. 살을 빼준다는 다이어트 약을 먹고 안에서부터 살을 빼는 방법은 식사와 아름다움 사이, 즉 4사분면에 들어간다. 약과 외과수술이라는 차이가 있으나 성형도 내부의 군살을 덜어내는 시술이니 4사분면에 넣어야 하지 않을까. 수술로 완전히 딴사람으로 거듭난 성형 미인은 정신에 관여된다고도 할 수 있다.

이 다이어그램에서 알 수 있듯 다이어트는 영양학, 생리학, 유전학, 생태환경학, 스포츠, 춤, 패션, 정신세계, 뇌, 도덕, 성형 등의 영역과 밀접하게 연관되어 있다. 그래서 '날씬해지고 싶다!' '살을 빼야 한다!'는 다이어트 지향이 강박관념이 되고 신흥종교 형태로 발전하는 시대를 맞이하게 되는 것이다.

신경성 식욕부진증

다이어트의 주변부에서 잊지 말아야 할 화두가 있다. 바로 1980년대 느닷없이 등장해 현대병으로 문제가 된 신경성 식욕부진증Anorexia Nervosa(거식증)이다. 너무 많이 먹거나 먹을 수 없게 되는 섭식장애는 소화기 질환이 아니라 마음의 병이라는 사실이 밝혀졌다. 최근 두드러진 다이어트 열망은 현대사회의 인간관계 스트레스를 반영하고 있다. 지닌 로스Geneen Roth의 《음식이 사랑일 때: 식사와 친밀감의 관계 탐구When Food Is Love: Exploring the Relationship Between Eating and Intimacy》(1992)의 머리말에 다음과 같은 구절이 있다.

> 나는 열한 살에 다이어트를 시작했다. 그때부터 17년 동안 나는 매일 하루도 거르지 않고 먹고 싶은 음식과 먹어서는 안 되는 음식, 먹고 싶지 않은데 먹어야 하는 음식에 관해 생각하며 반나절을 보냈다. 음식과 나만의 세계에 갇히게 되고 나서 타인의 영향을 거의 받지 않게 되었다. 스물여덟 살이 되었을 무렵에는

머릿속에는 오로지 살을 빼야 한다는 생각뿐이었다. (중략)
음식, 옷 사이즈, 장딴지의 지방세포 수와 살을 빼면 어떤 인생이 기다리고 있을지 등에 정신이 팔려 있는 한 타인에게 깊이 상처받지 않을 수 있다. 친구와 애인과 나 사이에 무슨 일이 일어나든 몸무게와 나 사이의 일이 훨씬 극적으로 절절하게 다가왔기 때문이다. 누군가에게 거절당했다고 느꼈을 때도 거절당한 나는 내가 아니라 내 몸이니 살을 빼면 모든 것이 괜찮아질 거라고 나 자신에게 타일렀다.

_ 지닌 로스, 《음식이 사랑일 때》

다이어트와 질병의 접점인 거식증은 다이어그램의 어느 분면에 자리 잡을까? 음식에 속하는 아래쪽 절반에 들어가고, 음식과 건강의 1사분면과도 관련이 있으나, 병적일 정도의 다이어트 열망은 정신의 영역인 4사분면으로 분류해야 한다. 거식증은 자연스러운 신체의 병이 아니라 문명병이자 현대병이다.

거식증이 현대병으로 단숨에 알려진 사건은 1983년 캐런 카펜터Karen Carpenter의 죽음이었다. 오빠인 리처드Richard Carpenter와 듀엣을 결성해 만들어진 카펜터스Carpenters는 1970년대 〈Top of the World〉 〈Yesterday Once More〉 등의 히트곡을 내놓은 슈퍼스타였다. 잘나가던 아티스트 캐런의 사인이 거식증으로 알려지며 전 세계에 충격을 주었다.

캐런 카펜터의 경우

캐런 카펜터는 미국 코네티컷주에서 1950년에 태어났다. 오빠인 리처드는 1946년생이다. 1963년, 가족은 캘리포니아로 이사했다. 캐런이 막 사춘기에 들어설 무렵이었다.

거식증은 사춘기병이라는 말이 있을 정도로 어린이에서 어른이 되는 과도기, 인간관계와 성에 관해 고민하는 시기에 시작되는 경우가 많다. 특히 10대 여성은 살에 과도할 정도로 예민하고 신경질적인 반응을 보인다. 지닌 로스도 열한 살부터 다이어트를 시작했다고 고백했다.

캐런은 사춘기 때 살이 붙었고 초콜릿과 와플 등을 좋아하고 몸무게에 크게 신경을 쓰지 않는 평범한 소녀였다. 어머니를 닮아 엉덩이도 풍만했다.

오빠 리처드는 음악적 재능을 타고나 밴드를 결성했고, 캐런은 그 밴드에서 드럼을 치고 노래를 불렀다. 1967년에 밴드가 잘나가기 시작하며 전업 밴드로 활동하게 되었다. 캐런은 프로로 무대에 서려면 좀 더 외모에 신경을 써야 한다고 생각했던 모양이다. 열일곱 살이던 그녀는 키 163센티미터, 몸무게 66킬로그램으로 다소 통통한 체형이었다. 몸무게를 줄이기 위해 어머니와 의논하고 의사를 찾아갔다. 그리고 병원에서 스틸먼Irwin Maxwell Stillman의 물 다이어트를 알게 되었다. 하루에 물 여덟 잔을 마시고 기름기가 있는 음식을 피하고 비타민을 복용하는 다이어트였다.

캐런은 이 다이어트로 6개월 만에 11킬로그램을 감량해 55킬로그램의 몸무게를 1973년까지 유지했다고 알려졌다. 이 물 다이어트는 지금도 사라지지 않고 명맥을 유지하는 다이어트법으로, 2리터의 생수를 여덟 번에 걸쳐 마시면 살이 빠진다는 다이어트다. 사와키 다카코沢木たか子와 다이어트콩크실행위원회ダイエットコンク実行委員会가 쓴 《다이어트 통신부ダイエット通信簿》(1997)라는 책이 있다. 이 책을 쓰기 위해 445명의 회원을 모집해 각종 다이어트법에 점수를 매기게 한 재미있는 기획이 돋보인다. 이 책에서 당당히 1위를 차지한 다이어트법이 바로 물 다이어트였다.

물 다이어트는 예전부터 있던 다이어트 방법이었는데 1994년 무렵부터 슈퍼 모델이 하는 다이어트로 여성잡지에서 소개되며 다시 열풍이 일었다. 물을 마셔서 감량하는 방법은 즉효성이 없어서 그다지 효과가 없었다는 사람도 있으나, 물을 많이 마셔서 건강을 해친 사례는 거의 찾아볼 수 없어 후한 점수를 받았다는 후문이다.

어쨌든 캐런은 물 다이어트로 효과를 봤다. 카펜터스는 승

승장구했고 일약 집중 조명을 받는 세계적 스타로 발돋움했다. 1973년에는 〈Yesterday Once More〉라는 곡이 속된 말로 대박을 냈다.

그러나 1973년 그 무렵부터 캐런은 몸무게에 과민해졌다. 하루아침에 스타가 되고 사람들의 관심이 쏟아지자 스트레스가 심했던 모양이다. 하필 마른 몸이 대세인 시대이기도 했다.

콘서트 사진을 보고 캐런은 자신이 뚱뚱하다고 자책했다. 그녀는 트레이너를 고용해 운동하고 각종 운동기구를 사들였으며, 침대에 누워서도 자전거 타는 동작을 반복하며 한시도 쉬지 않고 몸을 움직였다. 아이스크림이라는 말을 들으면 자다가도 벌떡 일어날 정도로 좋아하던 그녀가 아이스크림처럼 칼로리가 높은 음식은 거들떠보지도 않고 탄수화물 중심의 식사를 했다. 그녀는 조금씩 야위었다. 주위 사람들은 캐런에게 예뻐졌다고 칭찬했다.

캐런 카펜터

1975년 무렵부터 그녀가 다이어트 강박에 시달린다

는 사실을 주위에서도 알게 되었다. 절식하고 운동하는 방법은 근육이 붙는다며 그만두고 거의 먹지 않는 방식으로 살을 뺐다. 그녀는 홀쭉하게 야위기 시작했다. 마침 거식증에 관한 기사가 신문에 나왔고 캐런이 거식증이라고 수군대는 소문이 돌았으나 주변에서는 다이어트를 심하게 해서라며 넘어갔다.

카펜터스의 인기는 하늘을 찔렀고 빡빡한 일정을 소화하는 강행군이 이어졌다. 무리한 일정을 소화하는 과정에서 캐런의 거식증은 조용히 진행되고 있었다. 오빠인 리처드는 훗날 이렇게 이야기했다.

> 캐런은 굶는 수준으로 무모한 다이어트를 계속해서 살을 많이 뺐습니다. 겨우 뭐라도 먹는가 싶어서 보면 드레싱도 뿌리지 않은 샐러드를 깨작이는 수준이었습니다. 게다가 입에 들어가는 모든 음식은 철저하게 칼로리를 계산했습니다. 전분은 절대 입에 대지 않으려 했고, 기껏 생선을 먹어도 소스는 절대 뿌리지 않았죠. 마지막에는 누가 봐도 깡마르고 쇠약한 모습이었습니다. 저는 여동생에게 계속 말했습니다. 하지만 쇠귀에 경 읽기나 다름없었죠.
>
> _ 레이 콜먼Ray Coleman, 《카펜터스: 알려지지 않은 이야기The Carpenters: The Untold Story》(1994)

1983년 캐런은 거식증 치료를 받고 회복하는 듯 보였으나, 치료가 효과를 보이기 전에 급사하고 말았다. 그녀의 비극은 날씬함을 원하는 현대인의 열망이 이따금 도를 지나칠 수 있음을 보여준다. 날씬해지고 싶다는 욕망에는 끝이 없기 때문이다.

나는 날씬한 상태가 아니라 날씬해지는 과정을 원했다.

_ 지닌 로스, 《음식이 사랑일 때》

지닌 로스의 말처럼 다이어트에 사로잡힌 사람은 이 정도까지 살을 빼면 끝이라는 결승선이 있는 게 아니라 '더 빼고 싶다' '더 날씬해지고 싶다'는 영원히 채워지지 않는 갈증과 같은 강박관념에 사로잡혀 있다.

우리는 왜 필요 이상으로 먹거나 필요 이하로 먹지 않을까? 인간이라는 종은 무언가를 먹는 행위조차 제대로 해내지 못한단 말인가. 너무 많이 먹어서 살을 빼는 다이어트가 필요하고, 그 과정에서 본말이 전도되어 다이어트가 목적이 되어 멈출 수 없게 된다. 이러한 현상은 언제나 있었던 게 아니라 1980년대부터 급속히 눈에 띄기 시작했다.

이렇게 많은 사람이 다이어트를 하게 된 시대는 여태까지 없었다.

> 미국에서는 연간 330억 달러를 다이어트에 소비한다. 2,000만 명의 여성이 식이행동장애를 안고 있다. 남성의 25퍼센트, 그리고 여성의 거의 절반이 늘 다이어트를 하고 있다. 다이어트로 감량한 열 명 중 아홉 명은 원래 몸무게로 돌아가는 요요 현상을 겪는다. 올해 세운 다이어트 계획이 실패해도 내년에는 3만 종의 새로운 다이어트 계획이 쏟아져 나오니, 그중 하나를 골라잡아 새로 도전하면 그만이다.
>
> 다이어트 효과가 없는 건 음식과 몸무게는 단순한 증상이며 진짜 원인이 아니기 때문이다. 이렇게 많은 사람이 딱히 배고프지 않은데도 음식을 섭취하는 데는 이유가 있다. 그러나 몸무게라는 우리 생활과 밀접하고 문화적으로도 정당화된 관심사가 있기에 우리는 그 이유를 깊이 생각하지 않는다.
>
> _ 지닌 로스, 《음식이 사랑일 때》

몸무게란 물리적 수치가 아니라 문화적으로 정당화된 관심사인 셈이다. 다시 말해 몸무게가 많이 나가는 건 좋지 않다, 비만은 바람직하지 않다는 가치 평가가 문화로 정당화되며, 우리는 왜 먹는지, 왜 다이어트를 하는지 깊이 생각하지 않게 되었다.

그러나 다이어트 열망은 인간의 자연적이고 본능적인 생활양식이 아니고, 보편적이라기보다 역사적으로 만들어진 관념이다.

우리가 생각하는 '다이어트', 즉 살을 빼는 방법이라는 의미는 기껏해야 100년 사이에 만들어졌다. 왜 어떤 시대는 마른 몸을 특히 선호하고 다이어트에 집착할까? 반대로 다이어트에 집착하는 시대란 어떤 시대일까? 현대의 다이어트 기원을 더듬어 올라가며 그 역사적 전개 과정을 살펴보자.

1장

다이어트의 시작: 세기말

여성 신체의 변화

다이어트의 역사는 언제부터 시작되었을까? 19세기 이전에는 다이어트를 거의 일반적인 문제로 여기지 않았다. 애초에 몸무게를 잰다는 습관이 없었기에 다이어트로 고민할 일도 없었다.

옛날에는 풍만한 여성을 아름답게 여겼으나 현대로 넘어오며 깡마른 여성을 선호하게 되면서 다이어트가 필요해졌다는 주장이 있다. 이 주장은 일견 타당한 측면도 있으나 그 배후에 도사린 또 하나의 의미를 간과하고 있다. 바로 여성 신체의 변화다.

여성의 신체는 19세기에 들어서며 현실적으로 변화했다. 여성의 몸집이 커지고 살이 찌며 다이어트가 문제시되었다는 말이다. 그 이전 시대에는 작고 마른 여성이 대부분이어서 풍만한 여성이 이상형으로 그려졌다.

19세기에 이르러 여성의 몸집이 커지며 남성에 근접해지자, 비로소 남성은 위협을 느끼고 아담하고 마른 여성을 원하게 되었다고 관점을 바꾸어 생각해볼 수도 있다는 뜻이다.

캐나다의 역사학자인 에드워드 쇼터Edward Shorter는 《여성 몸의 역사A History of Women's Bodies》(1982)라는 책에서 여성 신체의 역사적 변화를 고찰했다. 책에 따르면 근대(19세기 말부터) 여성의 체형은 네 가지 측면에서 이전과 다른 변화가 나타났다.

첫째, 키가 커지고 체격이 좋아졌다.

둘째, 남성과 평등하게 식사할 수 있게 되었다.

셋째, 구루병에 걸리지 않게 되며 튼튼한 골반을 가질 수 있게 되었다.

넷째, 코르셋을 벗어던졌다.

제일 먼저 여성의 체격이 커졌다는 변화를 살펴보자. 에드워드 쇼터에 따르면 여성은 14세기부터 18세기까지 이전보다 체구가 작아졌다. 주로 유럽을 중심으로 이루어진 연구인데, 이때 왜 서양 여성은 작아졌을까? 문제는 식단에 있었다. 이 시대 유럽 경제가 악화해 여성이 배불리 먹을 수 없게 되며 몸집이 왜소해졌다. 쉽게 말해 어쩌다 보니 여성에게 다이어트가 강요되었던 것이다. 중세까지는 여성의 키와 덩치가 남성과 그다지 차이가 나지 않았다가 중세 말부터 19세기 사이에 여성은 작아졌다.

여성은 18세기 말에 이르며 커지기 시작해 이후로 1960년대까지 꾸준히 커졌다. 18세기까지 몸무게와 키를 계산하는 습관은 없었다. 따라서 정확한 통계는 없다. 그런데도 어떻게 14세기부터 18세기까지 여성이 작았다는 주장을 내놓을 수 있을까? 에드워드 쇼터는 그 근거로 월경을 시작하는 시기를 제시한다. 식단이 풍성해지고 체격이 좋아지면 월경을 시작하는 시기가 빨라지는 경향이 있다.

언제 월경을 시작하는지, 즉 언제 사춘기가 시작되는지에 따라 여성의 체격 발달 정도를 추정할 수 있다. 고대 그리스, 로마부터 중세까지 여성은 평균적으로 13~14세에 월경을 시작했다. 이후 차츰 늦어져 17~18세기에 접어들면 16세 혹은 그 이상으로 늦어졌다. 18세기 말부터 이번에는 월경 시기가 빨라졌고, 그러한 경향은 1960년대까지 이어졌다. 프랑스의 통계에 따르면 1750~1799년에는 15.9세에 월경을 시작했는데, 1800~1849년에는 15.5세, 1850~1899년에는 15.1세, 1900~1950년에는 13.9세까지 앞당겨졌다.

이처럼 월경 시기가 빨라지고 여성의 신체는 크게 발달했다. 1830년대에 벨기에 여성의 평균 키는 약 157센티미터, 몸무게는 약 54킬로그램이었는데, 1970년대 미국 여성은 이보다 키가 약 5센티미터, 몸무게가 약 907그램 증가했다.

두 번째 변화, 식사에서 남녀 격차가 사라지고 식탁의 평등이 이루어졌다. 여성의 키가 커진 직접적인 원인에 해당한다. 근대 이전 일반인의 식량 사정은 열악했다. 비만보다는 굶주림에 대한 걱정이 훨씬 컸다. 너무 많이 먹어서 과도한 칼로리를 섭취할지 모른다는 생각은 근대에는 호강에 겨운 걱정이었다. 풍족한 식사는 산업혁명이 가져온 번영의 산물이다.

산업혁명 이전 빈약한 식사로는 약자인 여성과 아이의 몫은 겨우 허기나 면하는 수준밖에 되지 못했다. 남성이 먼저 먹고 남은 음식을 여자와 아이들이 먹었다. 종종 여성의 식사량은 남성의 절반에 미치지 못할 정도로 부실했다. 일꾼인 남성은 큼직한 고기를 자기 몫으로 접시에 더는데 아내에게는 고기가 돌아가지 않기도 했다.

세 번째 변화로 여성이 칼슘 부족으로 걸리는 구루병에서 해방되어 꼿꼿한 허리, 건강한 골반을 유지하고 당당한 자세를 보여줄 수 있게 되었다는 부분을 꼽을 수 있다. 20세기 초부터 의료의 발달로 제2차세계대전까지 구루병이 급속도로 줄어들었고, 건강한 실루엣을 가진 여성들이 나타났다.

네 번째 변화로 근대 여성이 코르셋을 벗어던졌다는 점을 들 수 있다. 에드워드 쇼터는 기존에 논의된 만큼 코르셋은 여성의 신체를 심각하게 변형시키지 않았다고, 코르셋 신화를 낮게 평가한다. 코르셋을 착용한 이들은 상류사회 여성뿐, 일반 여성 전체의 문제가 아니었고, 또 코르셋을 입어도 신체를 변화시킬 정도로 심하게 조이지는 않았다는 게 그의 주장이다.

1882년의 프랑스 여인

패션의 역사에서 코르셋의 의미는 강조되었는데, 여기에는 페미니즘의 상징적 의미가 담겨 있다. 에드워드 쇼터는 코르셋이 신체에 미친 영향을 완전히 부정할 수는 없으나 과장된 측면이 크다고 주장한다. 코르셋은 여성의 온갖 질병, 빈혈 등의 원흉으로 지적되었다. 그러나 상류사회 여성을 중심으로 한 여태까지의 패션사에서 일반 여성이 주인공이 된 패션사로 한정하면 코르셋이 미친 영향은 그리 크지 않다. 일반 여성은 기껏해야 관혼상제를 치르는 날이나 기념일, 축제처럼 특별하게 차려입는 날에나 코르셋을 입었다.

코르셋을 입은 여성이 겪은 여러 질병이 코르셋 탓이라고도 단언할 수 없다. 예를 들어 빅토리아 시대 여성을 괴롭힌 빈혈은 코르셋 탓으로 여겨졌으나, 코르셋이 빈혈의 범인이 아니라는 사실이 밝혀졌다. 또 구루병으로 인한 뼈 변형을 코르셋 때문이라고 오해하기도 했다.

어쨌든 19세기부터 여성은 키가 커지고 몸무게가 늘어나고 자세와 비율이 좋아졌다. 그 주요 원인은 근대에 들어서 식량 사정이 개선되고, 여성도 풍족한 식사를 할 수 있게 되었기 때문이다. 평등하게 먹을 수 있게 되자 기쁨에 겨운 여성들은 보상심리로 그동안 먹지 못했던 원한을 풀기라도 하듯 음식을 탐하게 되었고, 고삐 풀린 망아지처럼 식탐에 몸을 맡기고 마구 먹다 보니 다이어트가 필요해졌다.

풍족한 식사는 근대화의 산물로, 특히 조금밖에 먹지 못하던 여성에게는 축복이었다. 여성에게 먹는 행위는 몸집이 커지고 남성에 대항하는 힘, 페미니즘을 의미하게 되었다. 먹어서 커지고 강해지고 코르셋을 벗어던졌다.

자유롭게 먹음으로써 여성은 남녀평등을 획득하고 사회적 · 정신적으로 해방되었다. 그러나 역설적으로 자유롭게 먹는 행위는 먹어서는 안 되는, 식사를 제한하는 행위, 즉 다이어트의 필요성을 촉구하는 계기로 작용했다.

현대 여성은 자유롭게 먹고, 먹는 행위를 제한하는 모순된 욕구에 휘둘리며 어느 장단에 맞출지 몰라 허둥대고 있다. 다이어트는 자유의 대가인 셈이다.

중세부터 19세기까지

19세기부터 여성은 잘 먹게 되면서 영양 상태가 개선되고, 체격이 좋아지고, 다이어트 문제가 발생했다. 물론 그전 시대에 다이어트가 없었던 건 아니지만 19세기 이전 다이어트는 오히려 남성의 문제였다.

중세에는 대식가를 죄인으로 여겼으나, 어디까지나 과도한 쾌락을 경계하라는 수준의 경고였다. 비만이나 살집이 붙은 몸은 풍채 좋은 몸으로 여겨졌을 뿐 결코 비난의 대상은 아니었다. 르네상스 무렵부터 몸무게를 의식하고 다이어트를 하게 되었는데, 너무 살이 찌면 갑옷을 입을 수 없게 되고 군인으로서, 남성으로서 체면이 손상되기 때문이었다.

틴토레토, 〈루이지 코르나로의 초상〉

르네상스 다이어터로 알려진 인물은 루이지 코르나로Luigi Cornaro다. 그는 베네치아 명문가인 코르나로가에서 태어나 1566년에 아흔한 살로 세상을 떠났다. 베네치아는 의학이 발달해 명의로 알려진 사람이 많았다. 그런데도 코르나로는 마흔한 살 때 기존의 의학에 의문을 품었다. 그는 통풍과 위장병에 시달렸는데 소문난 의사에게 치료를 받고 좋다는 약을 구해다 먹어도 좀처럼 낫지 않았다. 차도가 없자 그는 모든 약을 중단하고 하루 57그램 정도의 음식과 340밀리리터 정도의 물로 생활하는 금욕적인 다이어트를 시작했다. 식단을 바꾸자 몸 상태가 눈에 띄게 좋아지고 뼈가 부러져도 금세 낫는 체질로 변했다.

1558년에 코르나로는 이렇게 기록했다.

모든 사람은 자신의 주치의가 될 수 있다. 자신의 몸을 돌보려면 우선 식사에 신경을 써야 한다.

그는 이탈리아가 전쟁과 역병보다 식탐으로 망국의 길에 들어설 거라고 경고했다.

코르나로의 방법을 파도바의 의사 산토리오 산토리오Santorio Santorio(1561~1636)가 계승했다. 그는 늘 환자의 몸무게를 주의 깊게 살폈다. 그래서 의료용 의자를 커다란 저울에 매단 체중계를 개발했다. 환자가 그 의자에 앉으면 바로 몸무게를 잴 수 있도록 고안된 장치였다. 그는 몸무게 이외에도 신체 수치를 중시하여, 환자의 수치를 꼼꼼하게 측정하고 기록했다. 체온과 맥박을 잴 수 있는 장치도 고안했다.

어쩌면 이렇게 신체 상태를 수치로 표시하게 된 게 다이어트의 시작이었을 수도 있다. 코르나로도, 산토리오도 절대적인 몸무게보다 몸무게의 변화 양상을 중시했다.

> 따라서 몸무게와 신체 사이즈 측정이야말로 근대 서유럽에서 강박관념에 사로잡힌 몸무게 관리의 기원으로 자리매김했으리라.
>
> _ 힐럴 슈워츠Hillel Schwartz, 《절대 만족하지 않아: 다이어트, 환상, 비만의 문화적 역사Never Satisfied: A Cultural History of Diets, Fantasies, and Fat》(1986)

상태가 아닌 과정이라는 근대 다이어트의 지향점이 여기서 싹

산토리오 산토리오의 초상

됐다. 힐럴 슈워츠는 코르나로와 산토리오의 기본 모드는 로맨스Romance와 의식Ritual이고, 이 두 가지 모드는 코르나로와 산토리오 내면에 이미 나타났으며, 동시에 현대의 다이어트로도 계승되었다고 주장한다. 그러고 보면 코르나로와 산토리오 이후 다이어트 방법의 본질은 거의 달라지지 않았다. 르네상스 이후 옛 방법을 계속 되살려서 완전히 새로운 다이어트로 소개하곤 한다. 그 속임수에 현대인은 질리지도 않고 깜빡 속아 넘어가 부나방처럼 달려든다.

먼저 코르나로는 다이어트란 내적 전환이며 외적으로 영속적인 보답을 받는다고 주장했다. 다시 말해 긍정적인 사고방식을 가짐으로써 좋은 결과를 얻을 수 있다는 말이다. 오늘날에도 자기계발서에서 흔히 볼 수 있는 사고법이다. 코르나로의 다이어트는 간단하고 전체적이다. 그 방법을 실행하겠다고 결심하면 청춘과 장수라는 두 마리 토끼를 다 잡을 수 있다. 즉 '생각의 전환'만으로 행복해질 수 있다는 오늘날 자기계발서에서 부르짖는 주장이 이미 이 시대에 나왔던 것이다.

> 이 다이어트 로맨스는 다른 의학적 환상과 다른 방식으로 작동한다. 음식에 대한 욕구를 억누르는 다이어트의 싸움은 마술적 전투다. 음식을 먹고 싶다는 욕구를 조금만 참으면 영웅적 힘이 갑절이 되고, 청춘과 활력이 돌아온다.
>
> _ 힐럴 슈워츠, 《절대 만족하지 않아》

이 대목은 완전히 요즘 다이어트 전문가의 수법과 유사하다. 그래서 코르나로가 다이어터의 원조로 여겨진다. 16세기 전형적 로맨스(영웅 이야기)에서 영웅은 자신을 변화시킴으로써 세계를 바꾼다.

> 개인적 재생은 우주적 성장을 초래한다. 그것은 시대를 역전시키고 정의를 회복하고 질서를 확립할 수 있다.
>
> _ 힐럴 슈워츠, 《절대 만족하지 않아》

그리고 다이어터는 낭만적인 이야기의 주인공이 될 수 있다.

의사를 멀리하고 약을 끊고 마음가짐만 바꾸면 세상이 달라진다고 다이어트의 창시자는 부르짖는다. 그래도 영웅이 될 수 있다고 속삭인다.

산토리오는 17세기판 다이어터였다. 코르나로와 차이는 거대한 저울에 매달린 의자라는 체중계 장치를 사용했다는 점이다. 너무나 바로크 시대다운 연극적 장면이다. 인간은 체중계라는 무대에 올라 자신의 운명을 연기한다. 여기서는 다이어트의 두 가지 축 중 의식을 극적으로 연기했다.

체중계 무대에 오르는 행위는 숨겨진 '몸무게'가 폭로되는 상황이다. 산토리오의 체중계가 지닌 극적인 스릴은 어느 정도 경감되었다고는 하나 요즘도 대중목욕탕과 온천 탈의실에 있는 체중계에 남아 있다. 우리는 목욕을 마치고 나와 체중계 위에 올라갈 때 자신의 비밀을 엿보듯, 체중계의 눈금을 응시하면서 가슴을 두근대며 일희일비한다.

몸무게를 재는 그림은 고대에는 광물 주괴 계량을 위한 메타포로, 저울은 중용 · 절제의 알레고리였다. 몸무게를 재는 행위는 정신의 계량이기도 했던 셈이다. 슈워츠에 따르면 산토리오의 저울을 기록한 그림에서는 기둥에서 뻗어 나온 저울의 팔에 의자가 매달려 있는 것으로 그려져 있는데, 또 하나의 팔은 그려지지 않았다. 본래 의자의 무게와 균형을 이루는 추가 실려 있어야 한다.

저울이 반밖에 보이지 않는 그림은 상반된 개념, 가령 선과 악과 같은 대립물을 저울에 올려놓고 견주는 상징적 의미를 보여

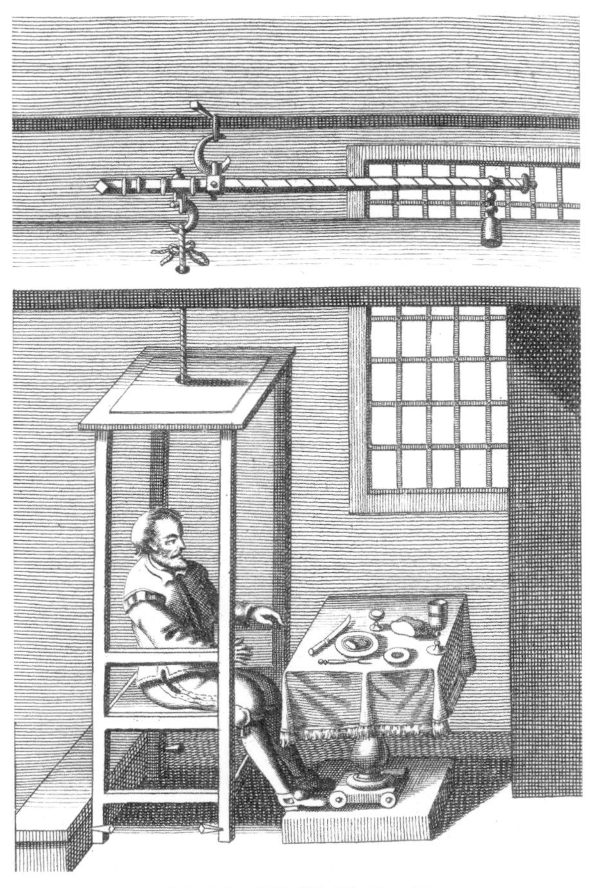

의자 저울로 몸무게를 재는 산토리오

준다고 해석해도 부적절하지 않다. 그러나 슈워츠에 따르면 산토리오의 절반밖에 보이지 않는 저울 그림은 보이는 부분을 보이지 않는 부분까지 계측하고 있음을 보여주는 은유로, 추상적인 계량치는 그 결과라고 주장했다.

산토리오는 신체는 확실히 보이지 않더라도 언제나 세계와 상호 교류하고 있다고 믿었다. 이는 동양의 '기氣'와 유사한 개념이다. 헬레니즘의 스토아학파와 중세 기독교의 사상가는 그 보이지 않는 기를 '프네우마Pneuma'나 '미아즈마Miasma'라고 불렀다. 산토리오는 그 보이지 않는 기를 계량하려고 시도했다. 그에게 자아성찰은 자신의 몸을 의식적으로 정밀하게 조사하는 행위였다. 30년에 걸쳐 산토리오는 신체를 꾸준히 측정했다. 몸무게, 체온, 맥박을 재고 그 변화를 관찰하는 행위는 신체를 통해 보이지 않는 세계와 교류하는 과정이었다.

이처럼 신체(미크로코스모스, Mikrokosmos)와 세계(마크로코스모스, Makrokosmos)의 교류를 고찰하는 사상은 현대의 뉴에이지 계열에서 제창한 보디워크Bodywork로 계승되었다.

슈워츠는 코르나로의 방법을 16세기 문학 장르의 하나인 로맨스에 비유했는데, 산토리오의 방법은 17세기에 등장하는 자서전에 비유한다. 17세기 자서전은 결코 영웅이 아닌 주인공이 자신의 실패와 악행까지 낱낱이 고백하는 이야기로, 18세기에 접어들어 출간된 카사노바의 회상록 등이 전형적인 예다.

다이어트 의식은 자서전을 닮았다. 자서전은 죄와 허물의 고백이기 때문이다. 다이어트 의식은 먼저 자신의 비만 고백에서 시작된다. 나는 뚱뚱하다, 추하다는 고해성사다. 그 고백은 체중계에 오름으로써 명확하게 눈에 보이는 형태로 선고되어야 한다. 슈워츠는 또 당시 베네치아의 유리 장인이 제작해 수출한 전신 거울을 다이어트에 빼놓을 수 없는 장치로 추가한다. 저울과 거울은 인간이 자기 몸의 진실을 만천하에 드러내고 고백과 회개를 촉구하는 장치다.

> 다이어트 로맨스는 참을 수 없이 안에서 밖으로 폭발하듯 터져 나온다. 다이어트 의식은 은근하고 끈질기게 내부에서 외부에서 내부로 작동하며 내부에서 분출한다.
>
> _ 힐럴 슈워츠, 《절대 만족하지 않아》

코르나로와 산토리오라는 르네상스 이탈리아의 다이어터는 각자 로맨스와 의식을 대표하는 인물이다. 코르나로는 몸소 다이어트를 경험하고 병마의 세계를 떠돌다 귀환했다. 반면 산토리오는 의사로서 어디까지나 외부에서 신체를 관찰하고 계측했다. 이 두 사람은 다이어트의 두 가지 유형을 보여주는 상징적

인물이다.

물론 양쪽을 겸하는 사람도 있다. 1673년에 스코틀랜드에서 태어난 조지 체인George Cheyne이 그중 한 사람이다. 그는 런던으로 상경해 보헤미안처럼 방탕하고 자유로운 생활을 즐기다 살이 쪄서 비만으로 인한 온갖 질병을 달고 살았다. 그는 요양을 위해 시골로 돌아가 은둔하며 채식주의자 생활을 선언했다. 그는 그때까지 두통과 우울증에 시달려 아편과 수은 등의 약물을 사용해 내장이 망가졌다. 아픔을 잊기 위해 종교에 의지하기도 했고, 치유효과가 뛰어나기로 유명한 배스 온천으로 요양을 떠나기도 했다.

잉글랜드 남부 소도시 배스의 로마 시대 온천탕. 배스는 오랜 세월 온천휴양지로 각광받은 곳이다.

온천에서 치료하고 상태가 제법 호전되자 그는 다시 고기를 탐닉하는 종전의 생활로 돌아갔고 또다시 몸 상태가 나빠졌다. 그때 어느 수도승이 그에게 우유 다이어트를 알려주었다. 우유 다이어트로 몸무게를 어느 정도 줄이고 몸도 추스른 그는 살 만해지자 다시 무절제한 식생활로 돌아갔다. 그 후로도 그는 폭식과 다이어트 사이를 무한 반복했다.

그리고 쉰 살이 넘고 나서 겨우 우유와 차와 커피를 주식으로 하는 다이어트에 정착해, 젊은 시절 폭식과 다이어트를 오갔던 인생을 《건강과 장수 에세이The Essay of Health and Long Life》(1724)라는 책으로 펴냈다. 그는 다이어트로 'Lightsome'해질 수 있다고 주장했다. 'Lightsome'이란 '경쾌한' '우아한'이라는 뜻이다. 그는 건강하게 빛나고, 기분이 밝아지고, 마음과 머리가 명석해진다는 세 가지 의미에서 이 단어를 사용했다. 비만으로 인한 질병을 그는 '영국병English Malady'이라고 불렀다. 영국병은 무거운 몸과 무거운 마음, 양쪽에 걸쳐 있다.

슈워츠는 조지 체인이 의식과 로맨스라는 다이어트의 양극에서 갈등했고, 그 갈등이 후세대의 우리에게 참고가 된다고 보고 있다. 다이어트는 낭만적인 영웅의 모험과 형식적 일상의 의식이 언제나 모순되는 현상이다. 조지 체인은 수도승처럼 엄격한 다이어트를 애써 견뎠다. 그러다 금욕에서 탈출해 나락으로 떨어졌다가 다시 기어오르곤 했다.

> 우리의 금욕은 다른 사람을 기만하는 것이며, 몸무게와 계량은 번잡스럽고 특이한 과정이기에 우리는 감정에서 독립한 규율에 의지해야 한다.
>
> _ 조지 체인, 《건강과 장수 에세이》

기나긴 다이어트 편력 끝에 그는 의식과 로맨스의 화해에 도달한다. 그는 자신이 집필한 《건강과 장수 에세이》에서 규율을 강조했다. 식욕은 주관적이고 몸무게나 신체 사이즈를 재는 행위는 객관적이다. 전자가 코르나로, 후자가 산토리오의 관점이라고 할 수 있다. 조지 체인은 전자에도 의존했으나, 후자도 전면적으로 신뢰할 수 없다고 생각했다. 그는 숫자에만 의존해서는 안 된다고 주장했다.

어느 쪽이든 전적으로 의지할 수 없다면 어떻게 해야 할까? 감정에서 독립한 규율에 의지해야 한다. 감정에서 독립한 규율은 눈에 보이는 판단이라고 조지 체인은 말한다. 먼저 몸무게를 재고, 특별한 관찰과 실험으로 우리의 신체에 최적의 고기 양, 음주 양, 체형 등이 결정된다. 그러나 나머지는 눈으로 적당히 가늠해야 한다. 자신의 눈이라는 잣대는 다소 오차는 있지만,

약간의 오차는 우리 건강에 큰 문제가 되지 않는다고 조지 체인은 말한다. 다시 말해 객관적인 계량을 하나의 기준으로 삼더라도, 눈으로 대충 보고 판단해도 인간은 그리 잘못되지 않는다는 게 주장의 요지다.

여기서는 규칙과 경험 규칙, 과학의 정확성과 인간적 감정 등 양극의 화해가 시도된다. '인간적인 의사'라는 이미지가 떠오른다. 그 탓인지 조지 체인의 사상은 특히 북아메리카 영국 식민지까지 전해졌다. 미국에서는 마침내 정신성을 중시하고 서양의학뿐 아니라 미국 선주민의 주술부터 동양의학까지 아우르는 대체의학과 자연주의요법(전체론, Holism)이 발달했고, 뉴에이지운동으로 이어졌다. 다이어트가 특히 미국적 현상이라는 사실도 이와 관련되어 있지 않을까.

슈워츠는 벤저민 프랭클린Benjamin Franklin을 '미국의 코르나로'라고 말한다. 프랭클린은 《가난한 리처드의 연감Poor Richard's Almanack》이라는 책에서 근면과 식사의 상관관계를 언급했다.

> 노동이야말로 당신의 식욕을 이성에 복종시키는 방법 중 으뜸이다.

'쾌락을 위해서가 아니라 필요를 위해 먹어라'가 그의 좌우명이었다. 프랭클린은 스스로 자신의 주치의가 되어, 생활방식으로서 다이어트를 실천한다는 전통을 계승했다.

한편 미국의 산토리오는 사우스캐롤라이나주의 존 리닝John Lining이라는 의사다. 그는 1740년부터 자신의 몸무게, 식단, 소변과 대변 양과 횟수 등을 관찰하기 시작했다. 또 날씨와 실온도 아울러 기록했다. 집요할 정도로 상세하고 방대한 기록이 남겨져 있다. 그는 유럽과 미국에서 신체 상태가 달라지면 다이어트도 달라져야 한다는 가설을 세웠다.

여기서 슈워츠는 다이어트의 로맨스는 보편적이고 세계 공통이라고 말한다. 코르나로와 프랭클린의 사고방식은 어디서나 통용되고, 마찬가지 변화를 일으킨다. 인간이라는 공통성 위에 세워진 사고방식이다.

다이어트 의식은 이론으로는 보편적이나 실행에는 차이가 있고 지역색도 나타난다. 계층에 따라 각양각색이다. 따라서 다이어트 방식도 개인차가 있다. 이미 조지 체인이 직면한 갈등이었다. 조지 체인은 차이와 공통이라는 양극단 사이에서 갈등하다 개인의 양이라는 모호한 기준을 도입해 조화를 도모하려 시도했다.

모든 증상을 정리해 진단하는 마을 의사와 증상에 따라 세분화해서 과를 나누어 환자를 보는 대학병원의 차이가 다이어트의 로맨스와 의식의 양극단에 나타나는 차이와 같다. 전문화하고 정밀화할수록 진단은 복잡해지고 두루뭉술해진다. 일반인은 더욱 단순하고 명쾌한 진단을 판관처럼 내려주기를 원한다.

"그래서요, 선생님. 쉽게 말해 무슨 뜻이죠? 결론부터 말씀해 주시면 안 될까요?"

우리가 의사에게 던지고 싶은 물음이다. 이 대목에서 차 떼고 포 떼는 식으로 단순화한, 결과적으로는 사이비에 가까운 다이어트법이 꼬리에 꼬리를 물고 등장할 여지가 생긴다.

르네상스 이탈리아의 다이어트는 영국을 거쳐 미국에 전해졌다. 바야흐로 19세기에 접어드는데, 이 무렵에는 아직 여성이 전혀 등장하지 않는다. 19세기 다이어트 서적은 중년이 되어 생활을 바꾸고자 하는 남성의 경험에서 집필된 책 위주였다. 19세기 말까지 다이어트는 남성의 전유물이었다. 예나 지금이나 다이어트가 가장 절실한 사람은 경마 기수였다. 몸이 가벼워야 말을 빨리 달릴 수 있기 때문이다. 또 권투 선수처럼 체급이 정해지는 종목 운동선수도 감량이 필요하다.

이처럼 다이어트는 줄곧 남성의 영역으로 여겨졌다. 남자는 자신의 의지로 살을 찌우거나 뺄 수 있었으나, 여자는 수동적인 생물이라 의지로 자신의 신체를 조절할 수 없다고 여겨졌기 때문이다. 살찐 남자는 대식가나 괴물처럼 보였다. 자신의 의지로 살이 쪘다고는 하나 실컷 마시고 즐기고 파괴하는 힘을 가진 사람으로서 두려움의 대상이 되었다. 반면 살찐 여성은 병자로 딱하게 여겨졌고 동정의 대상이 되었다. 사람들은 여성이 자신의 의지로 살을 찌웠다고는 보지 않았다.

이처럼 살찐 남녀를 바라보는 시선이 달랐기에 각각의 다이어트는 완전히 다른 방향을 향하며 평행선을 달렸다. 살찐 남자는 로맨스에 초점을 맞추었다. 살찐 남자에게는 격려가 쏟아졌고, 그는 의지를 발휘해 기존의 생활방식을 기꺼이 바꾸는 모험의 길에 오르려 했다. 반면 살찐 여성에 대해서는 의식에 집중했다. 병자로 관찰 대상이 되었고, 치료나 보살핌을 받기도 했다. 집안을 다스리는 방법과 소화 교육, 공적 간호가 그녀를 지원했다. 낭비, 피로 등이 비만과 함께 나타났다.

비만은 남자에게 극복해야 할 적이었다. 그러나 여자에게 비만은 자신의 힘으로는 어찌할 도리가 없는 병이며, 운명으로 여겨졌다. 여성이 다이어트의 역사에 등장한 시기는 여성이 자신의 몸을 의식하고 책임질 수 있는 19세기 후반이 되고 나서였다.

19세기의 신체

1783년 미국은 영국에서 독립한다. 그러나 독립 후 1세기가

량은 영국의 식생활을 거의 그대로 답습했다. 그러나 미국인은 영국인과 비교해 많이 먹었다. 넓은 토지에서 먹을거리가 풍성하게 생산되어 미국인의 식탁을 채워주었기 때문이다. 이렇게 풍요로운 식탁이 미국에서 다이어트가 중요한 사회적 문제가 되는 원인으로 작용했을 수 있다.

살을 빼기 위한 절제라는 의미에서 다이어트라는 단어가 일반화된 시기는 19세기 말부터 20세기 초에 걸쳐서다. 그 이전에는 영국에서는 '밴팅이즘Bantingism', 미국에서는 '플레처리즘Fletcherism'이라는 단어가 널리 쓰였다.

밴팅이즘은 런던의 장의업자인 윌리엄 밴팅William Banting이 제창한 다이어트법이다. 그는 관을 만들기 위해 사람의 몸무게와 키에 관심이 있었는데, 포도주 상인이 사용하는 저울을 가게에 두고 늘 몸무게를 쟀다. 그뿐 아니라 자신의 맵시를 위해 살이 찌지 않도록 신경을 썼고, 온갖 다이어트를 시도했다. 보트 타기, 수영, 승마를 하고 해러깃 생수, 하제(설사약), 이뇨제 등을 복용하고 사우나에 들어가 땀을 빼기도 했다. 그런데도 쉰다섯 살이 되었을 때는 100킬로그램 가까이 몸무게가 늘어 혼자서는 구두끈을 묶을 수 없을 정도로 몸이 비대해졌고, 배가 불룩 나와 앞이 보이지 않아 계단을 엉거주춤한 자세로 뒷걸음질 치며 내려가야 할 정도였다. 귀도 잘 들리지 않아 이비인후과 의사인 윌리엄 하비William Harvey에게 진료를 받았다. 하비는 프랑스의 생리학자인 클로드 베르나르Claude Bernard의 당뇨병 강의를 들었는데, 밴팅을 당뇨라 진단하고 당분 제한 다이어트를 처방했다. 처방을 지킨 밴팅은 1862년 8월부터 1863년 3월까지 16킬로그램 감량에 성공했다. 1863년 9월에는 몸무게가 70킬로그램까지 내려갔고, 귀도 회복되었다.

밴팅은 자신의 경험을 바탕으로 《비만에 관한 편지Letter on Corpulence》라는 책을 써서 호평을 얻었다. 그가 세상을 떠난 1878년에는 5만 부 넘게 팔려 나가 그의 다이어트법은 '밴팅 다이어트'로 알려지게 되었다. 밴팅 다이어트는 특히 미국에 널리 받아들여져 1880년대에 크게 유행했다.

밴팅의 인기 배경에는 19세기의 건강 지향, 근대 채식주의 부흥 등이 자리하고 있다. 이러한 경향은 산업혁명에서 비롯된 공업화와 도시화에 대한 반동으로 인한 자연 회귀와 관련 있다.

17~18세기에 발달한 해부학, 생리학을 밑거름 삼아 19세기에는 음식과 영양 연구가 진행되었다. 1827년, 영국의 화학자인 윌리엄 프라우트William Prout(1785~1850)는 당, 지방, 단백질의 '3대 영양소' 이론을 발표했다. 프랑스의 생리학자인 프랑수아 마장디François Magendie(1783~1855)는 개에게 설탕과 물만 급여하면 한 달 만에 폐사한다는 사실을 발견했다. 또 개에게 버터와 물 또는 올

리브유와 물만 주어도 폐사했다. 거기에 단백질을 추가하면 폐사하지 않고 생존한다는 사실도 알게 되었다. 밴팅의 당뇨병을 치료한 다이어트는 클로드 베르나르의 강의에서 착안했는데, 베르나르는 프랑수아 마장디의 제자였다.

독일의 유기화학자인 유스투스 폰 리비히Justus von Liebig는 인체의 건강을 위해 무기염류가 필요하다는 4대 영양소 이론을 발표했다. 또 4대 영양소만으로는 충분하지 않다는 사실이 판명되고 나서 비타민이 발견되었다.

한편 19세기 중반부터 이러한 영양학의 발전을 등에 업고서도 다른 한쪽에서는 자연과 원시로 돌아가자는 경향부터 근대 채식주의까지 목소리를 높였다. 채식주의는 고대 인도와 그리스 등에서 뿌리를 찾을 수 있는데, 19세기에 부활했다.

1842년 영국에서 '베지테리언Vegetarian'이라는 단어가 사용되었고, 1847년에는 맨체스터에서 채식협회가 결성되었다. 1850년

1842년에 영국에서 '베지테리언'이라는 단어가 사용되었다.

에는 미국 뉴욕, 1869년에는 독일에서 채식협회가 문을 열었다. 프랑스에서는 장 앙투안 글레이즈Jean-Antoine Gleizes가 근대 채식주의의 시조로 일컬어지며, 1878년에 파리에서 채식주의 박람회를 개최했고, 1886년에 프랑스 채식협회가 결성되었다. 그리고 1908년, 파리에서 최초의 세계 채식주의자 대회가 열렸다.

먹을거리, 소화 메커니즘, 건강, 채식주의, 생태학, 종교적 신념 등이 다이어트의 배경으로 자리매김했다. 이러한 이념과 사상들이 한데 어울려 19세기 신체 의식을 형성했다.

실베스터 그레이엄Sylvester Graham(1794~1851)은 미국 식문화 개혁가이자 최초의 웨이트 와처Weight Watcher라 알려진 인물이다. 그가 권장한 통밀Wholewheat은 '그레이엄 위트Graham Wheat'라고 불렸다. 그레이엄은 통곡물로 직접 구운 빵, 채소, 순수한 물로만 이루어진 소박한 식생활을 강조했다. 향신료와 자극적인 양념은 소화불량, 질병 그리고 성적 흥분을 일으키는 음식으로 피해야 하고 홍차, 커피, 담배, 아편도 좋지 않으니 삼가야 한다고 주장했다.

금욕적인 다이어트 생활을 권장하는 그레이엄의 주장은 묘하게 대중의 공분을 샀고, 폭도들이 행사장에 난입하여 아수라장이 되기도 했다. 한편에서는 그를 따르는 지지자 무리도 생겨났다. 그는 뉴욕, 필라델피아, 프로비던스, 보스턴 등의 도시를 순회하며 상당한 청중을 확보했다. 보스턴에서는 300명의 여성이

통밀빵

모였다. 그는 가정주부들에게 가게에서 파는 흰 빵이 아닌 거친 통밀로 직접 구운 빵을 식탁에 올리라고 권했다.

아마 여성을 상대로 펼친 그의 강연이 남성 시민의 경계심을 자극했던 모양이다. 앞에서 설명했듯 그때까지 다이어트는 남성의 전유물이었다. 그러나 그레이엄은 여성에게 다이어트를 권한 것이다. 그의 사상은 위험하고 불순했다. 여성에게, 자신의 의지로 새로운 생활을 선택하라고 종용했기 때문이다. 여자들이 스스로 생각하거나 새로운 생활방식을 시작하게 되면 흥청망청 먹고 마시는 방탕한 남성들의 생활을 비판할 우려가 있었다.

남자들은 이러한 사태를 걱정했다. 그러나 그레이엄의 강연에 300명이나 되는 여성들이 모인 건 그녀들이 무언가를 학수고대하고 있었다는 방증이다. 그레이엄의 신생활 권장을 들으러 가는 건 당시 여성들에게 상당한 모험이었다. 남편과 아버지들은 그레이엄이 여자들의 귀에 헛바람을 불어넣고 부도덕한 이야기를 늘어놓는다며 의심했다.

가령 그레이엄은 자신의 다이어트를 설명하면서 음식이 인간의 몸속에서 어떻게 소화되는지를 보여주곤 했는데, 이해를 돕기 위해 인체 모형도를 활용했다. 인체 단면도에는 식도, 위, 장 등이 그려졌다. 생생한 해부도가 아닌 세세한 부분은 생략된 그림으로, 성기 등은 그려지지 않았음에도 외설적이라며 비난이 쏟아졌고, 그레이엄은 그림을 강연장에서 치워야 했다. 또 한 남성이 연단에 올라와 강연에 모인 여성들을 향해 여기에 매춘부가 섞여 있다고 모욕하기도 했다.

입에 담기 힘든 막말은 남자들이 그만큼 위기의식을 느끼고 흥분했음을 보여준다. 당시 남자들은 여자들의 반란을 심히 우려했다. 한편 여성들은 의연하게 폭도에게 맞서려 했다.

그레이엄이 다이어트를 권장하는 순회강연을 시작한 해는 1830년이었다. 이 당시는 사회적 도덕을 계몽하는 순회 전도사가 미국 전역을 돌며 설교했다. 전도사들은 알코올의 폐해와 식탐의 폐해 등을 설교했다. 그레이엄도 식탐을 주제로 선정했다.

술과 과식의 폐해에는 몇 가지 차이가 있다. 과음은 온전히 남자의 문제로, 술집 등 바깥 문제였으나 과식은 남녀 공통으로,

주로 가정 내의 문제다. 음주에 관해서는 선술집, 양조장 등 사회적 규제가 필요하나 식사는 가정에서 끼니를 준비하는 여성의 관리에 따라 절제할 수 있다. 따라서 그레이엄은 특히 주부를 대상으로 이야기하려 했다. 그는 어머니가 집에서 가족을 위해 손수 구운 빵을 식탁에 올리는 게 가장 중요하다고 믿었다.

그레이엄은 손수 구운 빵을 식탁에 올리는 게 가장 중요하다고 믿었다.

그레이엄의 사고에는 공업화·도시화한 사회에서 자연으로 돌아가자는 사상이 숨겨져 있다. 방종한 도시 가게에서 가정으로 돌아와 여자들이 구운 소박한 빵을 먹자는 주장이다. 어머니 자연으로의 회귀다. '문명으로서의 남자'와 '자연으로서의 여자'가 대비된다. 표백하지 않은 밀가루로 손수 구운 빵이라는 목표는 이윽고 윌리엄 모리스William Morris의 미술공예운동으로 이어지게 된다.

이 시대에 나타난, 중세의 원초적인 생활로 돌아가자는 주장은 남성적인 산업사회에 대한 항의였다. 그레이엄이 주도한 다이어트의 주체가 여성으로 전환된 현상은 남성 사회에 균열을 일으켰다. 또 수제 빵은 또 하나의 의미에서 남성 사회에 대한 공격이었다. 직접 구운 빵은 가게에서 파는 공산품 빵에 대한 부정으로, 다시 말해 근대 소비사회 전체에 대한 안티테제였다.

19세기에 소매점이 증가하고 대중식당이 문을 열며 사람들은 집 밖에서 돈을 주고 음식을 사 먹는 외식 문화를 즐기게 되었다. 이러한 분위기에서 시작된 그레이엄의 다이어트운동은 가게에서 파는 빵을 사지 말고 외식도 하지 말라는 주장으로 대중을 분노케 했다.

'옛날의 소박한 식단으로 돌아가라' '자연으로 돌아가라'라고 주장하는 그레이엄의 다이어트는 오늘날의 다이어트처럼 살 빼기를 최우선 순위에 두지 않았다. 과식을 중단하고, 인공적이고 해로운 먹을거리를 식탁에서 치우고, 자연스러운 몸매로 돌아가자는 게 다이어트의 목적이었다.

그레이엄이 활동한 1830년대는 앤드루 잭슨Andrew Jackson 대통령 시대였다. 잭슨 민주주의로 일컬어지는 이 시대는 밝고 흥청거리는 거품 시대였다. 그레이엄의 다이어트운동도 그 시대 거품의 하나였는지 반짝 유행 후 뿌리를 내리지 못했다. 아직 미국인의 평균 신장이 커지던 시기라 비만 문제는 시대를 조금 앞서 갔을 수도 있다.

그레이엄의 운동은 하나의 일화로 얼마 후 세월의 무게를 이기지 못하고 묻히고 말았는데, 이후 19세기 말에 부활한다.

슈워츠는 세기말부터 오로지 가냘픈 실루엣을 추구하는 풍조, 경쾌하며 부력Buoyancy이 느껴지는 몸매가 대세인 시대가 되었다고 말한다. 과식이 일상이던 미국인은 소화불량과 위장장애에 시달렸기에 불편을 해소하고 가벼운 몸을 얻고자 하는 욕망이 있었다.

안에서부터 소화를 개선해 가벼워져야 하나, 밖에서부터도 가벼워져야 한다. 입고 있는 옷도 가벼워져야 한다. 코르셋을 벗어던지고 최대한 얇게 입어야 한다. 또 승마와 수영으로 몸을 움직여 경쾌하고 통통 튀는 몸을 만들어야 한다. 이 '부이언트 보디Buoyant Body' 움직임은 특히 여성에게 큰 해방구를 제공했다.

경쾌하고 자유로운 몸의 극한은 알몸이다. 그러나 빅토리아 시대 여성은 팔다리도 보이지 않을 정도로 꽁꽁 싸매고 다니는 보수적인 복장을 고수해야 했다. 여성들은 기존의 답답한 옷차림에서 탈출해 부이언트 보디를 추구하고 훨훨 날아오르려 했다.

메리 니콜스Mary Nichols는 그레이엄의 영향을 받아 1837년에 매사추세츠주 린이라는 도시에 여자 기숙학교를 개교했다. 그레이엄식 생활양식을 가르치는 학교였다. 그녀는 마침내 여성의 몸을 주제로 강연하는 미국 최초의 여성이 되었다. 메리는 여성의 신체 구조와 생리를 3차원 인체 모델을 활용해 설명했다. 그레이엄은 평면도를 보여주었다고 비난을 받았으나, 메리는 훨씬 생생한 입체 모형을 사용할 수 있었다. 안이 텅 빈 인체 모형이야말로 이 시대 부이언트 보디의 모델이라고 슈워츠는 말한다. 이 시대에는 열기구나 종이로 만든 연극 소도구, 크리놀린Crinoline 등 겉만 있고 안은 빈 구조물을 선호했다.

패션에서도 마네킹을 만들고, 파리 패션을 복제해 여기저기서 보고 주문하는 시스템이 완성된다. 부이언트 보디는 파사드Façade와 볼륨 · 무게가 없는 보디로, 복제된 신체였다. 1830년대부터 파사드, 즉 보이는 전면을 중시한 근대도시 거리가 나타났다. 큰 도로를 접한 가게는 파사드를 장식하게 되었다. 파사드 뒤는 텅 비었을 수도 있다. 파사드는 표면성이 강조된 양식이다. (우리에게 익숙한 '미디어 파사드'의 예로는 2021년 명동 신세계백화점 본점의 크리스마스 장식을 들 수 있다.-옮긴이)

부이언트 보디도 보이는 부분, 즉 표면을 강조한 신체라고 할 수 있다. 그 배후의 중량에서 벗어나 가볍게 둥실둥실 떠오른다. 해부학 모형에서 패션 인형까지 찾아볼 수 있는 공통 특징이다.

1830년대 사진의 발명은 복제 시대의 막을 열었다. 사진이야말로 무게가 없고 형태뿐인 보디를 비추고 있다. 사진은 신체에서 형태만을 드러낸다. 그 시대 여성은 그때까지 암흑 속에 가라

앉아 있던 자신의 몸을 선명하게 볼 수 있게 되었다.

부이언트 보디에 대한 열망은 패션에서도 나타났다. 최대한 군더더기를 배제하고 가벼워져야 했다. 열기구에 실린 낙하산을 떨어뜨리면 둥실둥실 떠오르듯 가벼워야 했다. 코르셋이나 몇 겹씩 껴입던 속옷을 훌훌 벗어던지고 여성은 홀가분하게 움직일 수 있게 되었다. 수영, 테니스, 골프, 승마 등의 스포츠에 여성이 진출했다. 운동을 즐길 수 있는 신체가 만들어졌다.

아멜리아 블루머Amelia Bloomer라는, 여성 드레스 리폼 운동가로 알려진 인물이 있다. 그녀는 친구인 엘리자베스 캐디 스탠턴Elizabeth Cady Stanton이 디자인한 판탈롱 스타일의 바지를 입었다. '블루머Bloomers'는 활동하기 편한 복장의 대명사가 되었다.

아멜리아 블루머

1856년에 등장한 크리놀린은 철사로 만든 버팀살을 주위에 빙 둘러 치마를 부풀리는 패션 소품으로, 안이 텅 빈 부이언트 보디의 전형이라고 할 수 있다. 그때까지 몇 겹씩 겹쳐 입던 치마 너비는 활짝 넓어졌고, 크리놀린으로 단숨에 가벼워졌다.

19세기 중반에 건강지향, 다이어트, 여성복장리폼운동까지 큰 영향력을 발휘한 수치료Hydrotherapy라는 대체의학 요법이 있다. 목욕 혹은 온천욕이 몸에 좋다는 생각은 예부터 존재했으나, 수치료로 체계화된 시기는 빈센트 프라이스니츠Vincent Preissnitzs가 개발한 요법이 알려진 1840년 무렵이었다. 그는 오스트리아에서 미국으로 건너가 수치료를 홍보했다. 샤워, 목욕, 습포 등으로 환부에 물을 적시는 요법으로, 물로 인간을 청정한 상태로 돌린다는 발상에서 비롯된 치료법이었다.

수치료는 19세기 중반에 미국에 받아들여졌다. 수치료는 자연주의 대체요법으로, 약물에 찌든 치료에 회의를 느낀 미국에 신선한 충격을 주며 최대한 자연의 치유력을 활용하자는 사고방식이 태동했다. 물을 마시거나 '워터 시트'라는 천을 몸에 두르는 등 물을 이용한 요법은 이미 설명했듯 캐런 카펜터도 따랐던 대중적인 요법으로, 일본에서 출간된 다이어트 서적에서 1위를 차지하는 등 물 다이어트는 지금도 널리 통용되고 있다. 즉효성이 없어도 안전하고 자연스러운 측면이 있기 때문이었으리라.

물로 정화하는 작용은 누구도 이상하게 여기지 않는 방법이라 수치료는 여타 수많은 요법으로 조합되었다. 가령 채식주의에 수치료를 결합하는 식으로 다양한 조합이 등장했다. 특히 수치료가 개량주의 방향을 지닌 점에 주목해야 한다. 기존의 약물과 식품 등 불순물이 들어간 먹을거리 섭취를 중단하고 최대한 청정한 물, 자연식을 섭취한다는 생활 개량이 지향점이었다. 또 물을 사용하는 요법은 누구나 할 수 있어 의사와 환자라는 대립 공식이 성립하지 않는다. 스스로 하려는 의지가 중요하며 전문가와 초보의 차별이 배제된다. 이런 특징은 여성에게 자립할 힘을 인정하는 평등주의로 발전했고, 수치료는 페미니즘과 연결되었다.

수치료는 여성도 자신의 몸에 스스로 책임을 지닐 수 있음을 인정했다. 목욕하거나 온천에 몸을 담그며 여성도 자신의 신체를 의식하고, 나아가 에로틱한 욕망 해방으로 향할 가능성도 내포하고 있다. 러시아 작가 안톤 파블로비치 체호프Anton Pavlovich Chekhov의 단편인 《개를 데리고 다니는 여인Dama Su Sabachikoi》과 이 작품을 원작으로 하는 니키타 미할코프Nikita Mikhalkov 감독의 영화 《검은 눈동자Ochi Chyornye》를 보면 해안이나 온천에 요양하러 온 여성이 에로스에 눈뜨는 장면이 그려진다.

미국에서는 수치료사가 대거 등장해 각지에서 치료원을 개업했다. 뉴욕의 출판업자인 파울러 형제들은 자신들의 출판사 파울러앤드웰스Fowler & Wells Company에서 〈수치료 저널Water-Cure Journal〉

을 발간했다. 수치료는 실베스터 그레이엄 열풍, 금주운동, 의복리폼운동과 결합했다. 전국드레스리폼협회의 1회 대회가 글렌헤이븐의 수치료소에서 열리기도 했다. 물에 몸을 담그는 수치료는 말 그대로 물에 뜨는 부이언트 보디에 딱 맞는 방법이었다.

수치료 요법은 유럽에서는 남성을 주요 고객으로 삼았으나, 미국으로 건너오며 여성으로 방향성을 전환했고, 수치료소와 온천은 여성이 남성 사회에서 도피하는 자유로운 도피처가 되었다. 유럽의 수치료사는 남성 위주였으나 미국에서는 여성 치료사가 많았다.

물에 뜨는 행위는 긴장을 이완하는 효과가 있고 동시에 신체재생 과정이기도 하다. 마치 양수에 뜬 태아처럼 원시적인 평안함을 제공하며 새로운 자아가 탄생한다. 수치료에는 자기재생, 자기계발 등의 정신성이 포함되어 있다. 뉴에이지 계열의 요법에는 수치료를 변형하고 응용한 방법이 많다.

또 수치료는 초기부터 신흥종교와 접점을 가졌다. 제임스 케일럽 잭슨James Caleb Jackson이라는 수치료사가 뉴욕 댄스빌에 수치료소를 열었다. 이윽고 잭슨은 운동과 식사를 조합한 종합요양소인 '언덕 위의 성Castle on the Hill'을 만들었다. 그리고 이 요양시설에서 그레이엄이 제창한 건강식과 자신의 치료법을 결합했다. '언덕 위의 성'에는 페미니스트들이 몰려들었고, 곧 그녀들의 공동체가 만들어졌다.

엘런 굴드 화이트Ellen Gould White는 이 공동체에 들어가 그레이엄의 식이요법을 알게 되었고, 신의 계시를 받아 그리스도의 재림을 기다리는 신흥종교인 제칠일안식일예수재림교Seventh-day Adventist Church를 창시했다. 그레이엄의 식사법을 십계명처럼 지키며 몸을 청정하게 유지하자는 종교적 계율을 강조했다. 화이트는 댄스빌 요양소에 대항하여 미시간주 배틀크리크에 서양건강개량협회Western Health Reform Institute라는 제칠일안식일예수재림교 요양시설을 열었다.

이 시설은 화이트의 제자였던 존 하비 켈로그John Harvey Kellogg가 지휘했다. 약물을 중단하고 자연의 치유력을 활용하기 위해 물, 공기, 빛, 열, 음식, 수면, 휴식, 레크리에이션 등으로 몸을 회복시키는 게 이 요양시설의 취지였다. 석유 왕 록펠러John Davison Rockefeller와 태프트 대통령 등 유명인이 지지를 표명했다.

존 하비 켈로그는 찰스 윌리엄 포스트Charles William Post와 손잡고 건강식을 표방하는 시리얼 제품을 개발한다. 켈로그의 시리얼 제품이 대성공을 거두며 건강식품 열풍의 선두 주자가 되었다. 곧 대중은 몸을 정화하고 다이어트를 해서 그리스도의 재림을 기다린다는 예언을 생각하지 않고 켈로그의 콘플레이크를 먹게 되었다.

존 하비 켈로그는 건강식을 표방하는 시리얼 제품을 개발했다.

그리고 남북전쟁(1861~1865년)이 시작되었다. 이 시기에는 운동(주로 체조) 열풍이 일었다. 전쟁 자체가 몸을 활발하게 움직이는 운동이기 때문이었을까.

슈워츠에 따르면, 19세기 미국의 국민병은 소화불량이었으나 남북전쟁 이후부터 신경쇠약이 새로운 국민병으로 떠올랐다. 쉽게 말해 의학적 관심이 위에서 머리로 옮겨 간 셈이다. 소화불량은 개인적 문제이나 신경쇠약은 사회적 질병이다. 19세기 후반에 미국의 도시화가 진행되며 그로 인한 사회적 스트레스가 심해졌다.

여기서부터 살짝 복잡해진다. 소화불량이 신경쇠약과 결합하며 과식은 다이어트와 대립 구도를 형성했고, 다이어트의 목적이 살을 빼는 행위로 탈바꿈했다고 슈워츠는 지적한다. 소화불량은 그때까지 과식이 원인으로 여겨졌다. 그 시대 사람들은 많이 먹으면 속이 부대끼고 두통이 생기고 갖가지 질병에 시달리게 된다고 믿었다. 그런데 이러한 증상과 질병이 위장 질환이 아니라 신경 질환이라고 인식이 전환되었다. 위장병은 스트레스에서 비롯된다는 새로운 상식이 이 시대에 탄생했다.

신경이 쇠약해지면 식욕이 없어지고 저절로 살이 빠진다. 신경성 식욕부진에 걸리면 체력을 보충할 수 있도록 잘 챙겨 먹고 살을 찌우는 게 낫다. 쉽게 말해 신경쇠약인 사람은 다이어트로 살을 빼지 않는 게 낫다는 말이다. 과식 탓으로 여겼던 증상이 신경쇠약 때문이라는 인식의 전환이 이루어지며 각종 증상과 과식의 인과관계는 약화되었다. 과식과 신경쇠약은 직접적 연관성이 없다. 신경쇠약을 치료하려면 다른 요법이 필요하고, 음식을 줄이는 다이어트는 도움이 되지 않는다.

신경쇠약론이 대두하며 식탐이 죄에서 해방되자 필요 이상으로 음식을 탐하는 죄, 즉 식탐은 오로지 비만의 원흉으로 여겨지게 되었다.

과식은 왜 나쁜가? 과식으로 살이 찌기 때문이다.

여기서 근대적 의미의 '다이어트'가 등장한다. 어쨌든 살을 빼야 한다. 살을 빼려면 목적의식이 있어야 하고 때로는 건강을 위해서라는 한계를 넘어서 강박관념으로까지 발전할 수 있다.

그리고 그때까지는 소화불량 증상을 치료하기 위해 고안된 갖가지 다이어트법이 깡그리 살을 빼는 방법으로 전환되었다.

세기말의 신체

19세기 말에 '부이언트 보디'는 '밸런스드 보디Balanced Body'로 흐름이 달라졌다고 슈워츠는 말한다. 예를 들어 열기구를 타고 둥실둥실 떠다니거나 물에 둥둥 뜨지 않고 지상의 확실한 지점을 잡고 똑바로 서는 식이다. 가장 알기 쉬운 예가 자전거다. 자전거는 두 바퀴 위에서 균형을 잡고 타야 한다. 신체는 그 중심에서 통제되고 균형을 잡지 않으면 자전거를 탈 수 없다. 자전거는 19세기 후반에 개발되어 세기말에 거의 완성되고 지금의 형태를 갖추었다. 자전거는 팔다리 근육만으로 움직이지 않고 몸무게를 실어 전진시키는 메커니즘을 갖는다. 또 자전거 메커니즘을 바탕으로 비행기 연구가 이루어졌다. 열기구와 달리 비행기도 공중에서 균형을 잡는 방식이 중요하다.

1903년 라이트 형제는 직선 비행에 성공했고, 1904년에는 일주해서 출발 지점으로 돌아오는 비행에 성공했다. 공중에서 회전에 성공하려면 미묘한 균형을 유지할 수 있는 한층 정교한 기술이 필요하다. 선회 비행에서는 힘과 지령이 중요하다. 비행기는 엔진의 힘으로 중앙에서 지령을 내려 통제해야 한다.

자전거와 비행기의 운동 메커니즘과 나란히 인간 운동 메커니즘에 대해서는 델사르트 체조Delsarte Method에서 연구되었다. 프랑수아 델사르트François Delsarte(1811~1871)를 언급하려면 현대무용의 역사에 발을 들여야 한다. 그는 프랑스 솔렘에서 태어나 가수와 배우를 지망했으나 당시 무리한 연습법으로 성대를 다쳐 꿈을 접어야 했다. 꿈이 좌절된 그는 인간의 표정과 몸짓을 연구하며 방대한 자료를 수집해 가수와 배우 연기법을 완성했고, 1839년부터 '응용 예술 강좌'를 개설해 연기 지도와 실연實演을 선보였다.

그러나 1860년대 이후는 지병으로 대중의 관심에서 사라졌다. 사망하기 2년 전에 델사르트를 재발견한 인물은 미국인 스틸 매케이Steele Mackaye(1842~1894)였다. 매케이는 1869년 10월부터 1870년 6월까지 델사르트에게 사사했다. 그는 델사르트 시스템을 활용하기 위한 준비운동을 고안하고 스승의 인정을 받았다.

이윽고 프로이센-프랑스 전쟁이 시작되어 매케이는 델사르트에게 작별을 고하고 미국으로 돌아온다. 그는 배우이자 극작가로 미국에서 활약하며 뉴욕 매디슨스퀘어에 극장을 만들어 지배인이 되었다. 또 브로드웨이를 대표하는 라이시엄극장Lyceum Theatre에서 미국 최초로 연기학교를 개교했다.

그는 이 학교에서 델사르트 시스템을 가르쳤다. 델사르트는 내면의 감정이 밖으로 전해지고, 표정과 몸짓으로 구체적으로 나타날 수 있다고 주장했다. 마치 조종사가 조종석에서 비행기를 조종하는 상황과 닮았다. 델사르트 시스템은 중심에서 조종되는 신체를 상징한다.

이 대목에서 우리는 델사르트 시스템이 연극의 틀을 넘어 미국 여성에게 지지를 받으며 페미니즘과 접점을 가지게 되는 부분에 초점을 맞추어야 한다. 19세기 후반, 여성도 교육을 받아야 한다는 인식이 생기며 자유주의를 표방하는 여자 기숙학교가 늘어났다. 이 학교들을 후원한 상류사회 여성들이 델사르트 시스템에 열중했고, 1880년대부터 유행했다.

이사도라 덩컨과 루스 세인트 데니스Ruth St. Denis 등 미국의 현대무용 선구자들은 모두 어머니가 배운 델사르트 시스템을 물려받았다.

델사르트 시스템이라고 해도 연극 중심의 전문적 원형이 아니라 매케이가 고안한 준비체조가 미용체조로서 유행했다. 참고로 체조는 신체를 조종하는 움직임으로, 말 그대로 밸런스드 보디를 상징하는 단어다.

이처럼 델사르트 시스템은 미국에 전해져 대중화되었고, 특히 여성에게 받아들여졌다. 유연하고 우아한 신체 움직임이 델사르트의 목표였다. 살 빼기가 다이어트의 목적이던 시대에 부지런히 몸을 움직이는 델사르트 시스템은 아귀가 딱 맞아떨어지는 방법이었다.

몸과 몸무게를 관리한다는 의식이 발달한 배경에는 가정학

루스 세인트 데니스

家政學의 확립이 자리하고 있다. 1889년 영국에 셰필드Sheffield 요리 · 가정 훈련학교가 개교했다. 이 학교는 가정학 전문학교의 효시라고 할 수 있다. 가정家政이란 가정 경제, 가정 운영방식을 가리키는 말이다.

그런데 왜 하필 이 시기에 가정학이 학문으로 정립되었을까?

가정학은 남성에게는 막연한 분야다. 업무 교육에도 가정과가 있었으나, 요리 실습과 행주와 걸레를 만들고 기워서 쓰는 방법 등 살림에 필요한 실용적인 기술을 가르치는 수준에 머물렀다. 가정학교는 오로지 여성을 위한 교육기관이었다.

그렇다면 왜 19세기 후반에 가정학이 성립되고 특히 여성을 위한 가정학교가 문을 열었을까? 가정학교 개교 열풍에서 생활양식의 일대 변화를 짐작할 수 있다. 그 시대에도 이미 살림을 꾸려나가는 전통적인 지혜가 있었는데, 왜 느닷없이 가정학이 새로운 화두로 떠올랐을까?

우선 수많은 일꾼을 부리는 귀족 가정이 붕괴하고 주부가 직접 살림을 담당하게 된 시대적 변화를 원인으로 꼽을 수 있다. 여러 일꾼이 분담하던 집안일을 혼자서 감당해야 하는 주부는 경제적으로나 시간적으로나 요령 있게 가사노동을 처리하는 기술이 필요했다.

또 기존의 자급자족에 가까운 경제에서 단숨에 대량 소비사회로 전환되는 변화의 물결이 사회를 덮쳤다. 19세기 후반에는 백화점이 등장하고 여성이 백화점에 가서 물건을 사는 쇼핑의 주체가 되었다. 이 새로운 소비사회에서는 새로운 상품 지식이 필요했고, 기존의 전통적인 가정 지식은 별 보탬이 되지 않았다.

시나브로 시대의 요구에 발맞추어 새로운 주부, 새로운 여성 소비자를 위한 가정학이 탄생했다. 전통적으로 할머니와 어머니가 전수하던 지혜를 학교에서 배우는 시대적 전환이 일어났다.

가정학은 여성을 집안에 가두어놓으려는 성차별로 볼 수 있으나, 현실적으로는 여성이 사회로 진출하는 돌파구의 하나가 되었다. 가정학교는 명실상부 여성 교육의 거점이 되었고, 가정의 문제를 사회적으로 거론할 기회를 마련해주었다.

몸 관리를 어떻게 해야 할지를 알기 위해 영양학과 소화학 분야의 성과가 도입되어, 가정학 교과서가 만들어졌다. 교과서에서는 비만의 폐해가 논의되었고, 다이어트를 권장했다.

가정학은 청결하고, 불필요한 부분이 없으며, 목적이 있는 흐름을 추구했다. 이는 가정에서 집과 신체 양방향에 걸쳐 이루어져야 했는데, 실내에서 최대한 장식과 가구를 정리하고 몸에서는 군살을 줄이고, 되도록 움직이기 편한 공간을 만들려는 노력으로 나타났다. 능률적인 시스템 키친과 운동으로 다듬어진 날씬한 몸매를 아울러 고려해야 했다.

이윽고 낭비를 죄악시하던 시대가 저물고 경제적으로 간소함을 추구하는 생활양식이 나타났다. 1893~1894년에 시카고에서 개최된 콜럼버스세계박람회World's Columbian Exposition에 출품된 '럼포드 키친The Rumford Kitchen'은 과학적 조리법으로 567그램의 점심을 30인분이나 제공했다.

1899년, 국제가정학협회의 1회 회의가 열렸다. 위생학자이자 토목기사였던 엘런 스윌로 리처즈Ellen Swallow Richards(1842~1911)가 1회 회의를 주최했다. 가정학은 인간에서 자연에 이르는 물질의 순환대사 균형을 논했다. 균형 잡힌 다이어트, 균형식, 균형 잡힌 가계, 인공과 자연의 균형이 논의 대상이었다.

능률성과 경제성은 미국이 19세기 후반, 고도 소비사회로 진입하면서부터 문제가 되었다. 물건이 넘쳐 나는 시대일수록 현명하게 경제적으로 물건을 선택하고 구매하는 요령이 필요하다. 포식의 시대야말로 다이어트가 요구되는 시대이기 때문이다. 이러한 현상에는 하나의 모순된 충돌이 잠재되어 있다. 자꾸자꾸 사들이고 계속 정리하고 버린다는 소비의 논리다.

생산 과잉과 소비의 정체, 풍요 속의 빈곤 등이 현대사회의 문

1893년 시카고에서 열린 콜럼버스세계박람회의 박람회장 전경

제로 등장했다. 다이어트의 탄생은 그야말로 이 시대를 상징하는 현상이다.

> 부자는 과식하고 필요 이상으로 먹기 때문에 다이어트를 해야 한다.

19세기 후반에 나온 말이다. 웨슬리언대학교의 윌버 올린 앳워터Wilbur Olin Atwater는 독일 생리학을 바탕으로 1880년대부터 미국 영양학을 개발했다. 그는 일반 남성은 하루에 3,000~3,500칼로리, 단백질 120~130그램이 필요하다고 추정했다. 그리고 각 식품의 칼로리와 단백질 함량을 계산했다. 그는 미국인은 5분의 1 정도 단백질을 더 먹어 살이 찐다고 주장했다.

앳워터는 모든 식품을 칼로리와 단백질 함량으로 환산했고 식품의 냄새, 맛, 겉모양 등은 배제했다. 그의 수량화된 영양 논리는 미국 농무부와 백만장자인 앤드루 카네기Andrew Carnegie의 지지를 얻어 미국 식생활의 기본 바탕이 되었다. 그런데 앳워터의 이론은 애초에 그가 의도한 빈곤계층의 식생활 개선에는 영향력을 발휘하지 못했고, 오히려 중류계급의 다이어트 유행을 부추기는 방향으로 작용했다.

이 시대 미국에서 비만 퇴치를 부르짖는 십자군이 결성되었다. 비만은 보기에도 좋지 않고 균형이 무너진 상태로, 기능이 떨어지며 비경제적이라는 관점이 자리 잡았다. 현대적 관점에서 보면 앳워터의 영양학에는 오류가 많다. 채소와 과일에 들어 있는 비타민은 안중에도 없었고, 어디까지나 가정학의 과학은 개인의 가정에 한정되었으며, 사회적 시야가 결핍되어 가난한 사람들의 생활에 적합하지 않았다. 그러나 이 시대 결성된 비만 십자군은 이미 풍요를 누리던 중류계급의 지지를 얻었다.

그때까지 살집이 있는 남성은 부자의 전형으로 여겨졌고, 풍만한 미녀를 선호했다. 그러다 갑자기 살찐 사람을 조롱하는 만화와 기사가 등장했다. 1910년 무렵에는 비만을 자살해도 이상할 게 없는 수치로 여기는 풍조마저 생겨났다. '스타우트Stout'라는 단어는 기골이 장대하고 남자다우며 용맹하다는 칭찬의 말로 쓰였으나, 이 무렵에는 통통함과 뚱뚱함의 경계를 오가는 사람을 놀리는 말로 뜻이 달라졌다.

1880년대부터 미국 상류사회는 먹는 양을 약간 줄였다. 저녁 만찬은 일곱 가지에서 여덟 가지 코스 요리로 이루어졌다. 그전에는 두 가지 정도 더 많은 요리가 나왔는데, 시간도 30분에서 1시간 넘게 걸렸다. 그 정도만 해도 상당한 양이나 이전보다 줄어들기는 했다.

세기말 여성 편력자로 유명한 프랭크 해리스Frank Harris는 젊은 시절 미국에서 생활했는데, 미국 체류 시절 자신이 사랑하는 풍만한 여성이 줄어든 세태를 한탄했다. 시대가 달라지며 그의 기준에서는 말라깽이, 다른 사람들의 눈에는 날씬한 여성이 대세가 되었기 때문이다.

깡마르고 순수한 여성과 성숙하고 자립한 여성이 세기말 여성의 두 유형으로 여겨졌는데, 여기에 세 번째 유형이 추가로 등장했다. 창백하고 불순하고 사악하고 탐욕스러우며 거만하고 복수심에 불타는, 부와 권력을 추구하는 팜파탈Femme Fatale(남자를 파멸로 이끄는 치명적인 매력의 여성)이 이 시대에 나타났다. 미국의 팜파탈은 1890년대 찰스 데이나 깁슨, 해리슨 피셔Harrison Fisher, 하워드 챈들러 크리스티Howard Chandler Christy 등이 창조한 이미지다. 그래픽 아티스트였던 찰스 데이나 깁슨은 일명 '깁슨 걸'로 알려진 새로운 여성상을 완성했다. 화가인 해리슨 피셔는 영화 포스터와 잡지 표지를 그리며 여성들의 새로운 우상을 만들어냈다. 또 하워드 챈들러 크리스티는 깁슨 걸과 쌍벽을 이루는 '크리스티 걸'을 창조해 유명해졌다. 모두 늘씬하게 키가 크고 꼿꼿하게 서서 자신의 의사를 또박또박 밝히는 당당한 여성을 이상형으로 그려냈다.

물론 팜파탈은 세기말 유럽에서도 나타났는데, 미국의 팜파탈은 유럽과 조금 다른 양상을 띠었다.

만약 그녀들이 죽어가는 마르그리트(《라 트라비아타》)와 미미(《라 보엠》)가 아니라면 폐병의 미학이 사멸한 탓이다. 유럽에서보다 미국의 장면은 그다지 큰 비중을 차지하지 않은 탓이다. 또 그녀들이 남자를 잡아먹는 치명적인 매력의 소유자인 악녀 살로메와 유디트가 아니라면, 그것은 그녀들이 몸의 중심부를 셔츠웨이스트 블라우스에 벨트를 매고 코르셋으로 꽉 조이고 있었기 때문이며, 그러한 패션은 그녀들의 열정에 남다른 분위기를 부여했다. 뱀처럼 요사스러운 매력으로 남자를 농락하는 유럽의 팜파탈은 미국에서는 자신을 찬미하는 무리의 마음을 쥐락펴락하며 잡힌 손을 슬쩍 빼는 깁슨 걸의 통제된 매력으로 모습을 바꾸었다.

_ 힐렐 슈워츠, 《절대 만족하지 않아》

유럽의 살벌한 팜파탈과 달리 미국의 자매들은 '모던 걸'에 가까웠다. 남북전쟁 끝자락부터 1900년대 사이에 미국의 미인은 청춘과 성숙, 순수한 처녀와 유혹적 요부 등 두 가지 스테레오타입 사이를 어지러이 오갔다.

슈워츠에 따르면 크리놀린은 소화불량에 내려진 패션 처방전이었다. 크리놀린은 금속 망으로 새장 같은 모양을 만들어 허리 주위에 둘러 치마를 부풀리는 패션 아이템이다. 크리놀린으로 떠받친 치마 아래는 품이 넉넉했다.

반대로 신경쇠약에는 버슬Bustle 스타일을 처방했다. 버슬은 허리에 장식을 부착해 엉덩이를 뒤로 쭉 내밀고 치맛자락을 질질 끌고 다니는 스타일이었다. 1870년대부터 1880년대에 걸쳐 유행했는데, 뿌리가 없는 사람의 몸을 땅에 뿌리내린 것처럼 보이게 하고 쭉 내민 가슴부터 엉덩이로 이어지는 경사면을 강조하는 디자인이었다.

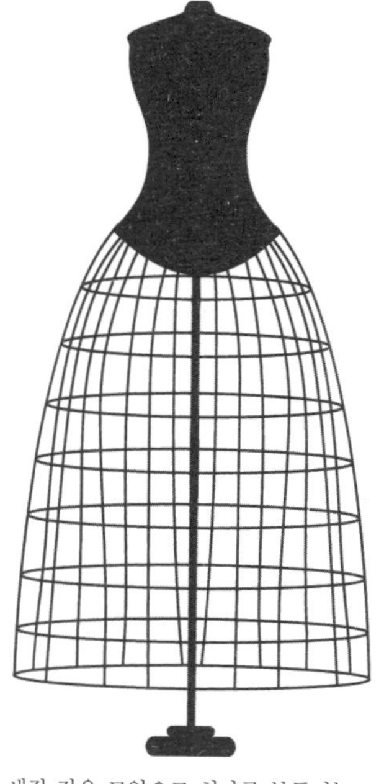

새장 같은 모양으로 치마를 부풀리는 패션 아이템, 크리놀린

버슬 드레스

모래시계 스타일의 1890년대 드레스

1890년대에 들어서자 새로운 미용을 접목한 새로운 코르셋이 등장하며 움직임이 한층 유연해졌다. 일명 모래시계 스타일이다. 셔츠웨이스트 블라우스에 벨트를 매고 치마를 받쳐 입는 패션은 부이언트에서 밸런스드 스타일과 '토크Torque(회전력) 보디'로의 변화를 지지했다.

새로운 스타일과 함께 자전거와 롤러코스터를 타고 분주하게 돌아다니는 스포츠 레이디의 이미지가 나타났다. 날씬하되 가냘프지 않고 활력이 넘치는 당당한 여성들이 사회로 진출했다. 무용수, 여배우, 여성 비행사 등이 앞장서서 자매들을 이끌었다. 패션과 가정학 분야의 능률화, 영양학 분야의 칼로리로 식품을 판별하는 관점 등으로 '날씬함'에 관한 노력 목표가 착착 분화해나갔다.

살을 빼기 위한 다이어트법은 초기에는 소화불량 치료법으로 고안되었다. 그러나 차츰 소화불량 치료가 아닌 다이어트론으로 영역을 확장했다.

소화불량 치료법에서 시작된 다이어트법으로는 먼저 약품을 이용한 방법을 들 수 있다. 소화제와 소화에 좋다는 민간 약초는 그대로 다이어트에 동원되었다. 약물 다음으로는 본래의 다이어트 방법, 즉 절식이 뒤를 이었다. 세기말에 문제가 된 수분에 관해서는, 다이어트를 위해 수분을 섭취할지 말지를 두고 의견이 갈렸다. 바야흐로 영양학도 낭만주의 시대에 접어들었다. 단백질은 에너지원이고 지방과 전분은 조용한 은거 생활에 들어가는 등 단순화된 식단이 지배적이었다.

제임스 헨리 솔즈베리James Henry Salisbury(1823~1905)는 '볶은 콩과 오트밀 죽만으로 한 달을 생활하면 무언가 부족해져 병에 걸린다'는 사실을 실험을 통해 증명해냈다. 즉 단백질의 필요성을 발견한 것이다. 그는 이 실험으로 솔즈베리 스테이크Salisbury Steak(햄버그스테이크)라는 새로운 메뉴를 고안했다. 그는 소화불량으로 생긴 비만과 질병을 고치기 위해서는 따뜻한 물과 다진 붉은색 살코기를 데쳐서 뭉쳐 만드는 스테이크를 먹어야 한다고 주장했다. 이 햄버그스테이크는 결핵 회복기 환자에게도 훌륭한 영양 공급원이 되어주었다.

솔즈베리가 제안한 다이어트는 소화불량으로 생긴 질병을 위한 방법이었으나, 결과적으로는 살을 빼는 데 도움이 되었다. 이미 영국의 윌리엄 밴팅이 전분을 삼가고 붉은색 고기로 단백질을 섭취하는 '밴팅 다이어트'를 내놓아 미국에도 전해졌는데, 솔즈베리는 밴팅 다이어트를 개량해 공업화한 것이다. 쉽게 말해 밴팅은 개인적 절제법에 머물렀으나, 솔즈베리는 고기를 먹기 전에 곱게 다지고 갈아서 소화가 잘되게 하는 공업적 과정을 추가해 대중이 훨씬 받아들이기 쉽게 만들었다.

몸 안에서 소화하는 게 아니라 몸 밖에서 이미 절반가량 소화된 음식을 먹는 방법인 셈이다. 이로써 개인의 위 일부가 외부로 나오는 '위의 외주화'와 '공업화'가 대중화되었다. 다이어트는 개인의 노력뿐 아니라 사회화된 건강법으로 발전했다. 이 새로운 다이어트로 먹는 행위가 개인에서 사회로 옮겨 왔고, 신체도 가정학을 적용할 수 있는 장치가 되었다.

솔즈베리 스테이크 다이어트는 남녀 공통으로 처방된 다이어트 식단이었으나, 일각에서는 여성은 남성보다 칼로리를 더 줄여야 한다는 주장도 있었다. 당시 미국 여성이 선호한 다이어트법으로 '노 브렉퍼스트 플랜No Breakfast Plan'이 있었다. 아침에 일어나자마자 뭔가를 먹어야 힘이 난다는 사람이 많지만, 왜 꼭 아침을 챙겨 먹어야 할까? 아침을 거르고 일을 시작하고 나서 식사를 하자. 아침을 거르고 두 끼만 먹으며 살을 빼자는 방법이 이 시절에 유행한 것이다.

순서상으로 식사 다음으로는 체조가 올 차례다. 자전거 타기, 조깅, 체조, 스포츠 마사지 등이 나왔다. 운동에는 살을 빼는 운동과 근육을 만드는 운동 두 가지가 있다. 마사지도 마찬가지였다. 1830년대에 인도와 아랍에서 마사지 기술이 도입되었다. 남유럽과 대서양 남쪽의 영국 해외 영토인 사우스조지아 사우스샌드위치 제도에서도 마사지가 발달했다. 마사지는 역시 소화불량과 신경쇠약 치료에 활용되었으나, 1890년대부터 적용범위를 확대해 살 빼기에 활용하기 시작했다. 당시 마사지사는 신체를 다루는 토목기사로 여겨졌다.

1900년 전후로 마사지사는 남성 중심에서 여성 중심으로 성별에 변화가 나타났다. 1885년 시카고의 직업 명부에는 어느 마사지사의 이름이 한 명 등록되어 있었다. 1886년에는 세 명의 남성 마사지사가 있었다. 그러다 1905년에는 105명으로 늘어났고, 그중 3분의 2가 여성이었다. 마사지가 운동에서 치유요법으로 변화했다고 할 수 있다.

롤러 장치로 돌아가는 벨트를 허리에 두르고 있으면 허리가 가늘어진다는 마사지 기계도 속속 개발되었다. 최신 발명품에는 전기 장치를 적극적으로 활용했다. 당시 전기는 신비한 힘으로 여겨졌고, 사람은 아무것도 하지 않아도 전기가 살을 빼준다는 인식이 있었기 때문이다. 전자파를 방출하거나 차고 있기만 해도 살이 빠진다는 벨트가 판매되었다. 요즘에도 이와 비슷한 상품이 버젓이 신제품으로 시중에 유통되고 있다.

1900년대에 장 베르고니에Jean Bergonié 박사는 에르고세러피Ergotherapy를 개발했다. 사형수가 앉는 전기의자 비슷한 장치로, 의자에 앉은 환자에게 전극을 연결한다. 이 전극으로 50밀리암페어의 전류가 흐르면 찌릿찌릿한 자극이 느껴지고, 1시간 정도 자극을 주면 약 16킬로미터를 달렸을 때와 같은 효과로 살이 빠진다는 논리였다.

약, 식사, 운동이 나왔으면 나머지 다이어트 영역은 마음이다. 솔즈베리 박사는 오른손을 앉아 있는 환자의 이마에 얹고 왼손을 목 뒤에 대고, 다음 단계로 오른손을 위장 위에 얹고 왼손을 허리에 대는 식으로 양손으로 환자의 신체를 눌러보며 신체 활기의 흐름을 활성화하고자 했다. 이 방법에서 뻗어 나온 손 마사지는 메스머리즘Mesmerism(동물 자기를 이용한다는 최면술)으로 발전했고, 메스머리즘은 심리학Psychology으로 변신했다고 슈워츠는 말한다. 세기말부터 뉴턴Isaac Newton 등의 신비주의가 부흥하며 동시에 정신요법Mind Cure에 관한 관심이 높아졌다. 신체는 우주의 에너지를 모으는 배터리로 여겨졌다. 무의식의 힘을 깨우고 자기 암시로 무의식을 통제해 신체를 재생시킬 수 있다는 믿음이 생겨났다. 에너지가 막힘없이 소통해야 하고, 에너지 정체는 비만이 된다고 생각했다.

약, 식사, 운동, 정신 등의 영역에서 다양한 다이어트법이 쏟아져 나왔다. 이 100년의 역사를 돌아보면 재미있게도 갖가지 다이어트 방법의 변천에 미신에서 과학에 이르는 진화가 진행되었음을 알 수 있다. 새로운 방법과 예스러운 방법이 섞여 잡탕이 되었고, 수상한 사이비 요법도 사라지지 않고 적절히 짜깁기되어 재등장했다. 최신 과학에 바탕을 두었다고 주장하는 방법과 할머니의 민간요법이 공존했다.

수상한 사이비 요법이 도태되지 않는 건 다이어트가 단순히 과학적 결과의 산물이 아니라 인간의 마음, 정신성에 관여하는 문제이기 때문이 아닐까.

20세기의 신체

세기말에 나타난 '밸런스드 보디'는 다시 '레귤레이티드 보디 Regulated Body'로 발전한다. 레귤레이티드 보디는 조절되고 통제된 몸으로, 균형 잡히고 역동적인 운동 조작을 뜻한다. 레귤레이티드 보디에서는 무엇보다 '흐름'이 중요했다. 신체를 자유롭게 오가는 에너지 흐름의 통합을 추구한 사조였다. 과도해진 에너지는 몸 밖으로 나오기 직전이고, 이 날뛰는 에너지를 어떻게 통제할 수 있을지가 다이어트의 관건이라는 게 레귤레이티드 보디의 논리였다.

1880년부터 1920년까지 과도기에 소화불량 치료법에서 만들어진 과거 다이어트법과 명백하게 다른 노선에서 네 가지 새로운 방법이 등장했다.

첫째, 단식

둘째, 플레처리즘

셋째, 칼로리 계산

넷째, 갑상선 치료

네 가지 모두 과도한 흐름을 어떻게 통제할지를 다루는 방법이라는 공통점이 있다.

첫 번째는 단식이다.

중세 수도원은 수행을 위해 단식했고, 기독교는 의무적으로 금식하는 기간이 있어 서구 사회는 단식이나 금식에 거부감이 적었다. 그러나 19세기에 접어들자 기독교에서도 금식을 철저하게 지키는 신자는 거의 찾아볼 수 없게 되었다. 그러나 일반에서 자취를 감추면 도리어 신비주의 분위기가 감돌며 사람들의 호기심을 자극하는지, 단식은 19세기에 일대 사건이 되었고 구경거리가 되었다. 프란츠 카프카Franz Kafka의 단편 중에 〈단식 광대Ein Hungerkünstler〉라는 작품이 있다. 이 시기에 이른바 단식을 볼거리로 제공하는 헝거 아티스트Hunger Artist가 유럽에 등장했다.

미국에서는 몰리 팬처Mollie Fancher라는 영매가 화제가 되었다. 크게 다쳐 시력을 잃고 음식을 삼킬 수 없게 된 그녀는 거의 먹지 않고 살았는데, 음식을 먹지 못하게 되면서부터 봉투 속 편지를 투시할 수 있는 초능력을 얻었다고 알려졌다. 물론 그녀의 영험함을 의심하는 사람도 있었다. 윌리엄 알렉산더 해먼드William Alexander Hammond 박사는 그녀에게 도전장을 내밀었다. 자신이 준비한 봉투의 내용을 읽어내면 1,000달러, 한 달 동안 완전한 단식에 성공하면 추가로 1,000달러를 주겠다고 제안한 것이다. 몰리는 아무리 의사라도 외간 남자가 자신을 빤히 쳐다보는 상황을 견딜 수 없다는 너무나 빅토리아 시대 숙녀다운 이유로 실험을 거절했다.

몰리 팬처

그런데 그녀 대신 단식에 도전하

겠다는 남자가 나타났다. 헨리 S. 터너Henry S. Turner라는 인물이었다. 그 역시 의사로 영양학 연구에 매진했는데, 그는 요즘 사람은 너무 많이 먹는다고 주장하며 단식을 시도했다. 또 인간은 먹는 음식으로 성격이 정해진다는 가설을 세웠다. 예를 들어 당근은 사람을 냉담하고 교활하게 만들고, 순무는 상냥하게, 프랑스콩은 발끈하게 만든다는 식이었다. 그는 자신의 가설에 따라 아내에게 매일 약 1.36킬로그램의 프랑스 콩만 먹게 했다. 그의 예상대로 아내는 짜증이 늘어 남편에게 주전자를 냅다 던졌기에 다급하게 순무를 먹였으나 때가 늦었는지 아내는 이혼을 요구했다는 후문이다.

터너는 뉴욕으로 거처를 옮겨 해먼드 박사에게 도전장을 내밀고 40일 동안 단식하겠다고 선언했다. 19세기 미국에서 벌어진 두 의사의 결투였다. 이 시대에 정통적 근대 의학과 노선을 달리하는 대체요법(비정통 의학) 사조가 잇따라 등장했다. 이미 소개한 수치료도 그중 하나인데, 동종요법Homeopathy이라는 대표적인 대체요법도 이 시대에 나타났다. 동종요법은 독일의 사무엘 하네만Samuel Hahnemann(1755~1843)이 창시했는데, 인체에 질병 증상과 유사한 증상을 인위적으로 유발해 치료한다는 원리였다. 예를 들어 열병을 치료하려면 열을 내는 물질을 희석해서 환자에게 복용하게 하는 식이다. 독을 같은 독성을 지닌 물질로 중화한다는 논리다.

동종요법은 독에 대해 그 반대되는 물질을 대량으로 투입해 억제한다는 근대 의학에 정면으로 반기를 들었다. 동종요법 지지자들은 최대한 강한 약물을 대량으로 투여하는 방식은 증상을 악화시킨다고 주장했다. 정통의학과 달리 동종요법은 최대한 약하게 같은 성질의 약물을 써서 신체의 자기 치유력을 증대시키려 시도했다.

결국 동종요법 등 대체요법은 세기말에 근대 의학의 기세에 눌려 사라질 뻔한 위기를 겪고 명맥을 근근이 유지하다 1960년대에 화려하게 부활해 뉴에이지 계열 요법과 합체한다.

20세기 다이어트의 역사는 스스로 자신의 몸을 다스린다는 점에서 대체요법의 흐름과 밀접하게 연관되어 있다. 하네만이 제창한 동종요법을 한스 그램Hans Gram이 미국에 들여와, 1844년에 전미동종요법협회가 결성되었다. 대체요법은 특히 미국에 깊이 뿌리를 내리고 퍼져나가는 추세를 보였는데, 다이어트가 특히 미국적 현상이라는 사실과 관련이 있다.

동종요법과 달리 정통의학은 대증요법 중심이다. 해먼드는 대증요법 의사였고, 터너는 동종요법 의사였다. 지역적으로 터너는 중서부 민간요법을 지지했고, 해먼드는 동부 엘리트의 요법을 지지했다. 대체요법은 의사의 전문적 권위를 위협하는 새로운 흐름이었다.

근대 의학에서 단식 요법은 비과학적이고 의사의 말을 듣지 않는 과격한 사람들이 신봉하는 요법으로 여겨지는 경향이 있다. 가령 과학적으로는 열흘이 사람이 단식할 수 있는 최대 기한으로, 터너가 주장하는 40일은 허무맹랑한 수준이다.

이러한 두 의학의 대결에 대중의 관심이 집중되었고, 헨리 터너는 그 관심을 발판으로 삼아 1880년대 뉴욕에서 단식을 시작했다. 마치 쇼처럼 펼쳐진 두 사람의 대결에 미국 전역의 시선이 집중되었다. 그리고 터너는 40일 단식에 성공했다.

슈워츠는 말한다.

> 터너는 1880년부터 제1차세계대전에 이르는 기간에 최초의 헝거 아티스트였다.

그 후 온갖 단식 전문가가 기인으로 소개되며 미국 뉴스를 떠들썩하게 만들었다. 단식 광대는 다이어트 역사의 개막을 알리는 마중물 역할을 했다고 할 수 있다. 미국인은 살이 찐 몸에서 강한 힘을 느끼지 않게 되었고, 단식해서 살을 빼는 수행에 영웅적 정열을 보이게 되었다.

단식이라는 행위는 인내하고 견디는 시간으로, 의지력을 발휘해야 한다. 그러나 거식증도 이 무렵부터 신종 질병으로 슬금슬금 음지에서 나와 모습을 드러내기 시작했다. 1885년, 미국 오하이오주 동북부의 도시 애크런에 사는 제니 힐이라는 소녀가 25일 동안 음식을 먹지 않다가 사망하는 사건이 발생했다.

정치적 항의를 위해 식사를 거부하는 단식 투쟁은 영국의 예술가인 매리언 월리스 던롭Marion Wallace Dunlop이 1909년에 최초로 시도했다. 그녀는 여성참정권운동을 벌였다는 죄목으로 체포되

매리언 월리스 던롭

루시 번스

었고, 수감 중에 항의를 표명하기 위해 곡기를 끊고 단식 투쟁을 했는데 여드레 후에 석방되었다. 1917년에는 미국에서 마찬가지로 피켓을 들고 여성참정권 시위를 주동한 죄로 체포된 앨리스 폴Alice Paul, 로즈 윈슬로Rose Winslow가 단식 투쟁을 벌였다.

권력은 단식을 비정상적인 수준으로 혐오했다. 권력을 동원해 강제적으로 식사를 시키려는 온갖 방해 공작이 시도되었다. 1917년 미국에서는 행동하는 여권주의자로 알려진 루시 번스Lucy Burns가 알몸으로 다섯 명의 간수에 제압되어 침대에 눕혀진 채 의사가 튜브를 코에 꽂아 음식을 주입하는 모욕적인 대우를 받았다. 앨리스 폴도 마찬가지 처분을 받아 하루에 세 번, 3주 동안 음식을 강제로 투여받았다.

단식은 다이어트의 극단적 형태로 헝거 아트와 단식 투쟁 등 극적이고 영웅적인 표현을 낳았다. 이와 대조적으로 대식과 비만은 일상적이고 평범하다. 바야흐로 다이어트에는 일상 탈출에 성공했다는 영웅주의가 감돌게 되었다.

1880년대부터 1920년 사이에 나타난 두 번째 다이어트법은 플레처리즘이다.

호러스 플레처

호러스 플레처Horace Fletcher는 참으로 미국적인 백만장자였다. 그는 젊은 시절에 포경선을 타고 뱃사람으로 일하기도 했고 동양에서 방랑하며 떠돌이로 지낸 시절도 있었다. 그러다 미국으로 돌아와 샌프란시스코에서 인쇄잉크회사를 차려 성공하고, 일본 미술품 수입 등에 손을 대서 재산을 일궜다. 그는 개인적으로 예술에 관심이 있었는지 뉴올리언스 오페라컴퍼니 감독을 맡기도 했다. 은퇴 후에는 베네치아 대운하를 접한 13세기 궁전에 살다 1919년에 세상을 떠났다.

플레처가 평생 골머리를 앓았던 고민거리가 바로 비만이었다. 그는 1895년에 살이 너무 쪄서 생명보험 가입을 거절당하자 다이어트를 결심했다. 이런저런 다이어트를 전전하다 마침내 하나의 방법에 도달했다. 바로 예부터 전해 내려온 꼭꼭 씹어 먹는 단순한 방법이었다. 플레처는 꼭꼭 씹어 먹는 습관을 철저히 실천했다. 몇백 번씩 씹어서 맛이 느껴지지 않을 정도가 되고 나서야 음식을 삼켰다. 1898년에 이 방법으로 플레처는 넉 달 동안 약 93킬로그램에서 약 74킬로그램까지 감량했다.

플레처의 방법은 시간을 들여 꼭꼭 씹으며 천천히 식사함으로써 결과적으로 단백질 섭취가 절반 이하로 내려간다는 이점이 있다고 여겨졌다. 세기말에는 단백질 과다 섭취가 좋지 않다는 인식이 강해졌기에 플레처리즘은 당시 풍조에 딱 들어맞는 다이어트법이었다. 또 그는 백만장자라 자신의 방법이 옳음을 증명하기 위해 영양학 실험에 막대한 자금을 제공할 경제적 능력이 있었고, 플레처리즘 홍보 캠페인에도 아낌없이 돈을 투자했다. 플레처의 방법은 1901년부터 과학잡지 등 학계에 보고되어 호평을 받았다.

플레처는 강연 여행에 나섰고, 무대에서 자신의 경이로운 체력을 보여주는 볼거리를 마치 차력사처럼 관객에게 선보여 박수와 호응을 유도해 분위기를 띄웠다. 플레처리즘은 20세기 초 미국에서 대유행했다. 존 데이비슨 록펠러 등이 플레처리즘에 참여해 사교계에 플레처리즘 열풍이 불었다. 플레처 클럽이 만들어지고 모든 음식을 꼭꼭 씹어 먹는 '먼칭 파티Munching Party'가 열렸다. 꼭꼭 씹어 먹는 습관은 신체를 순화하고 가볍게 만든다는 믿음이 퍼졌다.

한편 플레처는 자신의 대변에 과도한 관심을 보였는데, 그는 대변 무게를 재고 냄새와 색상까지 꼼꼼하게 기록했다. 꼭꼭 씹어 먹으면 대변에서 악취가 많이 줄어들 수 있어 그나마 다행이었을까.

당시 미국인은 소화불량과 신경쇠약에 비정상적일 정도로 예민하게 반응했기에 변비는 어떻게든 해결해야 할 시급한 문제로 여겨졌다. 특히 1900년 무렵부터 변비가 좋지 않다는 인식이 널리 퍼졌다. 대식과 비만은 죄라는 사고방식과 변비에 관한 과도하게 부풀려진 부정적 인식이 합체했다.

플레처리즘은 그저 군살을 줄이는 다이어트가 아니라 불필요한 부분을 덜어내는 경제주의 측면도 대중에게 호소했다. 불필요한 쓰레기를 떠안고 살지 말고 말끔하게 내다 버리자. 집 안뿐 아니라 거리를 깨끗하게 청소해서 청결을 유지해야 한다. 플레처리즘은 신체와 도시를 아날로그적 사고방식으로 규정했다. 꼭꼭 씹어 먹음으로써 체내소화와 혈액순환을 개선하고 몸을 깨끗이 정화해야 한다. 도시의 하수도도 막힘없이 흘러야 하며 정체되지 않도록 흐름을 개선해야 한다.

'위생'이 이 시대를 상징하는 구호가 되었다. 더럽고 냄새나는 온갖 것이 타도의 대상이 되었다. 그런데 위생에 과도하게 집착하게 되면 어느 순간 도를 넘어 탈선하게 된다. 다이어트와 미용도 종종 위생과 결합했다. 소취 · 항균 제품의 유행, 제모의 유행 등이 위생과 관련되어 있다.

또 '자가중독'이라는 용어에도 세간의 관심이 집중되었다. 자가중독은 요독증처럼 체내에서 만들어진 독소에 스스로 해를 입을 수 있다는 주장이다. 자가중독은 부정한 독소를 체내에서 배제한다는 플레처리즘 사상에 안성맞춤이었다. 차츰 변비가 자가중독의 주범이라는 인식이 생겨났다.

플레처리즘은 예일대학교의 러셀 헨리 치텐든Russell Henry Chittenden 같은 과학자, 헨리 제임스Henry James와 업턴 싱클레어Upton Sinclair 같은 작가에게까지 퍼져 20세기 초 유력한 건강운동으로 자리매김했다.

러셀 헨리 치텐든

세 번째로 세기말에 등장한 다이어트법은 칼로리 계산이다.

칼로리에 맞추어 먹는 새로운 다이어트는 플레처리즘을 과학적으로 분석하고자 했던 러셀 헨리 치텐든이 창안했다. 윌버 올린 앳워터가 창시한 영양학에서 출발한 치텐든은 플레처의 사례에서 앳워터가 필요하다고 주장했던 단백질의 양을 더 줄여야 한다고 믿었다.

단백질이 과도해지면 요산 수치가 높아지고, 통풍 등의 질병에 걸릴 수 있다. 단백질이 많아지면 체내에서 연소해 열 칼로리가 된다. 즉 살이 찌는 원인이 된다. 지방과 전분이 적어도 단백질이 너무 많으면 살이 찐다. 결국 비만은 어느 영양소를 섭취한다고 해서 살이 찌는 게 아니라 전체 칼로리가 많으면 살이 찐다고 치텐든은 추정했다. 이렇게 칼로리 계산에 맞추어 먹는 다이어트법이 탄생했다.

이때부터 칼로리가 문제가 되었다. 1칼로리는 1그램의 물을 한 번 끓이는 열량을 나타낸다. 이때부터 음식의 가치를 칼로리로 일률적으로 표시할 수 있게 되었다. 또 음식을 칼로리라는 운동량으로 말할 수 있게 되었다. 사람들은 초콜릿을 한 입 먹고 칼로리를 소비하려면 얼마나 걸어야 할지, 파이 한 조각의 칼로리를 소비하려면 계단을 얼마나 올라야 할지를 따지게 되었다.

네 번째 다이어트법은 갑상선 치료였다.

영양학과 칼로리 이론의 발전으로 인간 신체 메커니즘의 수수께끼가 풀리는 듯했으나, 과학이 더 발달하며 칼로리가 전부가 아니라는 사실이 차츰 판명되었다. 가령 칼로리를 줄여도 살이 빠지지 않는 사람도 있다. 비만에도 여러 종류가 있기 때문이다. 비만은 크게 두 종류로 나누어졌다. 외인성과 내인성이다. 외인성은 과식 등이 원인으로 비교적 단순하고, 남성이 많으며, 과거에는 부자의 당당한 풍채로 부러움의 대상이 되었다. 내인성은 신진대사 기능에 문제가 있어 병적이고 특히 빈혈 기미가 있는 여성이 많다.

이러한 비만 이분법은 단순한 생리적 분류로 보이나, 시대의 사회적 의미, 성적 차별을 내포한 보다 복잡한 논리가 이면에서 작동하고 있다. 즉 남성의 비만과 여성의 비만이 있고, 남성은 절식과 운동 등 자신의 의지로 살을 뺄 수 있으나, 여성 비만은 병적이고 자신의 의지로는 살을 뺄 수 없다는 인식으로 나타났다.

1900년 무렵에 나타난 비만 이분법은 지금도 이어지고 있다. 가타오카 구니조片岡邦三가 쓴 《무서운 지방 어떻게 줄일까怖い体脂肪をどう減らすか》(1997)라는 책에 따르면, 체지방이 어디에 붙느냐에 따라 상반신 비만과 하반신 비만으로 나눌 수 있다. 이 분류는 1956년에 프랑스의 장 바그Jean Vague가 발표해, 미국의 아흐메드 키세바Ahmed Kissebah 박사가 이끄는 연구팀이 후속 연구로 이론

을 다듬었다. 상체 비만을 사과형, 하체 비만을 서양배형으로 나누는 분류법은 이제는 일반에도 널리 알려졌다. 하체 비만을 줄인 '하비' 혹은 하체가 비만한 사람을 말하는 '하비족'이라는 신조어까지 생겨났다. 사과형 비만은 주로 남성에게 많고, 서양배형 비만은 여성에게 많다고 알려져 있다.

또 비만을 그 원인으로 원발성(단순성) 비만과 2차성(증후성) 비만으로 나눴다. 원발성은 확실한 원인은 없으나 점점 살이 찌는 유형으로, 많이 먹지 않는데도 몸무게가 슬금슬금 늘어나는 사람이 이 유형에 속한다. 외인성이 대부분 여기에 해당한다. 2차성 비만은 무언가 특정 질병이 원인인 비만으로, 내인성에 해당한다. 질환은 선천성, 전두엽성, 시상하부성, 내분비성, 약제성으로 나눌 수 있다. 마지막 약제성 비만은 약물 부작용이 원인이고, 나머지는 체내 기관과 기능에 문제가 생겨 발생한 질환으로 신진대사에 장애를 일으킬 수 있다.

이처럼 비만을 외인성과 내인성, 사과형과 서양배형, 원발성과 2차성 등 이분법으로 규정하게 되었고, 거기에 남자와 여자라는 성별이 추가되었다. 따라서 이 이분법은 어느 정도 타당성은 있어도 절대적인 기준은 아니며, 세기말에 성장한 역사적 패러다임으로 보아야 한다.

세기말에 비만을 두 가지로 분류했는데, 외인성 비만에 관해서는 문제가 단순하지 않다고 여겨졌다. 뚱뚱한 남성은 중요한 문제가 아니었다. 식단을 조절하는 다이어트와 운동에 칼로리 계산으로 살을 뺄 수 있다. 플레처리즘으로 비만을 충분히 해소할 수 있다고 믿었다.

내인성 여성 비만이 골칫거리였다. 절대 많이 먹지 않는데 야금야금 살이 찌며 부기가 빠지지 않는 여성이 문제였다. 1892년, 제퍼슨약학대학교의 프랜시스 X. 더컴Francis X. Dercum 박사는 이 증상에 동통성지방증Adiposis Dolorosa이라는 병명을 붙였다. 어떤 질병인지는 확실히 규명하지 못했으나 60년 동안 이 용어를 사용했다. 쉽게 말해 남자 의사가 원인불명의 부종을 호소하는 여성 환자를 겁주기 위해 "환자분의 병명은 동통성지방증입니다"라는 식으로 진단했던 모양이다. 요즘은 이 병명이 거의 사라진 추세다.

동통성지방증이라는 수상한 병명이 유행한 건 더컴이 갑상선 이상과 비만이 연관 관계가 있다는 그럴듯한 주장을 들고 나왔기 때문이다. 갑상선을 비롯한 내분비(선) 시스템은 이 시대 마법의 주문으로, 이 주문을 외우면 무슨 문제든 뚝딱 풀 수 있다고 여겨진 편리한 말이었다.

세기말에는 생명 대사의 수수께끼를 푸는 두 가지 현상이 발견되었다. 영양소와 내분비다. 영양소는 칼로리 문제에서 다루었는데 당, 지방, 단백질에 무기염류라는 4대 영양소가 확정되며 동시에 영양소 이야기에 빠지지 않고 약방의 감초처럼 등장하는 비타민이 발견되었다.

내분비는 호르몬을 일컫는다. 모세혈관, 림프관, 눈물샘, 땀샘 등은 튜브처럼 생긴 덕트(기관)를 따라 분비물을 체내로 운반한다. 이를 외분비라 부른다. 1690년, 네덜란드 암스테르담 출신의 해부학자인 프레데릭 라위스Frederik Ruysch가 갑상선은 덕트 없이 혈액 속으로 중요 물질을 분비하는 기관이라는 사실을 발견했다. 1775년에는 프랑스 몽펠리에의 테오필 드 보르되Théophile de Bordeu가 동물 거세 실험으로 고환에서 무언가 중요한 물질이 체내에 분비된다는 가설을 내놓았다. 이로써 덕트가 있는 선에서의 분비와 덕트가 없는 분비(내분비)를 구분할 수 있게 되었다.

1849년 독일 괴팅겐의 과학자인 아르놀트 아돌프 베르톨트Arnold Adolph Berthold는 수탉의 고환을 자르면 벼슬이 위축되고 우렁찬 울음소리를 내지 않게 되나, 고환을 복구하면 수탉다운 모습을 되찾는다는 사실을 실험으로 확인했다. 이 실험에서는 수탉 고환의 신경계를 차단했는데, 그런데도 수컷의 기능이 회복되었다. 즉 고환에서 분비된 미지의 물질은 신경 회로를 사용하지 않고 혈액으로 들어가 전신을 순환한다고 추정할 수 있다.

샤를 에두아르 브라운 세카르Charles-Édouard Brown-Séquard는 동물의

부신을 제거하면 죽는다는 사실에서 착안해 부신에서 생명 유지에 필요한 물질이 분비된다는 가설을 내놓았다.

이어서 갑상선, 췌장 등에서 나오는 분비물도 밝혀지게 되었고, 내분비 기관과 내분비 물질 연구가 세기말에 활성화되었다. 그리고 1900년, 다카미네 조키치高峰讓吉와 그의 조수 우에나카 게조上中啓三가 미국 연구소에서 호르몬을 순수한 결정으로 추출해 우리에게도 익숙한 '아드레날린'이라는 이름을 붙였다.

여기까지가 호르몬 발견의 역사다. 이러한 내분비 연구 성과가 내인성 비만과 결합했다. 체내 신진대사를 정상적으로 기능하게 만드는 물질이 호르몬이며 신진대사 이상은 호르몬 분비에 문제가 생긴 것이라는 주장이다.

갑상선에 관해서 아직 많이 밝혀지지 않은 시절부터 아이오딘은 갑상선 이상에 효과적인 물질로 여겨졌다. 19세기 중반에 아이오딘을 포함한 해조류가 날씬한 몸매에 도움이 된다는 사실이 밝혀졌다. 민간에서는 옛날부터 해조류로 몸을 문지르면 피부가 깨끗해지고 해조류를 먹으면 미용과 몸매에 좋다는 것이 널리 알려져 있었다. 이 민간요법이 연구를 통해 사실로 증명된 셈이다.

1859년부터 아이오딘을 포함한 해조류가 다이어트와 림프선 치료 등에 정식으로 인정되었다. 1880년에 미국 디트로이트의 파크-데이비스Parke-Davis & Co.라는 제약회사에서 미용 약품으로

디트로이트의 파크-데이비스 본사

약 453그램에 1달러 35센트짜리 상품을 출시했다. 다이어트 약으로 대대적으로 광고한 이 제품의 주성분은 해조류였다.

1883년, 스위스 외과의 에밀 테오도어 코허Emil Theodor Kocher와 오귀스트 르베르댕Auguste Reverdin은 갑상선을 절제한 후 양의 갑상선을 주입하면 긍정적인 결과를 얻는 데 효과적이라고 보고했다. 이 실험에서는 부작용이자 덤으로 감량 효과를 확인했다. 1893년, 갑상선 호르몬이 비만 치료에 활용되었다. 1895년에는 아이오딘이 갑상선 호르몬의 중요한 성분임이 밝혀졌다. 일련의 연구로 각종 분비선, 호르몬, 신진대사, 비만 등의 개념이 하나의 범주에 들어와 연계점을 가지고 종합적인 연구가 이루어졌다.

다이어트로 해소할 수 없는 내인성 비만은 내적 순환 불순으로 갑상선 호르몬 부족이므로, 갑상선 호르몬이나 그것을 대체

할 아이오딘이 함유된 해조류 성분을 인체에 투여하면 순환이 개선되고 살을 뺄 수 있다는 논리가 나왔다.

이 이론은 20세기 초반에 인기를 끌었다. 이렇게 세기말 네 번째 새로운 다이어트인 갑상선 치료가 등장했다. 갑상선 호르몬 제제, 주로 해조류에서 추출한 아이오딘 추출물이 유행했다. 프랭크 J. 켈로그Frank J. Kellogg의 '켈로그의 갈색 알약Kellogg's Brown Tablets', 닥터 버사 C. 데이Dr. Bertha C. Day의 포트 웨인Fort Wayne 처방약, 마머라 뉴먼Marmora Newman의 비만 치료약, 커퓰린스Copulins, 엘리미턴Eliimiton, 파이사이린Phy-thy-rin, 산그리나San-Gri-Na, 트릴린Trilene 등 다양한 상품이 출시되었다. 예를 들어 파이사이린은 해조류를 뜻하는 '파이Phy'와 '갑상선Thyroid'을 합쳐 만든 상품명이다.

안타깝게도 갑상선 치료에는 수많은 부작용이 뒤따랐다. 갑상선 호르몬 제제를 남용하면 당뇨병에 걸리거나 심장에 이상이 생겨 가슴 두근거림의 부작용이 생길 수 있다. 군살뿐 아니라 근육까지 빠질 수도 있다. 그래서 의사의 관리가 필요하다.

그런데 의사의 관리가 필요하다는 것은 갑상선 치료의 인기 비결이기도 했다. 단식처럼 자신의 의지로 꾸준히 노력해야 하는 다이어트는 환자의 자기 치유력에 의지하는 측면이 커서 동종요법에 가깝고, 전문의의 권위를 무시하거나 의사의 지위를 위태롭게 하는 측면도 있었다. 단식과 플레처리즘은 어떤 의미에서는 의사가 필요 없는 방법이다.

그런데 갑상선 치료는 비만에서 의사의 역할을 부활시켰다. 비전문가가 혼자 하기에는 위험한 방법이어서 반드시 전문가의 지도에 따라야 한다는 점이 환자(비만 여성)에게도 편리한 구실을 제공했다. 모든 것을 의사에게 맡기고 자신의 의지나 노력은 뒷전으로 미룰 수 있는 핑계가 되었다. 다이어트는 혼자 노력해야 하는 외로운 싸움이나, 갑상선 치료 다이어트는 수동적으로 의사에게 치료받기만 하면 그만이다. 또 비만은 자신의 나태함 탓이라고 종종 비난받았으나 갑상선 이상이라고 둘러대면 내 탓이 아니다.

과거 갑상선 이상이 원인인 비만은 의사가 자신의 왕국을 회복하고 환자에게는 비만인에게 가해지는 비판을 피할 수 있는 은신처를 제공했다.

제1차세계대전과 다이어트

전쟁 중에는 다이어트를 할 여유가 없을 듯싶지만, 현실에서 사람들은 전쟁 중에도 다이어트를 했다. 1914년에 시작된 제1차세계대전은 20세기 초에 걸쳐 시작되어 각자도생의 길을 걷던 다이어트운동의 속도를 올리는 가속장치 역할을 했다.

제1차세계대전은 비만에 대한 공격을 공공연히 드러내는 새로운 기회를 제공했다. 건강한 식생활은 애국자의 의무 중 하나였기 때문이다. '아무리 건강하고 정상적인 국민이라도 지금 살이 찐다면 비애국자다'라는 이데올로기가 퍼지며 군대식 다이어트가 널리 권장되었다. 군대식 다이어트는 체중 관리가 자신의 외모를 위해서가 아니라 비상시에 건강을 유지하기 위한 필수 조건이라고 주장했다.

_ 피터 너새니얼 스턴스, 《비만의 역사》

전장에는 식량 보급이 이루어져야 한다. 그렇다면 군인에게 어느 정도 식량을 배급해야 할까? 1914년, 벨기에 구제를 위한 위임위원회Commission for Relief in Belgium에서 허버트 후버Herbert Hoover는 500만 톤의 식량을 미국에서 유럽으로 원조하겠다고 결정했다. 이 계획을 위해 호러스 플레처에게 자문해 러셀 헨리 치텐든의 이론을 참고해 하루에 필요한 최소한의 칼로리를 계산했다. 전쟁에서 싸우는 미국인은 되도록 절식해서 식량을 줄이고 절약한 식량을 유럽에 원조하겠다는 제안이었다. 바야흐로 자기 몸의 절제를 목표로 하는 플레처리즘은 국가를 위한다는 도덕적 색채를 띠게 되었다.

20세기에 등장한 레귤레이티드 보디(통제된 신체)는 제1차세계대전에서 정점에 달했다고 할 수 있다. 군대에서는 식사부터 의복까지 지휘 본부의 통제를 받고 훈련부터 전투까지, 심지어 운동도 강제로 해야 한다. 군대 생활은 울며 겨자 먹기로 다이어트를 하게 되는 생활인 셈이다.

전시배급제도 등이 도입되며 낭비와 사치는 사회적인 비판의 대상이 되었다. 뚱뚱한 사람은 비애국자로 매도당했다. 이제 다이어트는 도덕적으로 무장하고 지지받게 되었다. 20세기 초에 선전광고와 홍보기술이 폭발적으로 꽃피었다는 부분에 주목해야 한다. 포스터, 신문잡지 광고, 라디오 등으로 비만은 악, 낭비는 악이라는 사회적 이미지 캠페인이 펼쳐지며 잠재적인 강박관념으로 대중의 뇌리에 주입되었다.

전시에는 지방(유지)과 설탕이 필요했다. 유지로 폭약을 위한 글리세린을 만들 수 있다. 설탕은 군인의 에너지 공급원이다. 그래서 시민은 지방과 설탕을 절약해야 했다. 후버는 밀가루 없는 날, 돼지고기 없는 날, 소고기 없는 날 등을 제정하고 물자를 절약하자고 촉구했다. 우유에서 지방을 쫙 뺀 무지방 우유, 두부를 만들면 비지가 생기듯 설탕을 제조하고 남은 부산물인 당밀, 버터를 대신하는 마가린 등이 대용품으로 전시 국민의 식탁에 올라왔다. 동물성 기름을 대신해 식물성 유지가 권장되었다. 채소와 과일, 곡물 등을 늘리고 고기와 기름, 설탕을 줄이는 식생활은 '후버라이즈Hooverize'라는 신조어까지 탄생시켰다. '후버라이즈'는 무언가를 절약한다는 뜻으로, 특히 식량 절약을 가리키는 말로 사용되었다.

열두 명의 젊은 뉴욕 경찰이 다이어트 분대를 결성해 하루에 고기를 한 번만 먹는 식단으로 활기차게 임무를 수행한다는 뉴스가 보도되기도 했다. 너무나 미국다운 뉴스였다. 다이어트도 볼거리를 제공하는 쇼로 탈바꿈하는 나라가 미국이었다. 이러한 전시체제 과정에서 러셀 헨리 치텐든이 제안한 저칼로리 식단이 일반에 널리 알려졌다. 전시에 다이어트는 시민적 방위 수단으로 여겨지게 되었다.

비만은 이기적이고, 비경제적이며, 독일처럼 야만적이고 잔인한 나라에서나 생기는 현상이라는 인식이 생겨났다.

> 아무리 건강하고 정상적인 국민이라도 지금 살이 찐다면 비애국자다.

피터 너새니얼 스턴스가 인용한 이 문구는 루엘라 E. 액스텔Luella E. Axtell 박사가 1919년에 밀워키의 의학회의에서 한 말이다. 그녀는 '좋은 음식을 먹으면 날씬해질 수 있다'는 내용의 《좋은 음식으로 날씬해지기Grow Thin on Good Food》라는 책까지 내며 다이어트를 독려했다.

루엘라 E. 액스텔는 상당히 독특한 의사로, 위스콘신 여의사협회 회장을 두 번이나 역임하고 미국에서 비만 클리닉을 개원한 최초의 여의사였다. X선치료와 전기치료를 주업으로 삼은 의사였던 남편 유진 액스텔Eugene Axtell과 함께 위스콘신주의 매리넷 카운티에서 1900년부터 1921년까지 동종요법 치료로 환자를 보았다. 그녀는 비만을 체내에서 일어난 불완전 연소 때문이라고 추정했는데, 약품과 장기적인 소식을 활용하는 다이어트에는 반대했다. 그녀는 왕년에 살찐 여성이었다. 그래서 1913년부터 체조, 전기치료, 마사지, 단기간의 저칼로리 식단 등을 시도했다. 그녀는 다이어트 비결은 두 눈을 부릅뜨고 자신을 똑똑히 지켜보는 자기 감시라고 주장했다. 참으로 전시에 어울리는 자경단이나 할 법한 발상이다. 국민 하나하나가 스스로 자신을 감시하고 지켜야 한다는 주장인 셈이다.

제1차세계대전 당시 비만 문제는 최초의 이민 그룹, 특히 유대인과 이탈리아인 공동체에 스며들었다고 힐럴 슈워츠는 말한다. 전시통제로 인해 각자 자신의 고향에서 먹던 토속적인 요리에서 비슷비슷한 미국식 식단으로 통일되었다. 당뇨병이 흔하던 유대인 여성도 미국식 식생활로 전환했다. 전시 식사 통제는 미국의 민족 동화에 이바지했다.

물론 전쟁으로 인해 비만을 추방하자는 근대 다이어트가 시작된 건 아니다. 이미 19세기 말에 시작되어 기본적인 방법은 마련되어 있었고, 세계대전은 비만 추방을 부추기는 촉진제 역할을 했을 따름이다.

이 시기에 잘 알려진 다이어트 운동가는 수재나 코크로프트 Susanna Cocroft였다. 그녀는 액스텔 박사와 마찬가지로 위스콘신주 출신이었으나, 의사가 아니라 신체 문화 전도사에 가까운 인물이었다. 수재나는 일종의 미용체조를 개발하고 하루 몇 분 체조로 건강하고 날씬한 몸매를 만들 수 있다고 홍보해 몇만 명의 미국 여성을 구원했다고 전해진다.

수재나는 1902년부터 우편 주문으로 다이어트 강좌를 개설했다. 그녀는 다이어트를 본격적으로 사업으로 발전시킨 타고난 수완가였다. 제1차세계대전 당시에 군도 그녀를 초빙해 전시 여성 훈련 지도를 위탁했다. 수재나의 훈련 방법은 국민적 운동으로 확대될 조짐을 보였다. 그녀는 '완벽한 신체를 만들자! 행복해지자, 인생을 즐기자!'라는 구호를 내걸었고, '당신의 이상적인 몸무게를 만들 수 있다'며 대중을 독려했다.

이 시대의 몸무게란 건강, 신체적 아름다움, 나아가 마음의 상태, 행복을 보여주는 척도였다.

2장

새로운 여성과 날씬한 몸매: 1920년대

여성 혐오 시대

1920년대는 여성이 사회로 진출해 자립한 시대로 알려진다. 여성이 밖에서 일하거나 스포츠와 여행을 즐기게 되었다. 남녀 평등이 다양한 영역에서 인정되었다. 물론 완전히 사라지지는 않았으나 남녀 차별은 줄어들었다.

그런데 불가사의하게도 다이어트에 관해서는 완전히 반대되는 현상이 나타났다. 비만에 대한 공격이 시작된 19세기에는 남녀를 구분하지 않고 비만 그 자체가 일반적인 공격 대상이 되었다. 굳이 따지자면 남성이 다이어트의 중심이었다. 그런데 20세기에 들어서면 차츰 방향이 전환되어 특히 여성을 엄격한 잣대로 평가하게 되었다.

피터 너새니얼 스턴스는《비만의 역사: 현대 서구세계의 신체와 아름다움》에서 다이어트가 특히 여성에게 의무로 부과되는 경향이 1920년대부터 1960년대까지 이어졌다고 말하며 이 시기를 '여성 혐오 시대'라고 정의했다. 성차별이 줄어든 시대와 역행하듯 다이어트 분야에서는 성차별을 강조한 셈이다. 다이어트는 특히 여성을 까다롭게 검열했고 이 시기에는 다이어트가 여성의 문제로 여겨지게 되었다. 1950년대 무렵부터는 이러한 경향이 다소 완화되어 남성의 다이어트도 등장했으나, 여전히 여성을 다이어트의 중심에 놓는 경향이 남아 다이어트라고 하면 여성의 영역으로 치부되었다.

그러나 돌아보면 다이어트에서 여성에게 엄격한 기준을 강요하던 시대는 1920년대부터 1960년대까지 약 반세기다.

> 1920년대에 들어서고 비로소 다이어트를 둘러싼 잘 알려진 성별의 윤곽이 발달한다. 그 시대가 되어서야 겨우 몸무게에 대한 날 선 공격은 여성을 향하게 되었다.
>
> _ 피터 너새니얼 스턴스,《비만의 역사》

그러므로 모름지기 여성은 날씬해야 한다는 인식은 절대 보편적인 사고방식으로 보아서는 안 되는, 1920년대부터 1960년대라는 한정된 시대에 나타난 일종의 변덕, 유행이었을 수 있다.

먼저 그러한 유행을 만들어낸 시대 상황에 대해 살펴보자.

신영양학

1920년대는 신영양학으로 일컬어지는 현대적인 영양 지식이 일반에 보급된 시기였다. '영양'이라는 단어를 일상에서 사용하며 친숙해졌고, 가정주부도 식탁을 차릴 때 영양가를 따지게 되었다.

> 미국 농식품부의 대용식 규정을 충실히 실행하는 주부는 신영양학 아이디어의 승리를 표방한다. 또 그녀들은 콩과 고기의 영양은 동등하며, 비타민의 발견은 식품의 과학적 개념을 변혁하고, 영양학 개념을 전환하는 사명이라고 배웠다.
>
> _ 하비 리번스타인, 《식탁의 혁명》

이는 제1차세계대전 당시 미국 농식품부가 주도한 식량 통제, 대용식 권장에 관한 이야기다. 전시 식량 정책으로 '설탕을 절약하자' '살찌지 않도록 관리하자' '곡물을 절약하자' 등의 구호를 내걸었다. 정책 근거를 대중에게 보여주기 위해 정부는 신영양학 캠페인을 대대적으로 펼쳤고, '칼로리'라는 용어를 일반적으로 사용하게 되었다. 또 고기는 콩으로 대용할 수 있다는 사실을 알려 대중을 계몽했다. 이러한 지식이 전후 1920년대에는 상식으로 퍼져나갔다.

영양학 혁명에 결정타를 가한 '비타민'이라는 마법의 주문도 탄생했다. 예일대학교 엘머 매콜럼Elmer McCollum 박사는 1908년 쥐 실험으로 단백질, 탄수화물, 지방, 무기염이라는 4대 영양소 외에도 생명에 중요한 미지의 물질이 존재한다는 사실을 발견했다. 1911년, 폴란드 화학자 캐시미어 풍크Casimir Funk는 미지의 영양소로 추정되는 수용성 물질을 분리하는 데 성공했다. 그는 이 물질에 '비타민Vitamine(생명소)'이라는 이름을 붙였다. 1912년 엘머 매콜럼 박사는 지용성 물질을 분리했고, '비타민 A'라고 이름 붙였다. 풍크가 발견한 수용성 물질은 '비타민 B'라고 부르게 되었다. 비타민 A가 결핍되면 야맹증과 발육부진 증상이 나타난다. 그 후 비타민 부족은 각기병을 일으킨다는 사실을 1916년에 엘머 매콜럼이 증명했다.

괴혈병에는 과일이 좋다는 사실은 이미 경험적으로 알고 있었다. 1920년대에는 과일에 포함된 괴혈병을 방지하는 물질에 '비타민 C'라는 이름을 붙였다. 1928년이 되어서야 비타민 C

를 실제로 분리할 수 있게 되었다. 구루병을 예방하는 물질은 1922년에 매콜럼 박사가 이끄는 연구팀이 분리해 '비타민 D'라고 불렀다.

1920년대에 비타민이 속속 발견되며 매콜럼 박사는 비타민과 미네랄을 '보호적 식품'이라고 규정했다.

이처럼 1910~1920년대에 여러 비타민과 미네랄이 발견되었으나, 아직 이 시기에는 비타민을 합성할 능력은 없었다. 그래서 비타민 성분을 정제해서 복용하지 못하고 그 비타민이 들어 있는 음식을 먹는 방식으로 권장했다. 또 음식에 들어 있는 비타민의 양을 계산할 수 없어 어느 정도 양을 섭취해야 할지 확실한 지침을 제시하지 못했다.

1918년, 매콜럼 박사는 우유와 녹색 채소에 비타민이 들어 있어 반드시 섭취해야 한다고 주장했다. 우유에는 비타민 A가, 곡물과 채소에는 비타민 B가 포함되어 있다. 미국 농식품부는 이 주장을 지지했고 비타민에 대한 관심은 미국에서 폭발적으로 높아졌다.

비타민에 관심을 가진 사람들은 주로 중류계급이었다. 그러나 중류계급은 이렇듯 각별하게 관심을 기울일 만큼 각기병, 괴혈병, 구루병 등의 질병에 시달리는 계층은 아니었다. 정작 그 질병으로 피해가 큰 하층계급에는 비타민과 영양학 정보가 거의 침투하지 못했다.

1920년대 중반에 조셉 골드버그Joseph Goldberg 박사는 미국 남부의 빈민이 펠라그라Pellagra(홍반병)에 많이 걸리는 것은 옥수수 위주 식단이 문제로, 비타민 B 나이아신(니코틴산)이 결핍되었기 때문임을 증명했다. 펠라그라는 '피부Pelle'와 '거칠다Agra'를 뜻하는 이탈리아어의 합성어이며, 피부가 붉어지거나 구토와 설사를 일으키고 정신질환에 이르는 괴질로 유럽, 특히 이탈리아와 스페인에서 두 세기에 걸쳐 창궐했는데, 병의 원인이 밝혀지지 않아 감염병이라는 설도 있었다.

미국에서는 1807년부터 펠라그라가 중대한 문제가 되었다. 골드버그는 1914년부터 남부 여러 주에서 조사를 시작했다. 희한하게 이 병은 병원 의사와 간호사는 걸리지 않았기에 그는 일단 감염병은 아니라고 판단했다. 이어서 환자와 병원 종사자의 식생활을 조사해 펠라그라 환자는 옥수수 등 탄수화물 위주로 식사하며 우유와 고기, 달걀을 거의 먹지 않는다는 사실을 밝혀냈다.

골드버그는 조사 결과를 바탕으로 신선한 동물성 식품을 환자에게 처방해 펠라그라가 치료된다는 사실을 확인하고, 그 이유는 이러한 식품 속의 효모에 들어 있는 비타민 B라는 가설을 세웠다. 1929년 그가 세상을 떠난 후, 1937년에 이르러 그 물질이 비타민 B 복합체의 하나임이 판명되었다. 비타민 B는 복합체로 그 속에 열에 강한 인자를 나이아신이라 부른다. 바로 이 성분이 펠라그라 예방과 치료에 효과를 발휘한다.

이처럼 골드버그가 일찍부터 펠라그라는 우유, 고기, 달걀 등을 섭취하는 식생활로 예방할 수 있다고 경고했음에도, 남부의 빈곤한 목화농장 노동자들을 값싼 임금에 고용해 옥수수 위주의 빈약한 식단으로 가혹한 노동에 종사하게 하는 자본가들이 정치적 압력을 행사해 연구를 발표하지 못하도록 방해 공작을 펼쳤다. 1930년대에 접어들어 가까스로 골드버그의 이론이 보급되며 펠라그라가 줄어들었다.

비타민 결핍증에 관한 인식은 정말로 필요한 빈곤계층 사람들에게는 전달되지 않고 중류계급 사람들의 건강에 대한 관심을 촉구했다. 1924년, 루시 질렛Lucy Gillett이 쓴 《건강을 위한 음식: 무엇을 먹을 것인가Food for Health's Sake: What to Eat》라는 책이 세상에 나왔다. 비타민 등의 보호적 식품은 결핍증을 치료할 뿐 아니라 건강에 긍정적인 영향을 미친다는 주장에 각기병을 딱히 걱정할 필요가 없는 중류계급이 동조했다. 건강하게 오래 살게 해주는 신비의 물질, 비타민을 챙겨 먹자는 열풍이 일었다.

비타민 열풍은 세기말 무렵부터 등장하기 시작한 육아에 공을 들이는 부모들을 자극했다. 이 무렵 중류계급 어머니는 육아에 열을 올리게 되면서 육아 시기가 길어졌다. 아이에게 아낌없는 보살핌을 주고 내 아이의 성장을 다른 아이와 비교하며 세심하게 관찰하고 관리하게 되었다. 아이의 영양에 신경을 쓰고, 몸무게를 재고, 정상적으로 성장하는지 마음을 졸이며 걱정했다.

예전보다 긴밀해진 모자 관계의 성립과 비타민의 발견이 겹쳐졌다. 결핍되면 발육부진을 일으킨다는 비타민 A의 발견은 어머니들에게 엄청난 영향을 주었다. 비타민 A가 들어간 우유를 특히 발육기 아동에게 마시게 하자는 캠페인은 열성적으로 육아에 몰입하는 어머니들의 지지를 얻어 널리 받아들여졌다.

이러한 분위기에서 식품을 공급하는 시스템이 새로운 단계에 도달했음에 주목해야 한다.

> 신영양학은 그야말로 식품산업이 시장의 조작과 통제를 가능하게 하고, 필요한 단계에 들어간 시기에 나타났다.
>
> _ 하비 리번스타인, 《식탁의 혁명》

19세기에는 아직 식품 시장은 통일되지 않았다. 세기말부터 집중화가 시작되고 대규모 식품산업이 출현했는데, 곡물과 설탕 등의 식품이 주요 대상이었다. 신영양학이 건강에 꼭 필요하다고 주장한 우유, 치즈, 채소, 과일 등의 식품은 아직 소규모 영세 생산자에게 의지하고 있었다. 그러나 1915년경부터 생산과 유통 방법이 개량되며 청과물을 다루는 대기업이 등장한다. 자동차의 발달도 한몫했다. 트럭 운송으로 신선식품이 전국으로 운송되었다.

시대의 부름에 호응하듯 신영양학이 등장하며 우유와 채소 섭취를 강조했다. 신영양학의 요청에 응답한 공급 시스템, 시장은 이미 늘어난 수요에 맞출 공급 채비를 갖추고 있었다. 이윽고 거대 자본이 투입된 제너럴푸즈General Foods, 스탠더드브랜즈Standard Brands 등 식품 대기업이 출현했다.

그리고 과열경쟁 시대에 돌입했다. 식품업계의 치열한 경쟁은 전체 양이 정해져 있기 때문이었다. 파이 크기는 같은데 그 파이를 나누어 먹어야 할 이들이 늘어나며 몫이 줄어들었다. 그렇다고 하루 세 끼를 여섯 끼로 늘릴 수는 없는 노릇이다. 그렇다면 정해진 식사량 안에서 식단 내용을 바꾸는 수밖에 없다. 쌀밥을 먹던 사람이 빵을 먹게 만들기 위해 기업들은 사활을 건 경쟁을 벌였다. 소비자가 장바구니에 어떤 기업의 식품을 담게 만들려면 다른 기업의 식품을 내려놓게 만들어야 했다.

말 그대로 먹고 먹히는 싸움. 식품업계에서는 광고의 중요성이 커졌다. 참고로 광고도 20세기 초에 거대하게 덩치를 키운 산업이다. 그리고 식품 광고는 신영양학에 앞다투어 덤벼들었다. 비록 앞에서 소개한 골드버그의 펠라그라 연구처럼 업계의 입맛에 맞지 않는 연구는 조용히 묻혔지만 말이다.

신영양학, 특히 비타민 신화는 식품 광고의 무기로 활용되었다.

> 눈에 보이지 않는 것, 계측할 수 없는 것, 무색무취이나 확실하게 중요하지만 왜 중요한지는 알 수 없다. 비타민과 미네랄만큼 광고인들의 꿈에 걸맞은 물질은 없다. 광고주의 입맛에 맞게 어떤 식으로든 가공할 수 있는 마법의 물질. 실제로 비타민 신화는 온갖 광고에 동원되었다.
>
> _ 하비 리번스타인, 《식탁의 혁명》

광고는 1920년대에 들어서고 나서야 신영양학의 이용 가치를 깨달았다. 먼저 아침 식사용 시리얼(콘플레이크와 오트밀 등)을 만드는 회사가 민감하게 반응했다. 지금도 판매되고 있는 포스트Post의 장수 효자상품인 '그레이프 너츠Grape Nuts'는 어린이 성장에 좋다는 대대적인 광고로 시장에 승부수를 던졌다. 철분, 칼슘, 아연 등 미네랄이 함유된 식품임을 강조해 소비자의 눈길을 사로잡았다.

플라이슈만Fleischmann의 이스트도 1920년대에 대박을 냈다. 마침 그 무렵 미국인은 빵을 집에서 직접 굽지 않고 가게에서 사 먹게 되었다. 빵을 만들 때 첨가하는 이스트(효모)는 가정에서 빵을 굽지 않게 되며 장바구니에서 사라진 품목이었다. 그런데 플라이슈만의 이스트는 비스킷 모양으로 개량해, 그대로 먹거나 페이스트처럼 만들어 크래커에 올리거나 우유와 주스에 섞어 먹을 수 있었다. 이 상품에는 신체조직을 만들고 신진대사를 원활하게 하는 비타민이 들어 있다는 문구가 삽입되었고, 피부질환과 설사, 변비 등 각종 질병에도 효과적이라는 광고가 소비자의 마음을 움

플라이슈만의 1932년 광고

직였다. 아직 잘 알려지지 않은 물질인 비타민을 내건 확실한 근거도 없는 과대광고였으나 소비자는 지갑을 활짝 열었고 앞다투어 장바구니에 플라이슈만의 이스트를 담았다.

신영양학의 수혜를 톡톡히 누린 분야는 유제품산업이었다. 우유는 마법의 음료로, 어린이에게 꼭 필요한 식품으로 여겨졌다. 내셔널데어리National Dairy, 보든Borden 등의 거대 우유배달기업이 모습을 드러냈다.

비타민 혁명의 선구자로 엘머 매콜럼과 조셉 골드버그를 꼽을 수 있는데, 앞에서 살펴보았듯 골드버그의 연구는 정치적 압력으로 봉인되었다. 그러나 매콜럼의 운명은 골드버그와 달랐다. 그는 비타민 A, D를 발견하며 신영양학의 명성을 드높여 영예를 한 몸에 모았다.

> 매콜럼의 발견으로 결핍증에 대한 인류의 싸움에 새로운 작전을 펼칠 수 있게 되었다.
>
> _ 윌리엄 H. 시브럴William H. Sebrell · 제임스 J. 해거티James J. Haggerty, 《음식과 영양Food And Nutrition》

이처럼 매콜럼의 발견을 칭송하는 목소리가 이어졌다. 그러나 여기서는 다루지 않으나, 매콜럼의 이후 행적은 다소 실망스럽다.

그는 식품산업에서 기업에 불리한 부분에는 침묵했다. 원료에 비타민과 미네랄이 포함되어 있더라도 가공으로 대부분 소실될 수 있다는 사

실에 관해서는 입을 닫고 언급하지 않았다. 1920년대에 매콜럼은 정제 밀가루, 백설탕 등의 위험에 대해 경고했다. 미국인이 광고 때문에 흰 빵, 흰 밀가루를 선호하도록 길들었다고 매콜럼은 우려를 표명했다.

그런데 어느 날 갑자기 그는 말을 바꾸었다. 제너럴밀스General Mills라는 식품기업의 영양 자문을 맡으며 흰 밀가루의 긍정적인 측면을 강조하기 시작했다. 1930년대에는 동료 학자로 마찬가지로 비타민을 연구한 라피엣 베니딕트 멘들Lafayette Benedict Mendel과 함께 공동 전선을 형성해 흰 밀가루가 건강에 얼마나 이로운지를 홍보하는 광고에 얼굴을 내밀었고, 베티크로커Betty Crocker라는 제과제빵 브랜드를 위해 할리우드 스타와 나란히 '건강한 다이어트에 흰 빵이 좋다'고 선전했다.

하비 리번스타인은 매콜럼의 깜짝 변신도 1920년대 영양학의 상황에서 보면 당연하다고 말한다. 과학자들은 제1차세계대전까지는 정부와 대학을 보금자리로 삼아 기업은 안중에도 없었다. 그런데 전쟁이 끝난 후 정부는 의지할 수 없게 되었고 대신 거대해진 기업이 풍부한 연구비를 약속하며 학자들을 유혹했다. 가정학자도 정부기관과 학교가 아닌 기업에서 일자리를 찾게 되었다. 식품산업이 연구소를 거느리고 학자를 고용했다. 이리하여 1920년대에는 산학 공동연구로 성과를 내고, 가정학은 기업을 위해 일하게 되었다.

시대가 달라지며 가정학의 방향도 달라졌다. 제1차세계대전 전에는 가정에서 생산을 맡았으나, 전후에는 생산 제조가 밖에서 이루어지게 되며 가정은 소비의 중심이 되었다. 즉 가정에서 빵을 어떻게 구울 것인가보다 가게에서 어떤 빵을 살 것인가를 두고 고민하게 되었다. 가정학은 소비의 과학으로 변신했다.

이러한 변화의 물결 속에서 가정학자, 영양학자, 다이어트 전문가들은 제1차세계대전 당시 가난한 사람들에게 보이던 관심을 잃게 되었다고 하비 리번스타인은 통렬하게 비판한다. 골드버그는 남부의 가난한 사람들을 위협하는 펠라그라를 퇴치하려고 평생을 바쳤으나, 매콜럼은 시대의 흐름에 편승해 시대가 요구하는 모습으로 깜짝 변신했다.

가정학과 영양학은 가난한 사람의 부실한 건강과 열악한 환경 개선이 아닌 여유 있는 사람의 건강관리 의식을 자극하는 데 힘을 쏟게 되었다. 1924년 새로운 이민법이 제정되고 남유럽과 동유럽에서 들어오는 이민자를 제한하게 되며 가정학도 이국적인 요리를 식단에서 제외하고 앵글로색슨의 구미에 맞는 요리를 지키는 수호자를 자처하게 되었다. 신영양학은 결국 와스프WASP: White Anglo-Saxon Protestant(백인 앵글로색슨 개신교도)의 복음이 되었다. 신영양학은 손바닥 뒤집듯 태연히 태도를 바꾸었다. 가정학자인

위니프리드 깁슨Winifred Gibson은 전쟁 전에는 이탈리아 파스타가 살찌는 음식이니 삼가야 한다고 주장하다가 전후에는 신영양학에 동조하며 마카로니회사를 지지하는 발언을 쏟아냈다.

1920년대에 신영양학은 기업과 결탁해 이후 영양학 연구 방향에 지대한 영향을 미쳤다. 1920년대 후반에는 가공 과정에서 소실되는 비타민이 문제가 되었다. 비타민이 소실되면 어떻게 해야 할까? 답은 간단했다. 나중에 첨가하면 그만이다.

1920년대에 거대해진 기업은 장학재단을 만들고 학비와 연구비를 지원했다. 학생들은 그 돈을 받아 대학에서 과학을 연구했다. 1920년대 말에는 기업의 원조로 공부한 청년들이 졸업해 학자가 되었다. 위스콘신대학교는 기업 후원으로 졸업한 젊은 세대 학자의 거점으로, 식품 첨가물 연구의 중심으로 거듭났다. 위스콘신대학교에서는 두 번의 세계대전 동안 무려 140명의 생화학 박사를 배출했다. 졸업생 대부분은 식품산업에 종사하며 기업을 위해 연구했다. 예를 들면 어느 유제품기업과 협력해 살균 우유에 방사선으로 비타민 D를 추가하는 기술을 연구했는데, 이 기술을 경쟁 기업인 오레오마가린

Oleomargarine에 누설하지 않겠다는 협정을 맺는 식이었다.

제1차세계대전 후 여성의 사회 진출에 발맞추어 〈레이디스 홈 저널〉과 같은 여성잡지가 우후죽순처럼 쏟아져 나왔다. 식품기업들은 신영양학에 새로운 사명을 부여했다. 새로 생긴 잡지는 대대적인 광고를 펼칠 절호의 무대가 되었다. 식품, 영양학, 건강은 여성지에 매달 빠지지 않고 등장하는 단골 기사였다. 지금도 이런 경향은 크게 달라지지 않았다. 식품 광고가 실릴 뿐 아니라, 자칭 영양과 건강에 대해 잘 안다는 소위 전문가들이 줄줄이 지면에 등장해 건강한 생활을 하려면 비타민과 미네랄이 꼭 필요하다고 강조했다.

오레오마가린 광고(1919년)

급변하는 시대에 맞추어 의사의 논리도 달라졌다. 〈굿 하우스키핑The Good Housekeeping〉이라는 여성 월간지에 건강 칼럼을 연재하던 하비 워싱턴 와일리Harvey Washington Wiley 박사는 시대가 요구

하는 모습으로 적극적으로 변신했다. 그는 전쟁 전에는 가공식품의 비타민 손실을 우려했다. 그런데 전쟁이 터지고 전시체제가 가동되자 최대한 가공하지 않은 자연 그대로의 식품을 섭취할 수 있게 되었다며, 자연식품 예찬론자로 빠르게 변신했다.

그러다 전쟁이 끝나자 이번에는 잡지도 식품회사 광고의 지배를 받게 되었다. 〈굿 하우스키핑〉 인증 스티커를 붙인 상품이 속속 등장했다. 자연식품을 예찬하던 와일리 박사가 식탁에서 몰아내야 한다고 주장하던 가공식품이 식탁을 가득 채웠다. 집에서 직접 만든 디저트 대신 뜨거운 물에 가루를 넣기만 하면 뚝딱 완성되는 젤로JELLO 같은 공산품을 다루어야 했다. 와일리 박사는 1928년에는 급기야 〈굿 하우스키핑〉에 광고를 싣는 상품이라면 안심할 수 있다는 주장을 내놓았다. 물론 광고에는 플라이슈만에서 개발한 인스턴트 이스트도 포함되어 있었다.

1929년 세계 대공황까지 신영양학의 기본 개념, 즉 비타민과 미네랄은 성장을 촉진하고 건강을 지키며 장수를 돕는 필수적인 물질이라는 인식이 미국의 중류계급에 퍼져나갔다.

_ 하비 리번스타인, 《식탁의 혁명》

이러한 인식이 삽시간에 퍼져나간 하나의 요인은 식품산업의 이익과 맞아떨어졌기 때문이라고 하비 리번스타인은 보고 있다. 상업광고의 힘이 미디어와 교육시스템, 과학연구 등 모든 자원을 이용해 돌진했다. 그러나 또 다른 요인도 있었다. 신영양학은 1920년대의 대대적인 사회 변화 과정에서 받아들여졌다고 하비 리번스타인은 말한다.

여성과 요리

이 시대의 사회 변화는 바로 여성의 사회 진출이다. 여성의 사회적 · 가정적 지위 변화가 식생활과 다이어트에도 큰 영향을 주었다.

여성은 밖에 나가 일하게 되었다. 여성의 사회 진출과 함께 직업 구조의 변화도 눈여겨보아야 할 대목이다. 1910년부터 1930년까지 서비스업이 급격히 증가하고 많은 여성이 서비스업에 종사했다. 제조업에서는 여성 인력이 그다지 증가하지 않았다. 1929년에 사무직 여성의 수는 공장에서 일하는 생산직

여공의 수를 넘어섰다.

19세기 가정경제의 변화는 중류계급의 주방에서 일하던 '입주 가사도우미'가 줄어들었다는 사실로도 알 수 있다. 1920년대까지 입주 가사도우미는 미국 남부 등을 제외하면 거의 사라졌고, 출퇴근 가사도우미와 청소부가 등장했다. 가사노동을 도와주던 일손에 변화가 생기며 식생활에도 변화가 나타났다. 그때까지 식사는 가정생활에서 중요한 위치를 차지했는데, 주방일을 돕는 일손이 사라지자 주부가 혼자서 요리를 도맡게 되면서 식단이 간소해졌다. 온 가족이 식탁에 둘러앉아 식사하거나 수많은 손님을 초대해 만찬을 여는 등의 관습이 사라졌다.

가족 식사의 비중이 줄어들고 각자 따로 편한 시간에 끼니를 챙겨 먹게 되었다. 식사는 간단해졌고 요리에 대한 관심도 시들해졌다. 그러자 주방 면적이 줄어들고 주방 동선과 구조, 도구 등이 간편해졌다.

하비 리번스타인은 이러한 변화를 '감소하는 기대 혁명'이라고 정의하고 있다. 식사에 대한 기대를 줄이고 식사는 그럭저럭 끼니를 때우는 수단이 되었으며, 즐거움은 식사가 아닌 다른 곳에서 찾게 되었다는 말이다. 식사 시중을 들어주던 사람이 사라지고 식사 준비가 온전히 주부의 몫이 되자 최대한 간소한 식사로 수고를 줄여야 했다. 여성이 밖에 나가 일하게 되면서 주방에 머무는 시간이 더 줄어들었다.

식사는 외식으로 해결하거나 집에서 먹더라도 바깥에서 사 온 식품으로 간단히 차려 먹는 가정이 늘어났다. 집에서 직접 구운 빵은 사라지고 빵집에서 사 온 빵을 그대로 식탁에 올렸다. 통조림처럼 완전히 조리된 식품이 식탁에 오르는 날도 많아졌다.

식사에 대한 기대와 관심은 낮아졌고 편리함을 우선하게 되었다. 그러자 요리 문화의 수준도 낮아졌다. 통조림이나 병조림 식품보다 신선한 생선과 채소, 과일 등이 맛있지만, 통조림을 따서 데워서 식탁에 올리는 게 훨씬 편리하다. 맛보다 편리함을 우선하게 되었다. 이 시기에 집안일을 줄여서 만들어진 여가를 즐기는 문화도 나타났다.

가부장을 중심으로 한 가족이 무너지자 남편과 아내가 가족의 중심이 되었다. 부부는 함께 외출하거나 운동을 즐기며 여가를 보냈다. 하비 리번스타인은 '주방에서 침실로'라는 말로 이러한 변화를 설명한다. 과거 결혼에서 아내에게 기대한 역할은 좋은 주부이자 훌륭한 요리사였으나, 1920년대에는 현모양처의 역할보다 성적 매력이 더 중요해졌다.

미국 여성에게 건강 증진을 위한 운동을 아울러 이르는 '피지컬 피트니스Physical Fitness'를 요구하게 되었고, 여성에게 자전거와 테니스, 수영 등 가벼운 운동을 권장했다. 복장은 간소해졌고 편안한 움직임을 위해 코르셋을 벗어던지게 되었다.

1920년대에는 날씬하고 젊음의 생기를 뿜어내는 사람을 이상으로 여겼다. 특히 여성은 몸무게 증가와 노화를 두려워하게 되었다. 식단도 가벼워졌다. 아침은 자몽이나 오렌지 같은 감귤류 과일과 바삭바삭한 콘플레이크 같은 시리얼에 달걀과 토스트를 곁들였다. 점심에는 샌드위치처럼 간편한 메뉴를 선택했다. 저녁은 오븐이나 그릴에 구운 고기에 감자와 모둠 채소를 곁들이고, 가벼운 디저트로 끝냈다. 한 접시에 여러 가지 음식을 담는 '한 접시 식사One Dish Dinner'가 미국에서 발명되었다. 유럽에서는 한 접시에 여러 음식을 담는 풍조를 식탁의 품격을 떨어뜨리는 식문화라고 천박하게 여기며 거부감을 느끼는 사람이 많았으나, 실용주의자가 많은 미국에서는 시간과 수고를 줄여주는 요리로 환영받았다.

이 시대에 마시멜로셰퍼드파이Marshmallow Shepherd's Pie라는 한 접시 요리가 유행했다. 원래 셰퍼드파이는 파이 반죽에 다진 고기와 양파로 푸짐하게 속을 채우고 매시트포테이토로 감싸 오븐에 굽는 든든한 요리였다. 그런데 여기에 마시멜로를 더해 식사와 디저트를 하나로 합친 음식이 마시멜로셰퍼

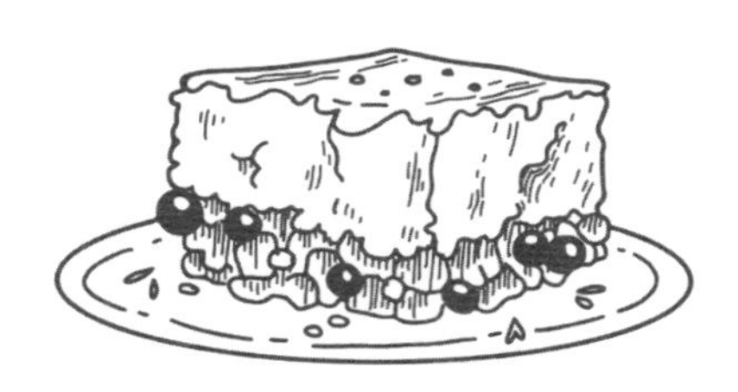

드파이였다. 먹는 과정도, 치우는 과정도 한결 간편해졌다.

그리고 샐러드를 메인 코스로 먹는 문화가 이 시기 미국에서 나타났다. 비타민이 풍부하고 건강한 식사라고 하면 뭐니 뭐니 해도 샐러드다. 물론 옛날에 샐러드가 없었던 건 아니나, 채소에 소금과 식초를 뿌려 간단히 입맛을 돋우는 전채 정도로만 먹었다. 그런데 신영양학의 발전으로 샐러드는 주요리로 일약 집중 조명을 받으며 식탁의 주인공으로 거듭났다. 채소를 잘라 섞어 드레싱을 뿌리기만 하면 완성되는 간편함도 바쁜 시대에 딱 맞았다.

> 광고와 여성잡지가 주부들을 선동했다. 또 여가에 쓸 시간을 마련하고자 했던 수백만 명의 주부가 통조림 따개와 젤로, 시판 마요네즈만 있으면 가족을 위해 훌륭하고 건강하고 간편한 요리를 만들 수 있다고 믿게 되었다.
>
> _ 하비 리번스타인, 《식탁의 혁명》

참고로 마요네즈도 예전에는 집에서 직접 만들어 먹었는데, 1920년대에는 병에 든 제품이 시판되기 시작했다. 그리고 이 시대에 샐러드가 주요리로 부상했다.

'V' 사인의 시대가 왔다. 활력Vitality, 생기Vigour, 비타민Vitamin,

채소Vegetable처럼 'V'자로 시작하는 단어가 이 시대를 상징하는 구호가 되었다.

'샐러드 시대Salad Days'라는 말이 나돌 정도로 샐러드가 유행했다. 샐러드는 '댄디Dandy'한 음식이다. 알록달록 다채로운 색상에 먹음직스러워 보인다. 보기 좋은 떡이 먹기도 좋다는 말처럼 보기에 아름다운 인상을 주는 게 중요해졌다. 빨강, 노랑, 초록 채소와 과일이 싱그러운 빛깔을 뿜어내고 그 위에 마요네즈를 흩뿌려 모양을 냈다. 샐러드는 점점 더 화려해졌고 풍성해졌으며 마요네즈를 듬뿍 뿌렸다. 사실 마요네즈 범벅이라 그 시대 샐러드를 과연 건강식이라 부를 수 있을지 의문이다.

1927년에는 캘리포니아 버클리에서 '버클리 다이어트'라는 이상적인 식사가 알려졌다. 캘리포니아는 예나 지금이나 미국 건강 열풍의 중심지다. 1920년대 미국의 동부 해안(뉴욕)과 서부 해안(캘리포니아)을 비교하면, 뉴욕 사람보다 캘리포니아 사람이 수입에서 식비에 쓰는 액수가 적다는 사실을 알 수 있다. 최대한 간편하고 가볍게 먹는 경향은 서부에서 유행한 방식이었다.

미국은 '아메리칸 스타일' 요리를 만들어냈으나, 이 미국식 요리는 이국적 요소를 배제하고 최대한 통일되고 획일적인 방향으로 기울었다. 드넓은 미국 어디에 가도 같은 음식이 나와야 했다. 그 과정에서 와스프, 즉 영국식의 요리 전통에 맞추게 되었다. 외식이 늘어나고 체인 레스토랑이 확립되자 획일화는 한 단계 더 진행되었다.

신영양학의 발달로 비타민이라는 마법의 주문이 도입되었다. 식품산업은 신영양학과 결탁해 거대해졌다. 그 배경에는 식사에 대한 기대를 줄이고 어떻게 식사를 간단히 만들지, 여가를 즐길 시간을 마련할지가 중요해진 상황 변화가 자리하고 있다. 이러한 흐름 속에서 신체는 어떤 변화 과정을 겪게 되었을지 차근차근 살펴보자.

신체 측정

힐럴 슈워츠는 세기말부터 신체의 여러 상을 '부이언트 보디(떠 있는 신체)' '밸런스드 보디(균형 잡힌 신체)' '레귤레이티드 보디(통제된 신체)' 등으로 정의했는데, 1920년대는 '메저드 보디 Measured Body(측정된 신체)'의 시대라고 규정한다. 신체는 측정하고 객관적으로 바라보는 대상이 되었다. 아날로그에서 디지털로의 이행이라고 할 수도 있다. 측정하고 수치화하고 집계해서 데이터를 작성한 시대였다. 메저드 보디 시대에는 신체를 막연하게 느끼는 이미지가 아닌 확실한 계측으로 계산할 수 있는 대상으로 보았다.

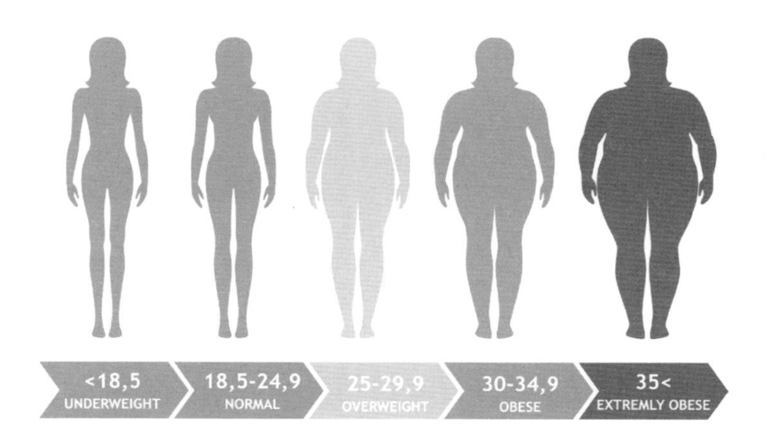

메저Measure란 일정한 스케일Scale(잣대 · 척도)을 강요하는 행위가 될 수 있다. 눈금에 따라 신체는 수치화된다. 몸무게, 키, 혈압, 심박수 등을 측정하고 신체는 숫자 매트릭스로 표시되었다.

1920년대까지 생명보험이 발달하며 보험 가입 조건으로 건강진단을 요구했다. 건강진단이 일반화되며 신체 측정치 통계가 작성되었다. 건강 상태는 통계화되고 신체는 수치로 표시되었다. 그리고 올바른 수치가 바로 이것이라고 숫자로 보여주었다. 즉 신체 측정은 정의와 도덕의 저울에 우리 몸을 올리고 심판을 받는 행위였다. 자신의 신체 수치가 올바른지, 몸무게가 너무 많이 나가지는 않는지 등을 알게 되며 죄책감 또는 안도감을 느꼈다.

1912년부터 1914년 사이에 미국보험협회와 생명보험진단의 사연맹이 주도해 1885년부터 1908년까지 보험 업무 보고서를 제출했다. 그 보고서에는 70만 명 이상의 남성을 조사한 자료가 담겼는데, '몸무게가 많이 나갈수록 단명한다'는 통계 결과를 보여주었다. 이러한 통계 결과는 1919년, 1923년, 1929년, 1932년, 1937년 보고서로도 확인되었다.

이들 보고서에서는 사춘기 이후에는 평균 몸무게가 가장 건강한 상태가 아닐 수 있으며, 저체중이나 마른 몸이 나쁘지 않다는 인식을 강조했다. 다시 말해 평균보다 약간 마른 사람이 건강하다는 주장이다. 이러한 인식은 19세기의 마른 몸에 대한 공포가 사라지기 시작했음을 보여주고 있다. 19세기에는 결핵이 가장 치명적인 질병이었기에 사람들은 마른 몸을 두려워했다. 그러나 결핵으로 인한 사망이 줄어들자 오히려 비만이 일으키는 다양한 질병을 걱정하게 되었고, 중년이 되면 평균 체중인 사람조차 나잇살이 오르며 비만하다고 보는 시선이 생겨났다.

1923년, 생명연장연구소에서 '이상 체중Ideal Weight'이라는 용어를 만들어냈다. 1920~1930년대 이상 체중은 평균 체중보다 약간 낮은 수준으로 설정되었다. '용인 가능한 몸무게'에서 '바람직한 몸무게'로 인식이 달라지며, 이상 체중은 점점 내려갔다. 사람들은 점점 더 날씬한 몸을 원하게 되었고, 1924년에는 35세 이상 미국인은 대체로 뚱뚱하다는 인식까지 생겨났다.

미국인은 세기말부터 1920년대에 걸쳐 대형화의 길을 걸었다. 예일대학교 신입생의 평균 신장과 몸무게를 보면, 1883년에는 172센티미터, 62킬로그램 정도였는데, 1923년에는 175센티미터, 64킬로그램 정도가 되었다.

젊은 여성을 살펴보면 1875년에는 157센티미터, 52킬로그램 정도, 1893년에는 160센티미터, 51킬로그램 정도였는데, 1933년에는 162센티미터, 55킬로그램 정도로 키와 몸무게가 모두 증가했다.

키가 커지면 당연히 몸무게도 늘어나는 시대였기에 체중 증가는 그다지 문제가 되지 않으리라 생각할 수도 있으나, 희한하게도 반대로 비만을 걱정하는 여론이 강화되었다. 의학적 결론과 확실한 데이터가 나오기 전부터 사람들은 미국인이 뚱뚱하다고 생각했다. 특히 여성들은 비만에 대한 고민을 잡지 등에 투고하며 심각하게 걱정했다. 미국 여성의 정확한 체중 통계가 아직 없던 시절에도 여성들은 자신이 너무 뚱뚱하다며 고민했다.

1926년, 미국의사협회AMA: American Medical Association는 성인 몸무게를 논의하는 회의를 개최했다. 그러나 확실한 데이터는 내지 못했다. 이처럼 데이터가 갖추어지지 않고 기초도 정해지기 전에 대중은 한발 앞서 막연히 비만을 걱정하기 시작했다. 그리고 막연하게 이상적인 체중으로 여겨지는 몸무게를 향해 다이어트에 매진했다.

1942~1944년은 이상 체중이 본격적으로 숭배의 대상이 된 시기였다. 메트로폴리탄라이프Metropolitan Life라는 생명보험회사가 이런 분위기를 조장했다. 약 5년 전에 이 회사는 〈허리둘레와 죽음〉이라는 보고서를 제출하고, 비만과 사망률의 상관관계를 주장했다.

벨트 길이가 길어지면 수명이 단축된다.

이들이 내린 결론이었다. 그리고 다이어트 팸플릿도 배포했다.

1942년, 메트로폴리탄라이프는 '여성의 이상 체중'을 발표하고, 1943년에 '남성의 이상 체중'을 제시했다. 여성이 먼저라는 사실에서 다이어트가 여성에게 편중된 경향을 엿볼 수 있다. 슈워츠는 두 개의 체중표를 '애국주의 시대의 동화'라는 비유로 설명했다. 이상 체중인 사람은 이상적인 군인으로, 전사할 확률이 낮다. 그리고 성인이 지켜야 할 허리둘레는 25세 캡틴(대위)의 이상 체중으로 규정했다.

기준이 확실하지 않은 '이상 체중'을 지키면 동화 속 주인공처럼 행복한 결말에 이를 수 있다는 다이어트 신화가 만들어졌다. 내 몸이 어떤지보다 내 몸이 어떻게 되어야 할지가 더 중요해지며, 사람들은 너나없이 이상적인 체형을 추구하기 시작했다. 다이어트는 또 다른 내가 되는 방법이었다. 다이어트는 특정 기준에 나를 맞추는 과정이며 도덕의 문제였다. 신체는 현실과 이상으로 분열되고, '이상에 어떻게 맞출지' 완벽주의자의 끊임없는 노력이 시작되었다. 이상형에 꼭 맞는 몸매, 즉 '핏Fit'이 핵심어였다.

체중계가 생기고 나서 몸무게를 신경 쓰게 되었는지, 몸무게를 신경 쓰게 되며 체중계가 일반에 보급되었는지 전후 상관관계는 확실히 알 수 없으나, 체중을 잴 기회는 많아졌다. 과거 일반인은 지역 행사장에 가야 몸무게를 잴 수 있었다. 행사장에 가면 먹을거리를 파는 노점과 볼거리를 제공하는 천막이 늘어서 있고 그 주변에 체중계가 놓여 있어 원하는 사람은 몸무게를 재 볼 수 있었다. 그만큼 진귀한 경험이었던 셈이다.

처음에는 원하는 사람은 누구나 몸무게를 잴 수 있었는데, 언제부턴가 페니 동전을 넣으면 자동으로 몸무게를 알려주는 장치가 발명되어 역과 버스정거장, 대중식당, 영화관, 은행, 시청 등에 설치되었다. 시카고 보건소는 1922년에 시청 로비에 이 유료 체중계를 설치했다.

동전을 넣으면 작동하는 이 체중계는 요란한 기계였다. 발판에 올라가면 벨이 시끄럽게 울리고 몸무게를 큰 소리로 알려줬다. 몸무게를 재는 행위는 놀이공원 방문과 비슷했다. 차츰 체중계는 조용해졌고, 눈금을 바늘로 표시하거나 수치를 인쇄한 종이가 나오는 방식의 기계가 발명되었다. 이러한 변화는 몸무게 측정이 공공의 체험에서 개인적인 체험으로 바뀌었음을 보여준다. 모두가 보는 앞에서 "○○킬로그램입니다!"라고 발표되는 순간에는 살짝 얼굴이 붉어질 수밖에 없다.

공적인 것에서 사적인 것으로 변화는 3인칭에서 2인칭으로, 평서문에서 가정문으로의 변화라고 힐럴 슈워츠는 말한다. 즉 '이 사람의 몸무게는 ○○킬로그램입니다'라는 방식에서 '당신의 몸무게는 ○○킬로그램입니다'로 바뀌었다고 할 수 있다. 당신의 바람직한 몸무게는 몇 킬로그램인가, 몇 킬로그램이 될 수 있는가를 묻는 셈이다.

1920년대에 들어서면 체중계에 동전을 넣으면 수치뿐 아니라 운세카드와 영화 스타와 유명 비행사의 대형 포스터가 덤으로 나오는 기계도 출시되었다. 다이어트로 행운을 잡고 모두가 우러러보는 스타나 비행사가 될 수 있다는 희망을 주려는 의도였을까? 체중계는 미래의 운, 이상형을 보여주는 기계였다.

"매일, 몸무게를 재자!"

"오늘도 몸무게를 재셨습니까?"

체중계가 당신을 향해 말을 걸고 행동을 촉구했다. 몸무게를 재야 하고, 이상 체중에 도달해야 한다는 사명이 공적 측정에서 사적 측정이 된 시대에 등장했다.

코트 같은 겉옷을 걸 수 있도록 옷걸이가 달린 동전 체중계도 인기를 끌었다. 최대한 불필요한 요소를 덜어 내 몸무게가 조금이라도 적게 나가게 하려는 눈물겨운 노력이었다.

'당신의 몸무게를 맞히는 체중계Guess Your Weight Scale'라는 제품이 출시되어 히트 상품이 되기도 했다. 1904년에 만들어졌는데, 1920~1930년대에 특히 인기를 끌었다. 자신의 몸무게라고 짐작되는 곳에 눈금을 맞추고 실제로 몸무게를 재서 딱 맞으면 넣은 동전을 돌려주도록 장치되어 있었다. 자신의 몸무게를 언제나 염두에 두는 시대를 상징하는 재미있는 기계였다.

미리 몸무게를 재고 이 기계에 올라가면 공짜로 몸무게를 잴 수 있을 것 같지만, 세상은 그리 녹록지 않다. 물 한잔만 마셔도 오르락내리락하는 200그램 남짓한 차이까지 정밀하게 재는 기계였기에 약간의 차이도 인정하지 않는 교묘한 상술이 빛을 발하는 장치로, 어지간해서는 동전이 도로 나오지 않았다.

유료 체중계는 시청과 은행 로비 등 곳곳에 설치되었고, 슬롯머신처럼 돈을 쭉쭉 빨아들였다. 1920~1930년대에 몸무게를 재려는 사람이 얼마나 많았는지를 알 수 있다.

그러나 유료 체중계에는 한 가지 결함이 있었다. 훤히 뚫린 개방된 공간에서 다른 사람들이 지켜보는 가운데 체중계에 올라야 했기에 옷을 모두 입은 채 몸무게를 재야 했다. 그런데 진짜 몸무게는 옷 무게를 빼고 알몸으로 재야 한다. 기준이 엄격해지자 정확한 몸무게, 알몸 상태의 몸을 측정하려는 수요가 나타났다. 옷을 모두 벗고 재려면 밀실에서 혼자 재야 한다.

욕실, 침실 등 가장 사적인 공간에서 몸무게를 재려는 욕구가 생기며 개인용 체중계가 보급되었다. 욕실과 침실이 사적인 공간으로 탈바꿈한 시기도 1920년대부터였다. 1920년에는 미국 가정의 5분의 1이 실내 수세식 화장실을 갖추었으며, 1930년에는 전체의 2분의 1로 늘어났다. 그사이 욕실도 실내로 들어왔고, 침실도 다른 공간과 분리해서 만들게 되었다. 그 공간에 체중계가 들어왔다.

개인용으로 작고 가벼운 체중계가 제조되기 시작했다. 초반에는 독일 제품이 시장을 선점했으나, 제1차세계대전이 시작되며 수입이 끊기자 미국산 체중계가 만들어졌다. 개인용 체중계는 태어나서부터 죽을 때까지 건강, 부, 행복을 지키는 기계라는 광고로 대중을 세뇌했다.

영원히 변치 않는 진정성이 등장했다. 눈처럼 새하얀 친구, 욕실 체중계는 다이어트의 '긴 동반자'로 이상적인 체중계였다. 체중계를 만드는 회사인 핸슨Hanson Scale Company과 콘티넨털Continental

Scale Co.은 매일 몸무게를 더 쉽고 더 정확하게 잴 수 있는 욕실용 체중계 통신판매를 위해 다이어트 서적까지 출간했다. '오늘은 아름다워도 내일은 그 아름다움을 잃게 될 수 있다. 만약 잘못된 길로 가지 않도록 잡아주는 손이 없다면'이라는 문구가 콘티넨털에서 1920년대에 제작한 팸플릿에 인쇄되어 있다.

_ 힐럴 슈워츠, 《절대 만족하지 않아》

사람들은 더 정확한 측정을 원했다. 고작 1킬로그램 안팎의 차이가 아름다움을 결정했다. 몸무게를 정확하게 재려면 알몸으로 재야 한다는 인식이 생겨났다.

욕실용 체중계는 몸무게 측정을 지극히 사적이고 감각적인 행위로 재탄생시켰다. 알몸으로 은밀하게 몸무게를 재야 한다. 슈워츠는 체중계 위에 올라 균형을 잡는 과정을 진실 위에 아름다움의 발을 올리는 하루하루의 의식이었다고 설명한다.

다이어트에는 몸무게 말고도 중요한 요소들이 있다. 몸무게는 결과이고, 원인은 음식이다. 먼저 먹을 음식을 계량해서 올바른 양을 섭취해야 한다. 먹어야 할 음식량을 알려면 주방용 저울이 필요하다. 주방용 저울은 욕실용 체중계보다 40년 이른 1880년대에 주방에 입성했다. 주방용 저울은 '가정 저울Family Scale'이라 불렸다. 처음에는 현명한 소비자를 위한 검증 장치로 개발되었다. 분량을 속이는 가게인지를 판별하기 위해서 저울이 도입되었다.

그때까지는 상품 분량을 잴 때 눈대중에 어림짐작으로 넘어가는 경우가 많았다. 그러나 20세기에 접어들며 분량 표시를 규정하는 법률이 정비되었고, 일반적으로 믿을 수 있는 기준을 제시하기 위해 주방용 저울에 역할이 부여되었다. 가게에서 담아준 분량이 정확한지를 확인하고 나서 요리 재료 분량을 정확히 계량하는 기능까지 겸했다.

주방용 저울이 등장하기 전에는 몇 자밤이나 눈대중 등 감으로 분량을 정해 요리했는데, 요리책 같은 매뉴얼을 사용하게 되며 정확한 분량을 측정할 필요성이 생겼다. 또 양이 아니라 무게를 중시하게 되었다.

주방용 저울은 1920년대 다이어트 전장에서 주요 무기로 활용되기 시작했다. 정량을 규칙적으로 먹는 식사라는 다이어트의 본질적 의미가 이 무렵부터 명확해졌다.

식사 계량의 계기를 제공한 것은 당뇨병이었다. 당뇨병은 인도에서 옛날부터 존재했는데, 유럽에서는 18세기 말부터 증가했다. 1920년에 인슐린이 합성될 때까지 당뇨병은 치료제가 없는 병이었다. 오로지 식이 제한으로 관리해야 했다. 1914년, 록펠러대학교 병원의 프레더릭 매디슨 앨런Frederick Madison Allen 박사가 단식 요법을 시도했다. 식사를 계량하고, 저칼로리 식단을 자택 요양 환자에게 권장했다. 환자는 주방 저울로 음식을 재는 처방에 따랐다.

1921년, 보스턴에서 활동하던 내과의 엘리엇 프럭터 조슬린Elliott Proctor Joslin 박사는 비만을 당뇨병의 원인으로 보고 당시 유행하던 깡마른 패션모델을 당뇨병에 걸리지 않는 체형이라며 추켜세웠다.

1921년 이후, 인슐린 주사와 다이어트를 위한 주방 저울이 당뇨병 치료의 양대 전략무기로 부상했다. 이를 계기로 다이어트용 식품을 재는 소형 저울이 보급되었다.

한편 신영양학의 발전으로 칼로리를 중시하게 되며, 칼로리 계산 다이어트가 제1차세계대전 직전 무렵부터 시작되었다. 구스타프 게르트너Gustav Gärtner의 《편안하게 몸무게 줄이기: 비만의 식이요법Reducing Weight Comfortably: The Dietetic Treatment of Obesity》, 밴스 톰프슨Vance Thompson의 《먹으면서 날씬해지기Eat and Grow Thin》가 이 시기에 나왔다. 저칼로리 다이어트를 하려면 저울이 필수품이다. 칼로리는 양이 아닌 무게에 비례하기 때문이다. 게르트너는 오스트리아 빈 출신 의사로 엄격한 의학 요법에 기반한 저칼로리 다이어트를 처방했다.

밴스 톰프슨은 극작가로 여배우인 릴리언 스펜서 톰프슨Lillian

Spencer Thompson과 결혼해 〈마드무아젤 뉴욕Mademoiselle New York〉이라는 여성지를 창간한 다재다능한 인물이었다. 그의 다이어트는 미국 농무부가 1911년에 발표한 식품 칼로리표를 바탕으로 짠 식단으로, 상당히 사치스러운 고가의 식품으로 채워졌다. 먹으면서 살을 뺀다는 문구는 최근 유행하는 다이어트법에서도 사용되는 시대를 앞서가는 문장으로, 이미 이 시대에 등장했다. 여성지와 다이어트를 결합한 사람도 어쩌면 톰프슨이 최초였을 수도 있다. 그가 제안한 호화로운 다이어트 식단은 상류사회 여성을 대상으로 했다.

톰프슨의 다이어트 책은 1920년대에 출간해 1931년에 113쇄나 찍는 스테디셀러가 되었다. 게르트너가 병으로서의 비만을 다루었다면, 톰프슨은 미용과 다이어트를 결합해 흥행에 성공함으로써 베스트셀러를 만들어냈다. 그는 자신의 방법을 '마하다하 다이어트Mahadaha Diet'라고 불렀다. 신비스러운 동양의 분위기를 자아내기 위해서였다. 그는 아름다움에 오리엔트(동방)와 검은표범의 이미지를 덧입혀 비만을 질병과 금전 영역으로 끌어들였다. 동양, 인도 등의 이국적인 요소와 다이어트를 결합한 선구적인 다이어트 사업가였다.

칼로리 계산과 저울을 사용한 식품 계량은 과학적이고 정밀한 다이어트를 상징한다. 과학적이라는 말은 정의이며 법률이었다.

비만은 죄악으로 여겨지게 되었다. 체중계는 '물질화된 양심'으로까지 일컬어졌다.

1918년, 다이어트 서적의 결정판이라고 할 수 있는 루루 헌트 피터스Lulu Hunt Peters의 《다이어트와 건강: 칼로리의 열쇠Diet and Health: With Key to the Calories》가 출간되었다. 이 책은 미국 다이어트 서적 최초로 베스트셀러가 되었고, 1922년까지 16판을 증쇄하고 제2차세계대전 전까지 날개 돋친 듯 팔려 나갔다.

그런데 이 책은 1866년에 미국에서 시작된 신흥종교 크리스천사이언스Christian Science를 창시한 메리 베이커 에디Mary Baker Eddy의 책 《과학과 건강: 성경의 열쇠Science and Health: With Key to the Scriptures》의 제목을 슬쩍 표절했다. 그렇다면 이 두 책 사이에 모종의 관계가 있을까? 실은 다이어트와 신흥종교 모두 이 무렵부터 사람들에게 친숙해졌다는 공통점이 있다. 칼로리는 성스러운 수비학으로 승화되었다.

루루 헌트 피터스는 영국 성공회 신자였다. 미국에서는 1820년대에 성공회 부인 조직이 창설되었다. 루루 헌트 피터스는 동부 메인주에서 태어났으나 캘리포니아에서 살았고, 캘리포니아에서 의사가 되었다. 캘리포니아는 신흥종교와 다이어트의 성지였다. 그녀는 《다이어트와 건강》이 잘 팔리고 유명해지자 신문 건강 칼럼을 담당했고, 1920년대 미국에서 가장 유명하고 사랑

받는 여자 의사가 되었다. 그녀는 단식과 저칼로리 식단을 추천했다. 금욕적인 절제를 신앙처럼 평생 지켜야 한다고 주장했다.

1920년대에 '칼로리'는 마법의 주문이 되었고, 패션 광고에까지 등장했다. 사람들은 칼로리라는 보이지 않는 개념으로 이상적인 미래의 신체를 꿈꾸게 되었다.

재즈 시대의 빛과 그림자

1920년대는 여성의 패션이 크게 변화한 시대였다. 패션계에 분 변화의 바람은 여성의 날씬해진 몸매와 관련 있다. 먼저 패션의 변화를 살펴보자.

> 1920년대 여성의 드레스는 치맛단의 높이에 따라 두 가지 기본형으로 분류할 수 있다. 1920년대 초기에는 긴 통 모양의 몸에 딱 붙는 드레스로 치맛단은 다리 길이에 맞추었다. 그러다 1920년대 중반 '쇼트 드레스'가 등장하며 치맛단이 위로 훌쩍 올라갔다. 이 스타일은 1929년까지 이어졌다. 웨스트민스터 공작부인은 자신의 저서《우아함과 은총: 웨스트민스터 공작부인 로엘리아의 회고록Grace and Favour: The Memoirs of Loelia Duchess of Westminster》에서 이 시대 패션을 돌아보며 다음과 같이 말했다.

'치맛단이 1923년에는 땅바닥에 닿을 정도로 내려갔다가, 1925년에는 무릎까지 올라왔다. 허리선은 오르락내리락했다. 그러나 1920년대를 통틀어 가슴과 엉덩이는 완전히 실종되었다. 사랑스러운 모습이란 들어갈 데는 들어가지 않고 나올 데는 나오지 않은, 날씬하지만 밋밋한 모습을 가리키게 되었고, 조금이라도 굴곡이 있으면 뚱뚱하다고 비난받았다. 이상적인 여성의 사이즈는 30-30-30으로 일정해야 했다.'

_ 에이드리언 베일리Adrian Bailey, 《패션을 향한 열정: 변화하는 스타일의 3세기The Passion for Fashion: Three Centuries of Changing Style》(1988)

바야흐로 곡선을 혐오하고 직선을 선호하는 시대가 왔다. 위에서부터 아래까지 쭉 뻗은 원통형 실루엣이 선망의 대상이 되었다. 가슴과 엉덩이는 여성의 매력을 상징하는 중요한 부분이었으나, 이 시대에는 눈에 띄지 않게 되었다. 그만큼 살이 찐 몸을 두려워했다.

1920년대 최신 유행은 보이시 룩Boyish Look이었다. 여성들은 치렁치렁하게 긴 머리를 싹둑 잘랐다. 흔히 '보브Bob 스타일'이라고

아이린 캐슬

부르는 단발이 1923년에 등장했다. 보브는 뉴욕에서 시작되었는데, 댄서인 아이린 캐슬Irene Castle이 유행시켰다. 보브 스타일에도 다양한 유형이 있었다. 스트레이트와 웨이브, 찰스턴, 이집션, 파로마 등 각 스타일에 독특한 이름이 붙었다. 1927년 무렵에는 머리 길이는 더 짧아졌고 '이튼 클럽' '싱글' 등의 이름이 붙은 스타일이 나왔다. 이 스타일은 미국에서는 '보이시 보브Boyish Bob', 프랑스에서는 소년을 뜻하는 '가르송Garçons'이라 불렀다.

보이시 룩은 여성이 밖에 나가 운동하거나 사회적 활동을 하게 된 시대를 상징하는 '여성해방 스타일'로 일컬어졌다.

보이시 룩은 1920년대 패션을 상징하는데, 모든 사람에게 받아들여지지는 못했다. 고상한 숙녀들은 '현명한 스타일'을 유지하고, 새로운 스타일에 달려들지 않았다. 젊은 여성은 단순히 새로이 부상한 신체적 자유를 즐기고 시대정신에 부응해 실내와 야외에서 활발하게 즐기며 각종 활동에 참여했다. 행동하는 젊은 여성은 그 무렵(지금도) 프로 테니스 선수가 두른 헤어밴드를 착용하거나, 골프용 베레모와 골프 신발 등을 통해 스포티 룩으로 멋을 냈다. 미니 골프는 뉴욕에서 대유행했다(1926년에 맨해튼에 150개나 되는 펜트하우스 퍼팅 그린이 있었다). 신여성은 휴가지에서는 원피스 수영복을 입고 평소 해를 보지 않아 창백한 피부를 거리낌 없이 노출했다.

_ 에이드리언 베일리, 《패션을 향한 열정》

밸러리 스틸Valerie Steele은 《패션 그리고 에로티시즘: 빅토리아 시대부터 재즈 시대까지 여성미의 이상Fashion and Eroticism: Ideals of Feminine Beauty from the Victorian Era to the Jazz Age》(1985)이라는 책에서 1920년대 보이시 룩, 여성해방 스타일은 전쟁으로 여성이 해방되어 남성적(혹은 중성적) 패션이 나타났다고 보아도 무방하다고 말했다.

밸러리 스틸에 따르면, 1920년대 이상형은 보이시한 스타일이라기보다 '젊음'이었다. 세계대전으로 패션이 아닌(패션은 전쟁 전부터 변하고 있었다) 사회체제와 계급체제가 변했다. 전쟁 전에 부유한 중년 여성이 사회의 정점에 있던 계급체제가 붕괴하며, 젊은 여성이 독립하고 유행과 패션을 선도하는 일명 트렌드 세터Trend Setter가 되었다. 청춘을 숭배하게 되면서 성숙한 여성, 모성을 상징하는 가슴은 납작해지고, 젊음을 상징하는 길고 쭉 뻗은 늘씬한 다리가 클로즈업되었다. 납작한 가슴과 엉덩이가 매력의 중심에 놓였다.

빅토리아 시대부터 에드워드 시대에 이르는 여성의 이상형은 드레스를 입은 상태였다. 그러나 1920년대에는 최대한 몸을 노출한 상태로 보여주게 되었다. 겉옷을 입은 채 몸무게를 재던 시

영화 〈코켓〉 포스터

대에서 알몸으로 체중계에 오르는 시대로 변화했다.

1920년대 패션의 또 다른 특징은 의복 착용법이 자연스럽고 편안하게 바뀌었다는 점이다. 이 시대를 상징하는 패션 코드는 '내추럴Natural'과 '캐주얼Casual'이었다. 시대가 바뀌며 풋풋한 소녀의 스타일을 동경했다. 영원히 소녀처럼 청초하고 순수해야 했다. 그래서 여학생 시절의 매력을 서른 살 무렵까지 이어가려 애썼다. 소녀 분위기를 유지하려면 다이어트와 운동은 필수였다. 영화 〈코켓Coquette〉으로 아카데미 여우 주연상을 꿰찬 메리 픽퍼드Mary Pickford는 서른 살에도 소녀를 연기할 수 있을 정도로 앳된 외모를 유지해 여성들에게 선망의 대상이 되었다.

그러나 '여성의 현대적 이상'은 순수한 소녀는 아니었다. '보이시한 매너리즘이 몸에 배어 있고 비속어를 구사하며 동시에 일종의 성적 관용성을 암시하는 꼼꼼하게 계산된 세련된 분위기를 풍기는 소녀'였다.

_ 밸러리 스틸, 《패션 그리고 에로티시즘》

설명이 조금 복잡해지는데, 보이시 룩은 단순히 남성적(중성적·무성적) 스타일이 아니었다. 보이시 룩은 젊음이 최고이며 소녀가 에로틱하게 여겨지던 시대에 여성적 매력을 강조하는 수단으로 활용되었다.

이 시대에는 옷을 걸치는 몸이 아니라 몸 그 자체, 나체를 숭배하게 되었다. 그러나 힐럴 슈워츠는 나체 숭배는 신체 강조이기도 했다고 주장한다. 1920년대 여성은 코르셋에서 해방되었다고 알려져 있다. 하지만 코르셋 대신 다이어트와 운동으로 날씬하고 젊고 활동적인 신체를 만들어야 한다는 새로운 시대적 사명을 부여받았다. 밸러리 스틸은 '다이어트는 코르셋이 내재화된 방법'이라고 멋지게 설명했다. 바야흐로 칼로리라는 보이지 않는 잣대가 미래의 우리 몸을 결정하게 되었다.

다이어트란 쉽게 말해 보이지 않는 코르셋이다. 혹은 우리 몸에 심어진 코르셋이라고 할 수 있다.

18세기부터 19세기에 걸쳐 여성의 속옷 구조는 워낙 복잡해서 정신이 아찔한 수준이었다. 당시 속옷은 신체 주위에 이런저런 장치를 덕지덕지 추가한 스타일이었으나, 20세기에 들어서면 신체 그 자체를 구조적으로 개조하는 방향으로 전환되었다. 바로 다이어트다. 의학의 발달로 인간의 신체 기능을 해명하고 개조할 수 있게 되었다. 1920년 체코 작가 카렐 차페크Karel Čapek는 《R. U. R.: 로줌 유니버설 로봇R. U. R.: Rossum's Universal Robots》에서 '로봇', 즉 인조인간이라는 단어를 만들어냈다. 이후 1920년대는 로봇이라는 이미지가 시대정신을 표방했는데, 기계로서의 인간이라는 관점과 다이어트 사이에서 접점을 찾을 수 있다.

어쩌면 인간은 칼로리로 움직이는 기계일 수도 있다. 여기서 기계처럼 아름답다는 미학이 나타난다. 피로를 모르는 엔진은 영원히 젊다.

그리고 젊음을 숭배하는 신앙은 다이어트에 새로운 국면을 자아냈다.

영원히 젊어 보이고 싶다는 열망은 뷰티산업의 발달을 촉진했다.

_ 밸러리 스틸, 《패션 그리고 에로티시즘》

19세기에는 미용사라는 직업에 대한 편견이 여전히 남아 있었다. 심지어 마녀 취급을 당하기도 했다. 그러나 세기말부터 아름다움을 연구하는 과학이 학문으로 인정되었다. 1910년에는 '미용실Makeup Parlour'이 런던 등 대도시에 등장했다. 미용실에 화학이 보급되었다. 여성의 천국으로 일컬어진 백화점에는 '뷰티 살롱Beauty Salon'이라는 간판을 단 미용 전문 매장이 문을 열었다. 1920년대에는 화장하지 않고 민낯으로 외출하면 부끄럽다는 인식이 생겨났다.

1920년대는 인공적이고 에로틱한 미를 대대적으로 받아들인 시대였다. 이 시대를 관통한 패션 코드인 '내추럴' '캐주얼'과 얼핏 모순되는 특징으로 느껴질 수도 있으나, 이 둘은 동전의 양면처럼 한 몸을 이루고 있다. 영원히 젊고 자연스러운 아름다움은 인공적으로 만들어내야 하기 때문이다. 중년에도 20대 같은 싱그러운 젊음을 유지하려면 인공적인 기술이 필요하다. 자연스러운 아름다움은 아무것도 하지 않고 있는 그대로 내버려 두는 게 아니라 수면 아래에서 쉴 새 없이 발을 놀리는 백조처럼 끊임없는 관리가 필요하다.

20세기 다이어트는 외적인 코르셋을 내적인 코르셋으로 대체해, 신체 그 자체를 개조하는 방향으로 전환되었다. 신체 개조의 극단에 성형이 있다. 근대인 1880년대부터 외과적으로 지방을 제거하는 시술이 이루어졌다. 1920년대에는 성형외과가 개원했다. 초반에는 병적인 수준의 비만 치료에 활용되었으나, 이윽고 미용 목적으로 영역을 확장했다. 미용 목적 수술에서는 수술 부위 흉터를 얼마나 적게 남길지 등 미적인 기술이 중요했다.

1920년대 여성은 해방과 구속이라는 양극단 사이에서 온몸과 영혼이 갈기갈기 찢어졌다. 여성들은 프로크루스테스의 침대에 눕혀졌다. 지나가는 나그네를 붙잡아 침대에 눕히고 키가 침대보다 크면 잘라내고 작으면 사지를 늘렸다는 그리스 신화 속의 등장인물 프로크루스테스의 침대처럼, 여성들은 해방되기 위해 날씬하고 젊은 몸을 유지하는 엄격한 다이어트가 의무가 되었다.

동전 체중계, 욕실 체중계, 다이어트용 저울이 엄격하게 감시하는 상황에서 1920년대 신여성 플래퍼Flapper와 고속 자동차와 밀조된 배스터브 진Bathtub Gin과 보디빌더 찰스 아틀라스Charles Atlas와 할리우드 요부와 재즈 시대 특유의 분위기는 다 어디로 갔을까?

_ 힐럴 슈워츠, 《절대 만족하지 않아》

'올 댓 재즈All That Jazz'는 다이어트와 무관하지 않다. 1920년대 신세대 여성이었던 플래퍼들은 껌을 씹고 담배를 피우며 무절제한 생활에 몸을 맡긴 것처럼 보였다. 그런데 알고 보면 그녀들이 씹은 껌은 '실프 리듀싱 껌Sylph Reducing Gum'(씹으면 요정처럼 가냘픈 몸매를 만들어주는 성분이 들어 있다고 광고한 제품), '슬렌즈 팻 리듀싱 추잉 껌Slends Fat Reducing Chewing Gum'(씹으면 지방 감소 효과가 있어 마른 몸매를 만들 수 있다고 광고한 제품), '엘핀 팻 리듀싱 껌 드롭스Elfin Fat Reducing Gum Drops'(엘프처럼 가녀린 몸매가 될 수 있다고 광고한 제품) 등의 이름이 붙은 자칭 다이어트 상품이었다. 변비에 효과적인 성분, 설탕, 혈액순환을 촉진한다는 윈터그린Wintergreen이라는 약초 성분을 넣은 껌이 플래퍼들의 핸드백 속에 들어 있었다. 유행에 뒤떨어지지 않으려면 담배는 '럭키 스트라이크Lucky Strike'를 피워야 했다. 예전에 '사소한 차이가 명품을 만든다'는 인상적인 광고 문구가 있었다. 이 말처럼 이 시대 여성들은 '사소한 차이를 아는 사람'이 되기 위해 발버둥을 쳤다. 여성 최초로 대서양 횡단비행에 성공한 여성 비행사 어밀리아 에어하트Amelia Earhart, 여배우 콘스턴스 탤

어밀리아 에어하트 기념우표

콘스턴스 탤매지

알라 나치모바

매지Constance Talmadge, 알라 나치모바Alla Nazimova가 잠시 쉴 때 달콤한 디저트 대신 럭키 스트라이크 담배를 피우며 몸매를 관리한다는 사실을 광고로 알게 되었다.

> 신여성에게 어울리는 현대적인 다이어트! 먹으면 살찌는 디저트가 당길 때는 럭키 스트라이크 한 개비에 불을 붙이자!

급기야 여성에게 흡연을 권장하는 광고까지 나왔다. 젊은 여성들은 껌을 씹고 담배를 피우며 다이어트에 몰두했다.

빨라진 속도도 다이어트와 연관이 있다. '헬스 오 미터Health-O-Meter'라는 욕실용 체중계는 눈금이 자동차 속도계를 쏙 빼닮은 디자인으로 출시되었다. 자동차 자동변속기를 발명해 '미스터 클러치Mr. Clutch'라는 별명을 얻은 조지 보그George Borg는 욕실용 체중계회사를 세웠다.

욕조 주변에는 온갖 다이어트 용품이 즐비했다. 살을 빼준다는 비누와 입욕제, 피부를 문지르는 솔(자극으로 살을 빼주는 효과가 있다고 주장하는 제품) 등이 나왔다. 또 물을 뺀 욕조 안에서 하는 체조까지 등장했다. 참고로 배스터브 진은 금주법 시대에 욕조에서 제조했다는 진이다.

찰스 아틀라스는 1920년대의 아널드 슈워제네거라 할 수 있는 보디빌더였다. 움직이는 조각처럼 이런저런 포즈를 취하며 멋진 몸을 과시하던 그의 다이어트법과 운동법을 실은 책자와 용품을 우편 주문으로 판매하는 시스템이 만들어졌다.

할리우드의 요부로 알려진 여배우로는 영화 〈클레오파트라〉의 주인공 테다 배라Theda Bara, 너무 아름답기로 소문난 바버라 라마Barbara La Marr, 폴란드 출신으로 미국으로 건너가 세계적 스타로

영화 〈클레오파트라〉의 테다 배라

바버라 라 마

폴라 네그리

발돋움한 〈뒤바리 부인Madame du Barry〉의 주인공 폴라 네그리Pola Negri 등이 있다. 할리우드의 요부들은 다이어트와 어떤 관계가 있을까? 그녀들은 모두 실비아라는 여성의 손맛을 본 마사지숍 동지였다. 실비아는 덴마크 코펜하겐에서 마사지를 배워 미국으로 건너온 이민자였다. 제1차세계대전 후에는 시카고에서 건강연구소를 개설했다. 마침내 할리우드로 진출한 실비아는 여배우들의 마사지를 전담하게 되었고, 1925년에는 할리우드로 아예 이주했다. 그녀는 여배우들로 예약 명단이 꽉 차 예약을 잡기 힘들 정도로 잘나가는 마사지사였다. 142센티미터에 45킬로그램쯤 되는 아담한 체구였는데도 엄청난 악력으로 입소문을 탔다.

손으로 때리고 주물러서 지방을 빼준다는 오늘날 마사지 기술과 비슷한 독특한 손놀림은 그녀의 전매특허였다. 삶은 감자를 으깨 체에 거르듯 모공에서 지방이 빠져나왔다는 믿거나 말거나 소문으로 돈과 인기를 모두 거머쥐었다.

실비아는 금발 머리가 트레이드마크로 알려지며 당대의 섹스 심벌이었던 진 할로Jean Harlow의 잘록한 허리와 영화 〈이혼녀The Divorcée〉에서 인상적인 연기를 선보였던 노마 시어러Norma Shearer의 늘씬한 다리를 만들어준 약손으로 소문이 났다. 또 메이 머리Mae Murray를 관리해주고, 무성영화 시대 여신 글로리아 스완슨Gloria Swanson과 이나 클레어Ina Claire의 몸매를 만들어준 일등공신으로 알려졌다. 그녀는 저지방 다이어트에 반대하며 시금치, 간, 통밀

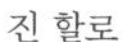

진 할로

메이 머리

글로리아 스완슨

이나 클레어

토스트, 익힌 채소를 포함한 식단을 고객들에게 추천했다.

캘리포니아는 다이어트의 본고장으로, 특히 할리우드는 다이어트의 메카로 알려져 있다. 스타들의 다이어트는 팬들에게 동경의 대상이다. 예나 지금이나 할리우드식 다이어트가 가장 인기다. 예를 들면 '할리우드 18일 585칼로리 다이어트'라는 다이어트가 있었다. 자몽, 오렌지, 바삭바삭할 때까지 구운 얇은 토스트, 녹색 채소, 삶은 달걀로 이루어진 식단을 챙겨 먹는 다이어트였다.

스타의 다이어트법은 영화잡지에 빠지지 않고 등장하는 기사였다. 실비아의 다이어트는 〈포토플레이Photoplay〉라는 잡지에 실렸다. 콘스턴스 탤매지는 〈모션 픽처Motion Picture〉라는 잡지에서 '마몰라Marmola'라는 갑상선 약을 광고했다. 상당히 수상쩍은 다이어트도 있었다. 심지어 할리우드에서 다이어트를 하다 사망자가 나왔다는 소문도 돌았다.

재즈의 왕이자 바이올린을 곁들인 심포닉 재즈의 창시자로 알려진 폴 화이트먼Paul Whiteman이 사랑하는 메리 마거릿Mary Margaret이라는 여성을 위해 1년에 51킬로그램을 뺐다는 일화도 있다. 그녀는 약삭빠르게 《화이트먼의 짐Whiteman's Burden》이라는 다이어트 책을 썼다고 하니, 상업적으로는 수완이 대단한 여성이 아닐 수 없다.

이렇게 1920년대의 신여성부터 재즈까지 모두 다이어트의 세계에 담겨 있다. 힐럴 슈워츠가 말했듯 다이어트가 산업으로 성장했다는 뜻이다. 1920년대 고도 소비사회의 출범 단계에서 건강과 아름다움도 비즈니스가 되었다. 반대로 다이어트는 소비사회의 거울이며, 1920년대 새로운 여성들은 그 거울에 자신을 비추어 보았다.

3장

슬렌더와 내추럴: 1930~1950년대

세계공황 이후

1929년 세계 대공황은 다이어트에도 영향을 주었다.

1929년부터 1930년에 걸친 겨우내, 여성 이상형에 뚜렷한 변화가 있었다. 1929년 10월 월스트리트발 폭락으로 시작된 서구 세계의 경제위기는 실업, 임금삭감, 고뇌와 실의를 세계 곳곳에 퍼뜨렸고, 도덕과 생활방식에 대한 반동적 변화를 불러일으켰다. 이러한 변화는 곧바로 패션과 여성 이상형에 반영되었다.

여성 이상형은 늘 사회 변화를 반영한다. 위기의 시기에는 전통적 가치를 유지해야 할 필요가 크다. 사회에서 특정 질서를 눈에 보이는 형태로 재확립하려는 시도가 이루어진다. 가령 성적 정체성을 강조하는 움직임으로 나타난다. 1920년대에는 여성적 곡선이 없는 철부지 소녀가 사회로 해방되었는데, 1930년대에는 한층 여성스러운 형태로 돌아왔다. 여성은 여전히 날씬하고 젊어야 했다. 다만 풍만한 대신 앙증맞은 엉덩이를 만들기 위해 노력해야 했다. 허리는 자연스러운 위치로 돌아갔고 가슴은 봉긋하게 부풀었다. 이상형은 흔히 슬렌더라 부르는 마른 몸매였으나 지나치게 깡마르지 않은 '자연스러움'이 더해져야 했다.

_ 메리앤 테샌더Marianne Thesander, 《이상적인 여성상The Feminine Ideal》(1997)

1920년대에 각광 받았던 소년처럼 호리호리하고 직선적인 실루엣 대신 1930년대에는 날씬하면서 허리는 잘록하고 가슴은 여성스러운 곡선을 그리는 실루엣이 나타났다. '내추럴'이란 여성스러움을 말했다. 일단 해방되었던 여성들은 불황이 몰아닥치자 전통적인 여성스러움으로 회귀했다.

1930년대 여성상은 1920년대의 플래퍼와 달리 글래머Glamour라 불렸는데, 성숙한 성인 여성의 매력이 이상으로 여겨졌다.

1930년대 여성들은 자연스러운 날씬함을 추구했다. 자연스럽게 날씬한 모습을 연출하려면 타고난 몸매에 인공적 노력이 더해져야 했다. 다이어트의 필요성은 이전 시대보다 더 커졌고, 자연스러운 체형을 유지해준다는 인공기구, 즉 코르셋 등의 속옷을 다시 입게 되었다. 옷장에서 퇴출당했던 코르셋이 화려하게 복귀했다.

물론 구닥다리 코르셋과는 달랐다. 새로운 코르셋은 코르셋을 입은 티가 나지 않는 게 관건이었다. '보이지 않는 속옷'이 새

주식 대폭락 이후 월스트리트 증권거래소 앞으로 모인 사람들(1929년)

로운 시대의 조건이었다. 예전에는 코르셋으로부터 해방이 여성 해방을 상징했다. 다시 19세기로 돌아갈 수는 없다. 여성들은 이제 몰래 코르셋을 입고 입지 않은 척했다.

메리앤 테샌더에 따르면 1939년에는 다음과 같은 백화점 광고가 등장했다.

> 더운 여름에는 브래지어를 벗어던지고 싶어지는데, 이런 행동은 위험하다. 너무 위험하다. 브래지어가 부드럽게 받쳐주지 않으면 아름다운 가슴을 유지할 수 없다. 여름 드레스는 야속하게 몸매의 결점을 고스란히 드러낸다. 그래서 거들과 코르셋이 필요하다. 멋진 여성은 모두 속옷을 제대로 갖춰 입을 줄 안다.

평범한 여성은 속옷의 도움 없이는 원하는 몸매를 유지할 수 없다는 말로 해석할 수 있다. 우리는 막연히 20세기 여성은 19세기의 코르셋에서 해방되어 자유로워졌다고 생각하는데, 코르셋은 슬금슬금 부활해 여성들의 옷장에 돌아와 조용하고 은밀하게 자리를 차지하고 있었다. 오히려 19세기보다 코르셋이 대중적인 속옷이 되었다. 19세기에 코르셋은 상류계급, 적어도 중류계급 이상의 여성이 입는 속옷이었는데 어느새 모든 여성이 입어야 하는 속옷, 갖추어 입지 않으면 위험한 수준으로 발전했다. 속옷이 필수품이라는 협박이 공공연히 자행되는 시대가 왔다.

새로운 코르셋은 고래수염 등의 재료가 아니라 엘라스틱이라는 새로운 소재로 가볍고 편리하게 만들어져 몸을 옥죄지 않아 훨씬 덜 답답했다. 고무 소재 코르셋은 1913년 무렵부터 미국에서 사용되었다. 그러나 고무가 금방 늘어져 형태를 유지할 수 없었기에 1929년부터 라텍스 섬유를 사용하게 되었다. 라텍스 코르셋은 섬유에 고무 심을 넣어 만들었다. 라텍스 코르셋이 대량으로 보급되며 워너스브라Warner's Bra, 메이든폼Maidenform 등 대기업이 등장해 미국 시장을 석권했다.

가장 많은 변화가 나타난 속옷은 브래지어였다. 1920년대에 중국 등 아시아 국가에서는 젖가리개라고 해서 가슴을 천으로 둘둘 감아 압박해서 눈에 띄지 않도록 꽁꽁 싸매고 다녔다. 그러나 1930년대에 들어서면 둘로 나뉜 컵이 있고 좌우 가슴의 굴곡을 봉긋하게 돋보이게 해주는 디자인의 브래지어가 나왔다.

가슴은 점점 더 풍만해졌고 엉덩이는 앙증맞을 정도로 아담해졌다. 엉덩이는 여전히 1920년대에 머물러 소년처럼 납작하고 꽉 조인 탄력이 요구되었다. 그래서 몸을 꽉 조이는 코르셋이 필요했다.

영국의 스파이렐라Spirella는 세계적인 코르셋 브랜드로 성장했다. 이 회사는 속옷 제조뿐 아니라 살롱 네트워크를 구축했다.

스파이렐라의 가정 방문 맞춤 서비스

스파이렐라 살롱은 고객의 신체 치수를 측정해 코르셋을 맞춤 수선해주었다. 고객은 주문 제작한 듯 몸에 딱 맞는 속옷을 입을 수 있게 되어 만족했다.

화장을 해주고 머리카락을 손질해주는 미용실이 아니라 몸매 전체를 상담할 수 있는 살롱이 등장하며, 여성이 몸매에 기울이는 관심을 사회적으로 높이는 현상에 이바지했다. 여성은 언제나 속옷이 몸에 잘 맞는지를 신경 쓰게 되었고, 속옷 상담을 하러 살롱에 부지런히 드나들었다. 스파이렐라 살롱에는 외출하기 어려운 여성들을 위해 직접 가정 방문을 해서 속옷 관련 상담을 해주는 서비스도 있었다.

1939년에는 이상적인 여성상에 새로운 변화가 나타날 조짐이 보였다. 그때까지 우아함을 유지하던 여성의 이미지가 어느 날 갑자기 선을 넘은 듯 풍만하고 요염한 자태를 드러내기 시작했다. 가슴은 아찔할 정도로 높이 솟아올랐고 끝은 뾰족해졌다. 허리는 잘록해졌고 코르셋으로 눌러 납작하게 만들었던 엉덩이도 봉긋하게 부풀어 올랐다.

할리우드 글래머 여배우가 시대의 아이콘으로 부상했다. 진 할로와 같은 섹스 심벌이 등장했다. 그때까지는 고상한 일반 여성과 할리우드 여배우는 다른 세계에 사는 존재였으나, 1930년대 말에 경계가 무너지고 일반 여성이 스타를 모방하게 되었다. 곧 할리우드맥스웰Hollywood-Maxwell 같은 대담한 브래지어가 출시되었다.

1930년대 할리우드 스타는 조앤 크로퍼드Joan Crawford, 클로데트 콜베르Claudette Colbert, 노마 시어러, 헤디 라마Hedy Lamarr 등이 있다. 여성잡지에서 조앤 크로퍼드를 이상형으로 선정했는데, 그

조앤 크로퍼드

클로데트 콜베르

녀는 싱그럽고 활기찬 스포츠 우먼과 우아한 숙녀의 두 얼굴을 가지고 있었기 때문이다.

여성스러움의 부활은 불황의 시대에 실업자가 증가한 사회적 분위기와 연관이 있다. 여성의 새로운 직업이 등장한 1920년대에는 여성들이 주위의 시선을 아랑곳하지 않고 자유롭게 행동할 수 있었다. 그런데 불황으로 일자리가 부족해지자 일자리를 얻으려면 좋은 인상을 주어야 했고 전통적인 여성스러움을 갖추어야 했다. 1920년대에는 결혼한 여성도 밖에서 일할 수 있었으나, 1930년대에는 가정으로 돌아가야 했다.

여성은 결혼해서 주부와 어머니가 되는 게 인생의 최우선 과제라는 사고방식이 되살아났다. 어떻게 유리한 결혼을 할지가 중요해졌다. 결혼 시장에서 남성의 눈에 들고 괜찮은 남편감을 물색하려면 여성스럽고 아름다워 보여야 했다. 여성잡지는 아름다워진다는 운동과 다이어트를 특집으로 실었다. 요즘도 건재한 여성지의 이러한 경향은 1930년대에 지금의 틀을 갖추었다고 볼 수 있다.

1938년, 스탠더드패턴Standard Pattern Co.은 '슬리밍 코르셋'이라는 신제품을 발표했다. 이 제품에는 환기를 위한 구멍이 뚫려 있는 새로운 공법이 적용되었고, 고무 재질의 이 코르셋으로 온몸을 꽉 조이면 걷거나 움직일 때 신체가 고무에 쓸리며 마사지 효과로 불필요한 지방을 제거해 살을 빼주는 놀라운 기능이 있다고 광고했다.

권투 선수가 감량을 위해 고무 재질 비옷을 입고 달린다는 이야기는 이미 널리 알려져 있었다. 그러나 비옷이나 땀복을 입고 달리면 지방이 아니라 수분이 빠진다. 그런데도 코르셋을 입고 걷기만 해도 지방이 빠진다면 그 코르셋은 입고 꿰맨 수준으로 몸을 꽉 조여 걸을 때 이를 악물고 힘을 주어야 할 테고, 마찰로 살이 쓸리는 아픔도 참아야 한다. 슬리밍 코르셋을 입고 걷기만 해도 살이 빠진다는 광고는 다시 그리스 신화의 프로크루스테스 이야기를 떠올리게 만든다. 프로크루스테스는 메디아에서 아테네로 가는 길목에 자리를 잡고 있던 강도로, 여행자를 자신의 침대에 눕혀 침대보다 작으면 침대 길이까지 몸을 늘리고, 침대보다 크면 비어져 나온 부분을 잘랐다고 한다. 사람들은 코르셋에 몸을 맞추어 몸을 늘리고 줄여야 했다.

날씬하고 아름다운 몸매를 홍보하는 캠페인의 행방을 두고 메리앤 테샌더는 다음과 같이 말했다.

> 이러한 광고는 당연히 여성의 자각을 촉구했고, 그녀들 대다수는 이상적인 아름다움과 날씬함에 도달하기 위해 노력했다. 여성해방의식을 촉구했다고는 할 수 없는 현상이었다. 이상적인

몸을 가지고 태어나는 사람은 드물다. 그러나 건강한 생활, 운동, 관리, 그리고 올바른 코르셋 착용으로 이상을 달성할 수 있다. 건강한 마음이 건강한 몸에 깃들려면 시간과 돈이 필요하다. 운동과 체조는 어쩌다 보니 여성의 신체적 참여를 제한당하던 유일한 행동이었다. 그 반대로 건강과 날씬한 몸매를 추구하는 현상은 여성의 몸을 강하게 만들고 건강한 영혼을 유지한다고 여겨졌다.

_ 메리앤 테샌더, 《이상적인 여성상》

영혼의 다이어트

1930년대에 눈여겨보아야 할 중요한 변천은 메리앤 테샌더가 지적했듯, 다이어트가 몸뿐 아니라 마음과 영혼의 문제임을 강조하는 현상이라는 부분이다. 힐럴 슈워츠는 《절대 만족하지 않아: 다이어트, 환상, 비만의 문화적 역사》에서 1930년대 이후를 '암흑의 마음, 공포의 신체'라고 규정했다.

대공황 이후, 비만은 이전보다 훨씬 확고하고 위험한 문제로 여겨지게 되었다. 이러한 풍조는 주변이 아닌 중심부에서 일어난 현상으로 마음과도 연관되어 있기 때문이다. 비유적으로 비만은 헤아릴 수 없는 비애와 절대 만족할 수 없는 굶주림으로 이어진다.

_ 힐럴 슈워츠, 《절대 만족하지 않아》

불황으로 경제 흐름이 정체되었다. 1930년대는 불황과 비만을 같은 선상에 놓았다. 비만도 신체의 신진대사가 정체되어 불필요한 물질이 쌓여 발생한 상태로, 흐름을 개선해야 한다는 주장에 힘이 실렸다.

그래서 디니트로페놀Dinitrophenol 같은 약품을 사용했다. 이 약물은 벤젠 유도체로 폭약의 재료가 되며 아닐린 염료의 매개체이기도 하다. 이 약을 먹으면 대사가 엄청나게 활발해져 설사를 유도하는 하제보다 훨씬 효과적으로 살을 뺄 수 있다. 체내 지방을 자꾸자꾸 태워서 살을 빼는 원리인 모양이다. 하지만 독성도 강해 의사들은 소량씩만 처방한다.

디니트로페놀은 1930년대 다이어트 약으로 집중 조명을 받아 기적의 약물로 추앙받았다. 이 시대 불황 회복을 위해 루스벨트Franklin Delano Roosevelt 대통령이 선택한 뉴딜 정책에 비유되기도 했다. 뉴딜 정책의 내용은 절대 과격하지 않으나, 그 정책이 실행되는 속도는 엄청났다. 디니트로페놀도 칼로리를 단숨에 태우는 효과를 보였다.

그러나 이 약품의 부작용으로 사망자가 나오며 1938년에는 금지 약물로 지정되었다. 이 대목에서 우리는 다이어트를 위해 위험한 약물에 손을 대는 경향에 관심을 집중해야 한다. 불황 탓에 곳곳에서 군살 빼기가 추진되었다. 기업도 임금을 삭감했다. 다이어트와 불황의 시대가 맞물려 절묘한 화음을 연주했다.

> 대공황은 다이어트의 무게중심을 생산에서 소비로, 신진대사에서 식욕으로, 갑상선에서 칼로리로 전환했다. 1920년대에 칼로리 계산은 아무리 적게 먹어도 갑상선이 지방을 축적하면 허사라는 이론과 경합해야 했다. 1930년대에는 성인의 내발적 비만설이 디니트로페놀의 기세가 꺾이며 함께 사라졌다.
>
> _ 힐럴 슈워츠, 《절대 만족하지 않아》

뉴딜 정책 지지자도 공황의 원인이 생산의 내적 모순이라고 인정하지 않고 공공사업으로 소비를 창출해야 한다고 믿었듯, 1930년대 생리학자도 내적 원인을 인정하지 않고 소비의 욕망이 중요하다고 주장했다.

비만은 내적 · 외적 양방향의 원인으로 일어난다고 여겨졌으나, 1930년대에 이르면 호르몬이나 내분비 물질 이상이 원인인 내적 비만은 거의 무시하게 되었다.

단순히 말하면 뚱뚱한 사람은 많이 먹어서 살이 찐다. 그러나 왜 많이 먹을까? 대공황 시기에 다이어트가 생산(신진대사)과의 관계에서 소비(식욕)와의 관계로 변천되자, 비만의 원인 문제는 생물학에서 심리학으로 전환되었다.

_ 힐렐 슈워츠, 《절대 만족하지 않아》

1930년대 여성의 스포츠와 레저 활동은 신체를 건강하게 하기 위해서가 아니라 마음의 건강에 집중되었는데, 다이어트는 마음과 연관된 문제로 '왜 살찌는가'가 아니라 '왜 먹는가'라는 욕망과 소비의 문제로 여겨지게 되었다.

배고픔과 식욕은 다르다. 배고픔은 무의식적이고 원시적인 현상이다. 생리현상이라고 할 수 있다. 생리현상은 정직하다. 반면 식욕은 의식적이고 우리를 기만하는 현상으로, 감정에 지배받으며 습관에 묶여 있다. 필요보다 욕망과 노스탤지어와 관련이 깊다. 정말로 몸에 필요하지 않아도 식욕이 돌면 입맛을 다시며 나도 모르게 과식하게 된다. 숟가락을 내려놓으려면 어마어마한 의지가 필요하다.

식욕 문제에서는 어머니의 역할이 중요해졌다. 어머니, 즉 주부는 가정의 식사를 관리하고, 여타 집안일을 조율한다. 특히 아이의 온갖 뒤치다꺼리를 도맡는다. 주부들은 가정의 조산사이며 욕망의 중개인으로 패션과 광고 등 식욕의 영역과 밀접하게 연관되어 있다.

대공황 시대와 제2차세계대전 시기에는 식량이 부족해 배급제가 시행되며 주부는 매끼 식단을 짜느라 골머리를 앓았다. 여성들이 1930년대 직장을 잃고 가정으로 돌아왔더니 엄마가 집을 비운 사이 아이들은 나쁜 식습관에 물들어 있었다. 가정으로 돌아온 여성들은 육아에 과도한 애정을 쏟고, 과보호 모자 관계가 증가했다. 음식과 애정이 과도한 모자 관계는 마침내 폭식증과 거식증 문제를 일으키게 된다.

비만은 바야흐로 정신성의 문제가 되었다. 식욕은 내면이 공허하다는 징후다. 살이 찐 사람은 불완전해 성적 문제가 있어 성인이 되어도 자립하지 못할 우려가 있다고 여겨졌다. 자립하지 못하는 자녀로 길러낸 건 어머니의 책임이라며 탓하자 가책을 느낀 어머니들은 신경증에 시달렸고 음식으로 스트레스를 풀었다.

다이어트 약으로 디니트로페놀처럼 신진대사를 활성화하는 약물 대신 정신에 작용하는 약을 사용하게 되었다. 먼저 암페타민 같은 각성제가 처방되었다. 암페타민은 '벤젠드린Benzedrine'이라는 상품명으로 출시되어 초반에는 천식 약으로 처방되었다. 당시 천식은 비만과 연관 있는 질병으로 여겨졌다.

1932년에 벤젠드린은 코로 흡입하는 제제로 시판되었다. 학생들이 이 약을 샀다. 공부할 때 졸음을 쫓기 위해서였다. 그런데 이 약을 사용하면 식욕이 없어지고 살이 빠지는 효과가 있었다. 심인성 질환을 전문으로 다루는 의사였던 에이브러햄 마이어슨Abraham Myerson은 우울감을 느껴 과식하는 환자에게 벤젠드린을 처방해 효과를 얻었다.

1938년, 마이어슨은 벤젠드린의 다이어트 효과를 발표했다. 마침 디니트로페놀이 금지되어 대체할 다이어트 약을 찾던 업계가 환호성을 지르며 달려들었고, 벤젠드린 등의 암페타민 계열 약품이 날개 돋친 듯 팔려 나갔다.

암페타민은 주로 남성이 사용했다. 사용하면 기운이 난다고 해서 남자다움을 되살려주는 약으로 쓰였다. 제2차세계대전 당시에는 미국 군인이 암페타민을 사용했다. 전쟁터에서 암페타민에 길든 남성들은 제대 후에도 암페타민을 상용했다. 물론 남편과 남자친구들이 권해 여성들도 암페타민에 손을 댔다.

그러나 암페타민의 효과는 남자와 여자가 다르게 나타났다.

> 남자는 암페타민을 먹으면 식욕이 억제되었으나, 여성은 식욕에 예민해져 식욕에 지배당하게 되었다.
>
> _ 힐럴 슈워츠, 《절대 만족하지 않아》

암페타민은 남자를 습성의 굴레에서 해방했으나, 여자를 순종시키고 길들였다. 남자는 암페타민으로 비만을 초래하는 외적 힘에서 해방되었으나, 여자는 암페타민으로 의사에게 순종하게 되고 내적으로 통제당하게 되었다.

힐럴 슈워츠에 따르면 어머니의 과보호는 아들과 딸에게 다른 영향을 준다. 아들은 고분고분하고 순종적인 얌전한 아이로 자라나고, 딸은 무엇에 홀린 듯 공격적으로 잠시도 입을 다물지 않는 까칠한 아이로 자라는 경향이 있다. 그래서 암페타민은 아들에게는 어머니의 지배에서 탈출할 힘을, 딸에게는 반항을 잠재우고 교육으로 길들이는, 완전히 반대 효과를 기대하며 사용됐다. 즉 같은 약이 남자아이는 남자답게, 여자아이는 여자답게 만들어주는 용도로 다르게 사용된 것이다.

암페타민의 효과에도 성별 차이가 있었던 셈이다. '어머니-아들'과 '어머니-딸' 관계의 차이가 약물 효과에도 투영되었다. 아들은 남성, 외적으로 어머니를 대하고 딸은 동성, 내적으로 어머니를 대한다. 이러한 성차는 이윽고 사춘기 여성의 다이어트 강박증과 거식증 발생으로 이어졌는데, 1930년대 말 암페타민 사용은 이러한 징후의 전조였다고 할 수 있다.

1930년대에 유행한 다이어트법 중 하나는 우유 다이어트였다. 우유 다이어트는 다양한 요법에 활용되었다. 1934년에 조지 아게일 해롭George Argale Harrop 박사가 무지방 우유와 바나나를 먹는 저칼로리 다이어트를 발표했다. 3세계 국가에서 열대과일을 수입해 미국과 유럽에 판매하던 유나이티드프루트컴퍼니United Fruit Company라는 기업이 이 연구를 대대적으로 홍보해 마트에서 바나나가 동이 날 정도였다. 매일 바나나 네 개와 네 잔의 무지방 우유를 마시는 이 다이어트는 큰 비용이 들지 않고 방법도 단순하다. 자극적이지 않은, 어린아이도 먹을 수 있는 순한 음식을 반복해서 먹는 단조로운 다이어트는 공황과 불황의 시대를 상징한다고 슈워츠는 평한다.

'닥터 스톨의 다이어트 에이드Dr. Stoll's Diet-Aid'라는 제품도 있었다. 밀크초콜릿, 전분, 통밀가루 등을 분말로 만든 제품으로 인스턴트커피처럼 뜨거운 물에 타서 마시며 한 잔으로 식사를 하는 대용식이었다.

이러한 다이어트를 포뮬러 다이어트Formula Diet라고 부른다. 필요한 영양분을 처방한 식단으로, 유아식이 이에 해당한다. 액체로 위를 가득 채워 배가 부르다고 속이는 원리다. 굳이 따지자면 위가 아니라 마음의 허기를 채우는 방법이라고 할 수 있다.

우유 회귀는 유아 퇴행이다. 어머니 대지로의 회귀, 자연, 원시, 순수함으로의 회귀를 1930년대는 바랐다. 이러한 경향은 1980년대 뉴에이지운동에서 다시 살펴보자.

1930년대에는 음식 조합을 까다롭게 따지게 되었다. 특히 산과 알칼리의 관계에 초점을 맞추었다. 산이 많아지면 위벽이 헐고 궤양이 생길 우려가 있다고 강조했다. 산 · 알칼리 이론은 대체로 과학적이라고 할 수 있는데, 1930년대에 퍼져 지금도 간간이 얼굴을 내밀고 있다.

1930년대는 신체의 항상성을 그다지 신봉하지 않았다. 쉽게 말해 자연의 치유력, 회복력을 그다지 인정하지 않았던 시대였다. 1929년의 대공황으로 호된 몸살을 겪은 뒤였기에 자연 그대로 내버려 둘 수 없다는 인식이 강했다. 뉴딜이 자유경제에 정부가 개입하는 계획경제를 표방하듯 신체에도 인공적인 통제, 계획이 필요하다는 인식이 싹텄다.

한편 어머니 자연으로 회귀하려는 움직임도 여전히 존재하면서 인공적인 계획성을 도입하려는 이중성이 1930년대라는 시대정신을 규정한다.

1940년대

1940년, 프랑스가 독일에 항복을 선언하며 파리 패션이 미국으로 들어가는 길이 막히게 되었다. 제2차세계대전은 남성들을 전쟁터로 보냈고, 여성들은 다시 사회로 나가 일하게 되었다.

1930년대 부드럽고 감미로운 여성미는 전시에는 자립을 추구했다. 여성스러움은 행동파 여성의 강인함으로 대체되었다. 그 보디랭귀지는 또 하나의 자의식을 표방했다. 드레스를 비롯한 옷들의 품이 넉넉해졌고 어깨에는 패드가 들어가고 치마는 무릎까지 깡똥하게 짧아졌다. 엉덩이는 다시 납작해졌고 의복은 한층 힘 있는 소재로 바뀌어 남성적인 직선을 표현했다. 동시에 곡선을 강조해 글래머 이미지도 있었으나, 성적 상징을 대놓고 내세우지는 않았다. 여성스러운 이미지는 일반적인 기준과 꼭 모순되지 않고 전시에 어느 정도의 여성스러움은 필요함을 보여주고 있다. 1947년에 '뉴룩New Look'이라는 새로운 패션 양식이 출현해 실루엣의 기준이 되었는데, 여성스러움을 깡그리 없애지 않으면서도 완전히 남성적이지는 않은 특유의 이미지를 표방했다.

_ 메리앤 테샌더, 《이상적인 여성상》

1940년대는 전시에 남성의 직장에서 일하는 여성의 실용적이고 활동이 편한 드레스와 더욱 여성적이고 글래머 이미지를 강조하는 드레스가 공존한 시기다. 글래머 이미지도 전쟁터에서 싸우는 남성들을 격려하는 의미에서 소비되었는데 욕구불만에 시달리는 수컷들이 눈요기로 성욕을 발산하는 분출구 역할을 담당했다.

1941년에 미국 정부는 견직물 대신 인공섬유인 레이온을 사용하도록 지시했다. 그러나 레이온도 군사용으로 보급되며 일반인에게 돌아갈 물자가 부족해졌다. 1942년, 전시생산위원회는 엄격한 물자 사용 제한법인 'L-85 규정Regulation L-85'을 발령해 매년 유행에 따라 바뀌는 패션 대신 몇 계절을 돌려 입을 수 있는 드레스를 고안하도록 패션업계에 요청했다.

이러한 제한은 시장에 타격을 주기보다 오히려 활기를 주었다. 전시 경기로 미국은 단숨에 불황의 늪에서 빠져나왔다. 미국 여성의 3분의 1이 밖으로 나가 일했다. 일하는 여성들을 위해 스퀘어숄더Square-Shoulder 슈트가 디자인되었다. 허리는 없고, 주머니 덮개도 없고, 바지에는 주름을 잡지 않고, 단을 접어 넣지도 않았다. L-85 규정은 세세하게 디자인을 제한했다.

당연히 유행을 타지 않는 클래식 스타일이 강조되었다. 1941년부터 1946년까지는 패션에 두드러진 변화는 없었다. 보수적인 패션과 첨단 패션 사이에서 어떻게든 절충점을 찾아야 했다.

이 시기에는 스포츠웨어 분야가 가장 성공했다. 이미 1930년대 백화점에서는 '컬리지College 스타일' 제품을 파는 매장이 성공하고 있었다. 여학생이 대학 캠퍼스에 입고 다닐 수 있는 패션이 새로운 시장을 개척했다. 영국 스타일 스포츠웨어, 브룩스브러

더스Brooks Brothers에서 출시한 셰틀랜드 스웨터, 플란넬 재질의 바지 등 남성복을 젊은 여성이 입기 시작했다. 이 분야에서는 보수와 첨단 패션이 멋지게 교집합을 형성했다.

1940년대의 시대 배경이 남성적인 스타일의 패션에 딱 들어맞았다. 이 시대에 컬리지 룩은 비약적으로 성장했고, 1949년에는 미국 패션산업의 30퍼센트를 차지하게 되었다. 젊은이들이 패션 시장에 새로운 소비자로 등장했다.

1945년에 세계대전이 끝나고, 1947년에 뉴룩이 등장했다. 그때까지 강조되던 절약과 제한이 하루아침에 사라졌다. 물자를 아끼고 인내하던 생활로 쌓인 욕구불만이 해방구를 찾으며 화려

하고 풍성한 패션이 넘쳐 났다. 패션계를 지배한 단어는 '플레어 Flare' '풀니스Fulness' '소프트 커브Soft Curve' '롱Long'이었다. 풍성하게 주름이 들어간 롱드레스의 곡선이 해금되며, 파리 패션이 화려하게 돌아왔다.

> 크리스티앙 디오르Christian Dior의 실루엣은 파리의 왕좌를 재확립했고, 패션에 혁명을 일으켰다. 어깨 패드가 사라지고 곡선이 증가했다. 엉덩이 굴곡이 돌아오고 엉덩이에 패드를 넣어 풍만함을 강조했다. 허리선은 벨트를 매어 잘록하게 만들었다. 전시의 딱 떨어지는 맞춤복에 대한 극적인 반동 현상이었다. 뉴룩은 엄중한 전시에는 허용되지 않던 고급스러운 원단과 곡선을 사용했다. 호화로움과 여성스러움을 한껏 표현했다.
>
> _ 조앤 올리언JoAnne Olian, 《40년대의 일상 패션: 시어스 카탈로그 사진에서 Everyday Fashions of the Forties: As Pictured in Sears Catalogs》(1992)

여성스러움이 화려하게 복귀했다. 그리고 전쟁터로 나갔던 미군들도 귀국했다. 귀향 군인의 물결은 1940년대 말 커다란 사회 변화를 주도했다. 미군들은 따스한 가정의 온기에 굶주렸기에 곧바로 결혼해 가정을 꾸리며 결혼 열풍이 불었고, 베이비붐이 일어났다. 고향으로 돌아온 미군들은 전업주부 아내를 원했기에 결혼한 여성은 직장에 나가 일하지 않고 가정에 머물렀다. 남편이 전업주부를 희망하지 않더라도 남성들이 일터로 복귀하며 여성들의 일자리가 사라졌다. 그래서 1940년대에 갓 사회로 진출한 새내기 직장 여성은 10년도 채우지 못하고 가정으로 돌아가야 했다.

여기까지 패션으로 본 1940년대였는데, 이 기간에 미국인은 무엇을 먹었을까? 제2차세계대전이라는 전쟁은 영양 전쟁이기도 했다. 가령 전시 미국인에 관한 다음과 같은 기록이 있다.

> 미국 시민은 전쟁에 돌입했을 때보다 전쟁에서 벗어난 후에 더 멋진 체격을 갖게 되었다.
>
> _ 하비 리번스타인, 《식탁의 혁명》

전시에 영양 상태가 좋았다니 놀랍다. 미국에 맞선 다른 나라들에서는 상상할 수도 없는 일이었다. 물론 식량 통제는 이루어졌으나 국민이 영양 부족에 시달리지 않도록 철저하게 합리적인 식량 정책을 시행했다. 전시는 국민의 식생활을 국가가 관리할 절호의 기회였다.

1920년대부터 영양 균형, 식품 조합 등의 지식이 보급되고 비타민에 대한 관심이 높아졌다. 제2차세계대전은 이러한 지식을 취합해 과학적 식생활을 보급하는 기회를 마련했다. 1920~1930년대에 잇따라 발견된 비타민이 유력한 실마리를 제공했다. 온갖 식품에 비타민 A와 D를 첨가하는 방법이 고안되었다. 그러나 식품의 비타민 첨가에 반대하는 목소리도 있었다. 만약 비타민을 첨가한 식품을 인정하면 그 식품을 먹고 병이 낫는 사람이 늘어나 의사의 생계가 곤란해질 거라며 의사협회가 맹렬하게 반대했다.

또 비타민 제제를 직접 복용하는 방식에는 더 거세게 반대했다. 비타민을 마법의 약처럼 떠받들며 비타민 알약을 노동자 집단에 투여하면 캡틴 아메리카 같은 '슈퍼 솔저'가 탄생할 거라는 공상과학소설에나 나올 법한 궤변도 있었다.

이런저런 반대파의 주장에도 불구하고 미국의 식생활은 변해갔다. 1930년대 후반에는 고기 소비량이 줄어들었다. 고기는 살이 찌고 소화가 잘 안 되며 비싸고 비타민이 부족한 식품이라는 인식이 일반화되었다. 그러자 미국식육연구소라는 업계 기관이 신문과 라디오 광고로 '영양학적으로 균형 잡힌 식품인 고기' 캠페인을 대대적으로 실시했다. 요리교실을 열고, 고기 소비를 촉진하는 팸플릿도 배포했다.

식육업계뿐 아니라 식품업계 전체가 균형 잡힌 식품, 비타민이 들어간 식품 캠페인에 뛰어들었다. 식품은 1940년대에 본격적으로 광고 시장에 데뷔했고, 비타민은 광고 문구에 빠지지 않는 단어였다.

마침내 전쟁에 돌입하고 식탁에 올릴 고기가 부족해졌다. 고기를 대신해 식량 부족 사태에 대비해 합리적 식사를 연구하는 실험실이 군대 내부에 존재했다. 이 실험실은 '균형 잡힌 식단'을 좌우명으로 내걸고 연구에 매진했다.

예를 들어 채소를 싫어하는 군인이 많아 음식물 쓰레기로 채소가 많이 나오자 채소가 많이 들어가는 메뉴를 고안하거나, 매끼 비슷한 식단을 차리는 주부들을 위해 식단 교정 프로그램도 만들었다. 군인들은 균형 잡힌 식생활을 군대에서 배웠다.

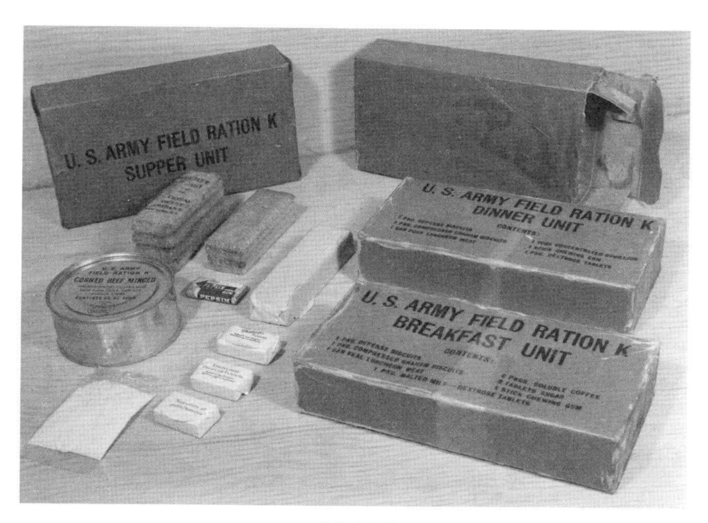

케이레이션

장기 항해 여행과 최전방처럼 신선식품 부족 상황에 대비한 비상식도 연구되었다. 분유, 통조림, 건조 채소 등을 전시 식량으로 개발했다. 1942년에 만들어진 케이레이션K-ration(미국 육군의 전투식량)은 1킬로그램 안팎의 무게 안에 세 끼 식사가 들어 있었다. 오늘날 인스턴트식품은 전시 비상식에서 기원을 찾을 수 있다.

> 전쟁이 끝날 무렵에는 그들이 식사를 어떻게 생각할지는 차치하고, 급식 방법이 남자들의 식사 습관을 극적으로 진보시켰다고 확신할 수 있게 되었다. 양철 식판과 플라스틱 접시에 한 끼 식사가 모두 담겼다. 식판은 고기, 감자, 채소로 칸이 나누어져 있어 균형 잡힌 식사 개념을 잡아주었고, 잘 먹고 건강해야 전쟁에서 이길 수 있다는 인식이 싹텄다. 균형 잡힌 식단이 곧 승리를 상징하게 되었다.
>
> _ 하비 리번스타인, 《식탁의 혁명》

칸을 나눈 접시, 즉 식판은 영양소 분포를 한눈에 보이게 표현한 효과적인 식습관 교정 도구였다. 그 영양 지도대로 골고루 먹어야 한다. 각각의 고향과 가정환경 차이, 식성까지 다른 군인들은 영양 균형을 한눈에 알 수 있는 칸이 나뉜 식판으로 같은 식단을 먹는 습관을 복무 중에 배워서 제대했다.

엄청난 성과였다. 1,200만 명의 젊은이가 식판으로 균형 잡힌 식단을 배우고 고향으로 돌아갔다. 그들은 각자 가정을 꾸렸다. 4,000만 명에서 5,000만 명에 이르는 이들이 군대에서 시작된 식단을 따랐고, 그 가정에서 자란 아이들을 통해 점점 더 퍼져나갔다. 귀환병들은 식탁에서 영양학 복음을 전파하는 사도로 여겨졌다. 그들은 군대에서 우유와 채소를 먹는 습관을 배웠다.

군대라는 단체생활에서 새로운 식사 습관의 학습이 이루어졌다. 전쟁으로 점철된 1940년대의 특징은 공동 생활과 공동 환상이라고 할 수 있다.

힐럴 슈워츠는 1930년대에 시작된 암페타민 사용, 포뮬러 다이어트, 단일 영양소를 한 끼에 한 가지씩 섭취하는 다이어트 등 유아 퇴행, 원시적 다이어트 등의 공통분모는 심리요법 Psychotherapy이라고 지적한다. 그러나 그 영향은 1940년대가 되고서야 확실히 나타났다. 프로이트 학파의 정신분석, 게슈탈트 심리학 등이 비만과 과식으로 고민하는 환자의 심리치료를 시작했다.

다이어트를 위한 그룹요법은 1940년대에 시작되었다. 다이어트의 무게중심은 몸에서 마음으로 옮겨 갔고, 공동 환상과 관련이 있었기에 심리요법과 그룹요법, 신흥종교 등에 가까워지는 전환기로 1940년대는 다이어트 역사에서 중요한 의미가 있는 시대다.

미국 최초의 그룹 다이어트 조직으로 알려진 톱스TOPS: Take Off Pounds Sensibly가 탄생했다. 1948년, 밀워키의 에스터 맨즈Esther Manz가 창립한 단체다. 'Sensibly'에는 '느끼기 쉬운'이라는 뜻이 있다. 이들은 의식과 감성으로 몇 킬로그램이나 살을 뺄 수 있다는 이론을 주장했다.

이 단체는 본래 그룹으로 술을 끊는 단체인 AAAlcoholics Anonymous의 영향을 받아 결성되었다. 창립자인 에스터 맨즈는 음주가 아닌 과식으로 고민했다. AA는 빌 윌슨으로 알려진 윌리엄 그리피스 윌슨William Griffith Wilson이 1940년 무렵에 창설했는데, 그는 옥스퍼드운동Oxford Movement(소책자 운동과 도덕 재무장 운동)에서 금주 그룹을 고안했다. 금주를 위해 동료끼리 서로 돕고 지고한 힘의 빛으로 정신적으로 재생한다는 복음주의가 사상적 바탕이 되었다.

정신운동 공동체에 참가해 다이어트에 집중하는 경향은 이후 1960년대에 이르면 더욱 강해지고 뉴에이지운동 등과 결합하는 움직임을 보인다. 1940년대는 변곡점으로, 전쟁이라는 비상사태에서 싫든 좋든 단체 생활, 단체 식사를 해야 했던 상황과 관계가 있을 수도 있다.

1950년대

매릴린 먼로Marilyn Monroe, 제임스 딘James Dean, 자동차, 패션, 가구, 로큰롤. '1950년대' 하면 떠오르는 이미지다. 한마디로 고도 소비사회를 상징하는 시대다.

1950년대는 '강매Hard Sell'의 시대였다. 소비자의 권리를 지키는 법률은 아직 정비되지 않았다. 기업은 공격적인 마케팅으로 소비자의 지갑을 공략했고, 1950년대가 저물어갈 무렵에야 상도니 도덕성이니 하는 문제가 제기되었다. 컬러 인쇄의 발달로 소

매릴린 먼로

제임스 딘

비주의를 부추기는 수많은 잡지가 탄생했고, 눈길을 끄는 형형 색색 패키지의 상품이 매대를 가득 채웠다. 또 텔레비전이 상품뿐 아니라 판매 정책의 거대한 매체가 되어, 대중예술과 사회운동에 영향력을 행사했다.

_ 크리스 피어스Chris Pearce, 《40년대: 그림으로 다시 보기The Fifties: A Pictorial Review》(1991)

컬러그래픽 잡지, 텔레비전 등의 매스미디어가 발달하며 소비 광풍이 불었다. 주로 영상 자극이 소비를 선동했다. 거대한 시각적 이미지가 만들어졌다. 우리는 넓은 범위에서 '누군가를 보

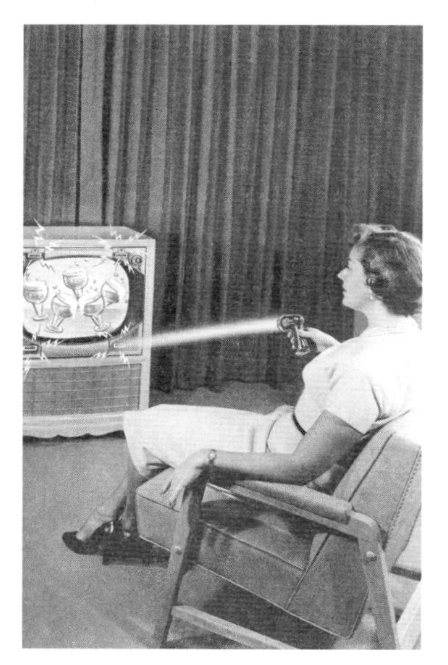

거나 타인의 시선에 노출되는' 관계에 편입되었다. 공동의 시각성을 강하게 의식하게 되며 날씬한 몸매라는 다이어트 의식도 더 예민해졌고, 때로 강박으로까지 발전했다.

1947년에 크리스티앙 디오르가 불씨를 댕겼다. 뉴룩은 잘록한 허리, 봉긋하게 솟

아오른 가슴 등 모래시계 실루엣을 제안했고, 코르셋산업이 발전했다.

> 이번 시즌 패션쇼에서는 주로 가슴과 허리를 강조했다. 엉덩이는 여전히 아담했다. 허리를 꽉 조이고 엉덩이에는 약간의 곡선을 주었다. '패셔너블 드레스Fashionable Dress'의 기본은 이전 시대처럼 코르셋이었다. 그러나 이상형은 글래머지 내추럴이 아니었다. 여성의 몸매는 인공적 장치로 다듬어진 상태로 제시되었다. 미의 선전가들은 모든 여성의 의무는 아름답고 매력적이어야 한다고 주장했다. 이러한 목표는 1950년대에 도입된, 노동을 절약하고 노동을 돕고 집안일을 수월하게 해주는 도구로 한층 달성하기 쉬워졌다.
>
> _ 메리앤 테샌더, 《이상적인 여성상》

여성의 신체는 더욱 인공적인 형태로 변형되었다. 또 아름다워지기 위한 관리, 미용을 위한 노력은 여자의 의무로 규정되었다. 그래서 다이어트도 여자의 의무였다. 1950년대는 가전제품이 보급된 시대였다. 전기 청소기, 전기 세탁기, 전기 식기세척기 등이 집안일에 들어가는 품과 시간을 줄여주었고 주부에게 여가를 선사했다. 그렇게 생긴 여가는 아름다움을 위한 관리에 투자해야 한다고 믿게 되었다.

가전제품이 가져다준 시간이 밖이 아니라 신체로 향한 것이 1950년대 여성의 상황이었다. 뉴룩에서 제시한 잘록한 허리는 몸매를 한층 엄격하게 관리해야 얻을 수 있었다. 다이어트로 살을 빼고 동시에 코르셋으로 허리를 꽉 조여 잘록하게 만들어야 했다.

1950년대에는 나일론과 라텍스 등의 합성섬유로 가볍고 튼튼한 코르셋이 개발되었다. 젊은 여성을 위한 코르셋으로 '롤온' '롤온 팬츠' 등이 출시되었다. 나일론 등의 신축성 있는 소재를 사용해 팬티처럼 몸에 딱 붙게 입는 속바지로, 나일론 스타킹을 신듯 몸에 대고 돌돌 말아 올려서 엉덩이와 허리를 조였다.

조이 신Joy Shih의 《시어스 카탈로그의 패셔너블한 의류: 1950년대 후반Fashionable Clothing from the Sears Catalogs: Late 1950s》(1997)이라는 책을 보면, '여성의 팬티는 브리프 스타일뿐이고 죄다 로컷Lowcut이다'라고 설명되어 있다. 흔히 사각팬티라고 부르는 헐렁한 트렁크 스타일은 별로 없었는지, 시어스로벅 통신판매 카탈로그에는 실려 있지 않았다. 팬티도 몸을 탄탄한 형태로 유지하는 코르셋 역할을 겸했다. 로컷은 엉덩이 아래까지 감싸 조이는 스타일이었다. 엉덩이를 덮지 않는 끈 팬티는 1950년대 카탈로그에는 실려 있지 않다.

나일론 섬유는 1930년에 발명되어 나일론 스타킹이 1939년에 출시되었다. 그러나 제2차세계대전 중에는 물자 절약이 강조되며 나일론 스타킹은 사치품으로 여겨졌고, 전후에야 본격적으로 보급되었다. 1950년대에는 나일론 속옷이 시어스 카탈로그에도 등장했다.

위를 향해 뾰족하게 솟은 가슴이 이 시대에 유행했다. 자연스러움과는 거리가 먼 인공적인 미였다. 그래서 브래지어가 발달했다. 시어스 카탈로그에는 '경이롭게 작용하는 동심원과 햇살무늬 스티치가 납작한 몸매에 볼륨감을 선사하고 가슴 선을 강조한다'라고 브래지어 상품을 설명하고 있다.

그때까지 새틴이나 양단으로 만들어지던 브래지어가 1950년대부터 나일론 재질로 제조되었다. 이 시대에 가장 인기 있었던 브래지어는 할리우드맥스웰이라는 브랜드였다.

유행의 최첨단을 달리던 브래지어 모양은 어뢰 모양으로 끝이 뾰족하게 솟아 있었다. 동심원과 햇살 무늬처럼 우산살과 같이 뻗어 나가는 스티치를 넣어 가슴이 앞으로 튀어나와 보이도록 강조했다.

언더 와이어링, 즉 아래쪽에 철사를 넣어 가슴을 아래에서 밀어 올리는 브래지어는 1954년 무렵부터 시장에 나왔다. 이해에 크리스티앙 디오르는 '하이 버스트High Bust' 패션을 발표했다. 가슴 선을 기존보다 6센티미터나 끌어올린 실루엣이었다. 크리스티앙 디오르는 이 디자인에 'H라인'이라는 이름을 붙였다.

디오르가 발표한 대담하게 변형된 디자인은 패션계를 떠들썩하게 만들었다. H라인은 1920년대처럼 스트레이트 라인을 부활시키는 게 아니냐는 말이 나왔고, 브래지어회사도 유행이 어떻게 달라질지 몰라 조바심을 냈다. 그러나 실제로 디오르의 H라인은 역시 강력한 코르셋으로 떠받쳤다. 레이스가 달린 하프컵 브래지어로 가슴을 한껏 위로 밀어 올려 로코코 시대처럼 우아하게 가슴을 노출하는 디자인을 만들어냈다.

팽팽하게 위로 올라간 가슴은 젊은 여성의 상징이다. 디오르는 자연스럽고 풍만한 '풀 버스트Full Bust'를 피했다. 이 대목에서 1950년대 패션계가 선보인 곡예를 감상할 수 있다. 메리앤 테샌더가 말했듯, 이 시대 여성은 가슴과 허리 등 성적 특징을 강조하면서도 관능적인 분위기를 연출해서는 안 됐다. 빅토리아 시대 여성과 닮은 사고방식이 여전히 건재했다. 여성스럽고 정숙하고 매력적이며 청순해야 한다는 여성관이 여전히 지배하고 있었다.

매릴린 먼로로부터 제인 맨스필드Jayne Mansfield, 이탈리아의 소피아 로렌Sophia Loren과 지나 롤로브리지다Gina Lollobrigida 등 육체파 여배우가 이 시대를 풍미했다. 그러나 디오르는 대놓고 성적 매력을 과시하지 않고 은근한 여성스러움을 추구하며 가슴을 높인 도도한 숙녀복을 완성했다.

디오르가 새로운 라인을 출시하자 할리우드맥스웰은 브래지어 신제품을 발표했다. 가슴을 완전히 덮는 풀컵 브래지어 대신 4분의 3만 덮는 형태로, 패드를 넣고 아래쪽에 와이어를 넣어 가슴을 밀어 올리는 디자인이었다.

이 브래지어는 기능성 속옷으로 극적인 볼륨감을 만들어주어 세계적 브랜드로 성장한 원더브라Wonderbra처럼 가슴을 끌어모아 가슴골을 보여주는 브래지어의 선구자라고 할 수 있다. 유행은 돌고 돌아 다시 잘록한 허리를 강조하는 1950년대 스타일이 유행할 조짐을 보인다.

1940년대 말에는 브래지어 사이즈 규격이 정해졌다. A, B, C, D라는 네 가지 사이즈가 만들어진 것이다. 여성들은 자신의 사이즈를 인식할 수밖에 없게 되었다. 신체는 알파벳으로 규정되었고 차별화 · 계급화가 이루어졌다.

앞이 뾰족한 브래지어는 1957년에 나왔다. 이 디자인을 '스웨터 걸 룩Sweater Girl Look'이라 불렀다. 두툼한 스웨터를 걸쳐도 풍만한 가슴이 한껏 도드라진다는 뜻에서 붙여진 이름이다. 1950년대가 저물어가던 시기에는 이처럼 관능적인 라인을 확실히 보여주는 디자인이 유행했다. 성적 매력을 드러내는 데 더는 망설이

스웨터 걸 룩의 패티 페이지Patti Page

지 않고 대담하게 보여주게 되었다.

뾰족하게 솟은 브래지어는 신체와 드레스의 관계 변화를 예고했다. 1957년경부터 드레스는 이전 시대만큼 몸에 밀착되지 않았다. 원뿔형 브래지어와 안에 든 가슴 사이에 공간이 있듯, 신체와 드레스 사이에도 여유가 있었다. 드레스 실루엣과 신체 선은 일치하지 않았다.

매릴린 먼로로 대표되는 글래머 실루엣의 유행은 일반 여성이 브래지어에 두툼한 패드를 넣도록 만들었다. 여성들은 가짜라도 멋진 실루엣을 보여주기 위해 요모조모 궁리했다. 폴시즈Falsies라는 비밀 아이템도 등장했다. 브래지어 안 피부에 직접 붙여 가슴을 커 보이게 만들어주는 보정 도구였다. 주로 일회용이었는데 할리우드 여배우가 촬영장에서 몰래 사용했다고 입소문이 나며 유행하게 되었다. 신체에 다른 물체를 붙여 제2의 신체를 만드는, 인스턴트 성형 혹은 특수 메이크업이라고 할 수 있는 장치였다.

1950년대는 미용성형이 주목받기 시작한 시대였다. 다이어트와 피부관리와 미용성형이 밀접히 연결되어 있었다. 신체는 가꾸어나가는 것이며 자신을 표현하는 수단으로 여겨졌다.

이 시대 패션으로 또 하나 눈도장을 찍고 넘어가야 할 특징이 있다. 파리 모드에 바탕을 둔 성인 패션과 달리 영 컬처, 영 패션 영역이 등장했다.

제2차세계대전까지 백화점 패션 매장은 14세까지 아동복과 성인복의 두 가지로 나뉘었다. 그런데 1950년대에는 어린이와 성인 사이에 10대 청소년 매장이 신설되었다. 〈세븐틴Seventeen〉 같은 10대 소녀를 대상으로 한 패션잡지가 등장해 새로운 시장을 개척했다. 또 컬리지 스타일이 유행했다. 그러나 1950년대 말에 이르면 성인과 청소년 패션의 경계가 흐릿해지고 섹시한 영 패션이 등장한다. 대담한 비키니 노출로 관능적인 여성미를 과시한 프랑스 여배우 브리지트 바르도Brigitte Bardot가 이 시대를 상징하는 패션 아이콘이다.

청소년들은 조숙해지며 사회가 여성에게 원하는 이상형에 재빨리 적응해 성인 패션을 소화하기 시작했다.

1950년대는 특별한 시대였다. 사회는 풍요로워졌고 교외 주택에서는 발그레한 장밋빛 뺨을 가진 젊고 고운 아내가 번쩍번쩍한 주방에서 요리하며 행복한 가정을 꾸려나갔다. 매릴린 먼로가 시대의 상징으로 여겨지며 남성들은 풍만한 가슴을 동경했다. 1920년대부터 시작된 깡마른 몸매에 대한 동경은 사라지고 여성스러운 실루엣이 돌아왔다.

그러나 물론 마른 몸을 위한 다이어트를 잊지 않았다. 다이어트는 계속되어야 했으나, 이 시대에는 다이어트의 그림자가 살짝 옅어져 눈에 띄지 않는 음지에서 존재감을 유지했다. 1953년 갤럽 여론조사에 따르면 설문조사에 응답한 미국인 절반은 현재의 몸무게에 만족한다고 대답했다. 35퍼센트는 살을 빼고 싶다고 대답했고, 14퍼센트는 살을 찌우고 싶다고 답했다. 여성들의 통계를 살펴보면 지금 그대로가 좋다는 대답이 40퍼센트, 살을 빼고 싶다는 사람이 42퍼센트, 살을 찌우고 싶다는 사람이 12퍼센트였다. 살을 빼고 싶다는 여성은 절반 이하로 줄어들었다.

수지 파커(1963년)

그런데 1958년 무렵부터는 다이어트 열풍이 다시 뜨겁게 달아오른다. 마침 옷이 몸에 딱 붙기 시작한 시기였다. 다이어트에 대한 관심은 건강을 추구한다는 이유도 있었으나, 주로 옷 태를 살리고 싶다는 여성들, 즉 패션에 관한 관심이 다이어트 열풍을 선도했다.

1950년대 후반, 샤넬Chanel의 뮤즈였던 수지 파커Suzy Parker는 가냘프고 키가 컸다. 그녀는 다이어트 열풍이 시작되자 톱모델로 올라섰다. 〈글래머〉 〈세븐틴〉 〈마드무아젤〉 등의 잡지를 출간한 헬렌 우드워드Helen Woodward는 1960년에 여성지의 첫 번째 주제는 패션이고, 두 번째는 다이어트라고 주장했다.

> 새로운 다이어트법은 언제나 기적 같은 새로운 발견이라며 호들갑스럽게 기사로 실린다. 새로운 다이어트법을 제대로 따라 해보기도 전에 완전히 새로운 다이어트법이 등장한다. 이번에도 기적이라며 요란을 떤다.
>
> _ 하비 리번스타인, 《식탁의 혁명》

1960년 이후, 독자의 관심을 유도하는 여성지의 이러한 기술은 그대로 계승되고 있다.

설탕이 비만의 주범으로 지목되며 사카린과 치클로 등 인공 감미료가 폭발적인 판매량을 자랑했다. '메트리칼Metrecal'이라는 다이어트 식품도 출시되었다. '계량된 칼로리'라는 뜻의 상품명으로, 이 가루를 우유에 섞어서 마시면 칼로리는 낮으면서 균형 잡힌 영양을 섭취할 수 있다고 광고했다. 아기가 모유 대신 분유를 마시듯, 성인을 위한 분유였다. 이러한 저칼로리 식품 시장이 1950년대 말에 폭발적으로 성장했다.

다이어트 요리 서적 출간 열풍도 불기 시작했다. 앨프리드 A. 크노프Alfred A. Knopf, Inc. 출판사의 편집자였던 애비스 드보토Avis DeVoto가 1957년에 다이어트 서적 원고를 책상에 산더미처럼 쌓아두고는 그 원고 더미들이 모조리 쓰레기에 사기라고 한탄했다는 이야기로 보아 이미 이 무렵부터 다이어트 서적 열풍이 시작되었다고 볼 수 있다.

1950년대는 다이어트의 역사에서 막간 휴식 같은 시대였다. 그러나 1950년대 말에는 다이어트가 다시 무대에 오른다. 우리가 익히 아는 다이어트 열풍이 본격적으로 시작된 시대는 1960년대였으나, 태풍 전야의 고요처럼 이미 이 시대에 다이어트가 폭풍처럼 불어닥칠 조짐을 보이고 있었다.

4장

고도 소비사회의 다이어트: 1960~1970년대

1960년대

1960년대에는 영국의 팝 문화가 세계를 휩쓸었다. 음악으로는 비틀스The Beatles, 패션에서는 메리 퀀트Mary Quant의 미니스커트와 모델 트위기Twiggy가 세계인을 사로잡았다.

비틀스에 관해서는 따로 설명이 필요하지 않으리라. 트위기는 나뭇가지처럼 빼빼 마른 체형 때문에 붙은 애칭으로, 세계적인 모델이 된 후에도 본명인 레슬리 로슨Lesley Lawson보다 애칭인 '트위기'로 더 많이 알려졌다. 그녀는 1966년, 열여섯 살에 패션의 세계에 입문했다. 남자친구였던 저스틴 드 빌뇌브Justin de Villeneuve를 따라서 잡지 〈퀸Queen〉에 모델로 기용해달라고 면접을 봤으나

1964년 뉴욕 케네디공항에 도착한 비틀스

단칼에 거절당했다. 모델치고는 너무 작고 깡말랐기 때문이다.

그러나 그녀를 눈여겨본 〈우먼스 미러Woman's Mirror〉의 편집자가 레너드 루이스Leonard Lewis의 미용실로 그녀를 데려가 과감한 쇼트컷 스타일로 분위기를 바꾸어주었다. 그 사진을 본 타블로이드 신문 〈데일리 익스프레스Daily Express〉가 '1966년의 얼굴'이라는 특집으로 편성했다. 이렇게 트위기는 시대의 얼굴이 되었다. 그녀는 전 세계로 이름이 알려진 최초의 모델이었다. 패션모델이 사회현상이 된 건 그녀가 최초였다.

트위기의 등장은 과격해지고 강박관념 수준으로 발전한 현대 다이어트 신드롬을 예고하고 있다.

영국의 10대 소녀들은 트위기의 헤어스타일과 메이크업을 따라하기 시작했다. 눈꺼풀에는 3단으로 두툼한 인조 속눈썹을 붙이고, 눈두덩의 애교살에 난 속눈썹을 진하게 칠해 강조했는데, '트위그스Twigs'라는 화장법 이름까지 생겨났다. 성인 여성들은 트위기처럼 깡마른 몸매를 만들기 위해 단식 다이어트에 돌입했고, 트위기의 개방된 여성 스타일을 추종했다. 1960년대에 활동했던 영국 모델 질리언 보브로프Gillian Bobroff는 트위기의 인기가 '무서울 정도였다'고 평했다.

"트위기는 하나의 트렌드를 형성하기 시작했고, 다들 그녀처럼 되고 싶어 했기 때문이다. 나도 트위기처럼 머리를 짧게 자르고 자신을 없애려 했다. 몇만 알의 다이어트 약을 먹고, 아무것도 먹지 않고 쫄쫄 굶으며 살을 빼다가 그 반동으로 폭식증에 걸렸다. 트위기처럼 마른 몸매를

트위기

유지하는 과정은 악몽 같았다."

트위기는 거대한 영향력을 행사하기 시작했고, 그 누구도 그녀의 존재감이 언제 그렇게 커졌는지 설명하지 못했다.

"1년 이내에 트위기의 세상이 되었다."

패션 전문 사진작가인 배리 레이트건Barry Lategan이 한 말이다.

"그녀는 하나의 사회현상이 되었다."

트위기는 이 세상 모델이 아니었다. 그녀는 시장의 기적이 되었고, 새로운 종족의 시작이었다.

_ 마이클 그로스Michael Gross, 《모델: 아름다운 여성들의 추악한 비즈니스 Model: The Ugly Business of Beautiful Women》(1995)

트위기는 새로운 다이어트 시대의 막을 올렸다. 매릴린 먼로에서 트위기로 이어진 여성 이상형의 격변은 무엇을 의미할까?

1965년에는 아주 젊은 여성을 이상형으로 요구했다. 새로운 패션 이상형은 가녀리고 여성스러움이 뚜렷하게 나타나지 않는 소녀 같은 타입으로, 1920년대의 호리호리한 말괄량이 패션과 일맥상통하는 부분이 있다. 여성적 특징을 배제하고 성적 대상으로서 역할 경계에서 여성을 해방하고자 했다. 젊은 여성은 성차별을 만들어낸다고 여겨지는 성숙한 여성스러움의 고정화에 반대하고, 고정된 성 역할에서 탈피한 사춘기 소녀를 이상형으로 만들어내려 했다.

_ 메리앤 테샌더, 《이상적인 여성상》

성숙한 여성스러움이라는 여성에게 강요된 역할을 거부하고, 아직 성적 특징이 나타나지 않은 소녀로 돌아가려는 욕망이 트위기 열풍에 숨어 있다. 1920년대부터 여성의 몸은 점점 더 날씬함을 추구했다. 이러한 흐름은 1950년대에 잠시 쉬어 가며 후퇴하는 듯 보였다. 1960년대 초에 모델의 몸무게는 여성 평균 몸무게의 80퍼센트 수준이었다. 그런데 1990년대 초에는 23퍼센트 수준으로 깡말랐다. 일반 여성과 모델의 격차는 커졌고, 그만큼 아름다워 보이는 이상 체중이 멀어지며 이루기 힘든 목표가 되었다. 이는 다이어트를 더욱 부추겨 여성들은 한층 과격한 다이어트에 돌입했다.

트위기는 현대의 과격한 다이어트로 넘어오는 변곡점을 상징하는 인물이다. 앨 고어와 빌 클린턴 등 미국 정치인들의 정치적 조언자로 유명한 작가이자 저널리스트인 나오미 울프Naomi Wolf는 트위기의 데뷔는 피임약의 출현과 일치한다고 지적한다. 왜 극단적으로 마른 몸을 추구하게 되었을까? 메리앤 테샌더는 사회가 강요하는 '여성스러움'에서 탈출하기 위해 고정된 성 역할을 거부하는 과정에서 소녀 같은 몸매를 이상형으로 여기게 되었다고 분석했다. 이는 성차별에 대한 반항으로, 1970년대부터 시작된 여성해방운동과 접점이 있다. 이렇게 다이어트와 페미니즘 사이에 복잡한 회로가 형성되었다.

그런데 트위기 열풍을 성차별에 대한 반항으로만 보는 관점은 문제의 한 면밖에 보지 못하는 것이라고 나오미 울프는 주장한다.

> 수많은 미의 신화 상징과 마찬가지로 트위기는 양면적이다. 몇 세대나 재생산된 억압으로부터 해방(여성의 뚱뚱함은 다산성을 상징한다고 무의식적으로 이해되어왔다)을 여성에게 제시하는 한편으로, 남성들은 그녀들이 연약하고 무성적이며 굶주림을 조장한다고 확신했다.
>
> _ 나오미 울프, 《아름다움의 신화: 아름다움의 이미지가 여성에 게 어떻게 사용되는가The Beauty Myth: How Images of Beauty Are Used Against Women》(1991)

'소녀'에 틀어박히는 건 성숙한 여성의 역할에 대한 반항이었으나, 한편으로 남성들의 소녀 취향을 부추겼다. 19세기 빅토리아 시대에도 '소녀'가 유행했다. 루이스 캐럴Lewis Carrol의 소설 《이상한 나라의 앨리스Alice's Adventures in Wonderland》의 주인공 앨리스가 전형적인 예다. 어디까지나 남자들 시선에 비치는 소녀로, 영원히 소녀 시절의 무구함을 간직하는 처녀 신화의 방증이었다.

빅토리아 시대 '소녀'는 남성들의 바람이 집약된 이상적 여성이었다. 여성이 집에 머물고, 어른의 사회에 나가지 않기를 바라는 남자들의 바람이 소녀 열풍에 나타났다. 1960년대 '소녀'는 가정의 주부라는 역할에 대한 반항이었으나 빅토리아 시대의 '소녀'가 남긴 그림자도 여전히 드리워져 있었다.

이처럼 트위기 열풍은 여성에게 양날의 검으로 복잡한 요소를 내포하고 있다. 어쨌든 1960년대의 핵심어는 '젊음'으로, 신흥종교를 따르는 열성적인 신자들처럼 젊음을 추앙했다. 또 한편에서는 밝은 분위기의 팝 문화를 만들어냈으며, 1960년대 말 청춘의 반항을 준비했다. 1960년대는 전반과 후반이 완전히 다르다.

1960년대 초 패션은 젊고 단순하다. 1920년대 샤넬과 파투Jean Patou가 그린 지도, 단순한 모던 패션의 틀 안에 머물렀다. 바쁘고 세련된 젊은 여성이 '입을 수 있는' 옷가지였다. 그러나 1967년까지 언더그라운드Underground(힙, 반문화)의 영향이 강해졌다. 언더그라운드 문화의 약진으로 패션도 과격해졌다. 1967년에 치마는 엉덩이가 아슬아슬하게 보일 정도로 짧아졌다가 얼마 후에는 바닥에 질질 끌릴 정도로 길어졌다. 바지는 거리 바닥을

빗자루처럼 쓸고 다닐 정도로 통이 넓어져 거의 치마처럼 보였다. 1960년대 말 패션은 분열했고, '컬트 힙 패션'은 줄리 드리스컬Julie Driscoll과 비틀스 등 록 가수가 입었기에 오트쿠튀르와는 완전히 다른 장르로 받아들여졌다. 그러나 실은 양자는 서로 영향을 주고받는 관계였다.

_ 엘리자베스 윌슨Elizabeth Wilson · 로 테일러Lou Taylor, 《거울을 통해: 1860년부터 지금까지 옷의 역사Through the Looking Glass: A History of Dress from 1860 to the Present Day》(1989)

영 컬트Young Cult, 팝 컬처Pop Culture에 1960년대 말부터 언더그라운드 요소가 가미되었다. 이 무렵부터 '내추럴'과 '헬시' 코드가 부상했다. 치렁치렁한 장발의 히피가 건강식품 상점에 참새 방앗간 드나들 듯 드나드는 모습을 볼 수 있게 되었다. 초반에 양자의 관계는 아직 굳건하지 않았다.

1968년에 〈샌프란시스코 익스프레스 타임스San Francisco Express Times〉라는 언더그라운드 신문의 바바라 가슨Barbara Garson 기자가 건강식품 광고를 취재했다. 이 무렵 건강식품 전문점이 여기저기서 문을 열고 손님을 끌어들였다. 그녀는 건강식품 전문점 경영자들이 먹을거리를 전 지구적 규모의 경제 안에서 바라보는 관점에 공감했다. 해양생물학자인 레이철 루이즈 카슨Rachel Louise Carson이 쓴 《침묵의 봄Silent Spring》을 필두로 환경파괴 행위에 대한 경고가 히피들에게 받아들여졌다. 1969년 '녹색혁명'이 시작되었다. 이후 건강식품, 자연식품을 적극적으로 찾아서 소비하는 사람들이 나타났다.

레이철 루이즈 카슨

1969년 〈뉴욕 타임스The New York Times〉의 리포터 샌드라 블레이크슬리Sandra Blakeslee는 젊은 세대, 히피들이 말하는 '당신이 먹는 것이 곧 당신이다You Are What You Eat'라는 경고를 들어야 할 때라는 기사를 실었다. 그리고 1970년부터 자연식품 열풍이 불어닥쳤다.

이러한 자연주의 경향은 뒤집어 말하면 인공적인 요소의 지배가 강해진 현실에 대한 반동으로 볼 수 있다. 자연주의운동이 시작되었을 무렵에는 다이어트에도 강력한 약물을 사용했다. 예를 들어 1966년에 헬렌 베일리Helen Bailey는 디기탈리스를 사용한 꿈 같은 다이어트 약을 발견했다고 믿었다. 그러나 이 약은 너무 강력해 심장마비를 일으켰고 그녀는 급사했다.

가장 직접적이고 효과적인 다이어트라고 할 수 있는 미용성형은 1960년대에 일반화되었다.

미용성형은 신체를 자기표현의 매체로 취급한다. 근대성과 소비문화의 문화적 산물이다.

_ 캐시 데이비스Kathy Davis, 《여성 신체의 개조: 성형수술의 딜레마Reshaping the Female Body: The Dilemma of Cosmetic Surgery》(1995)

제2차세계대전 후, 미국의 미용성형은 눈부시게 발전했다. 전쟁이 끝났을 때 성형외과 전문의는 100명 정도였는데, 1965년에는 1,133명에 달했고, 1990년에는 3,850명까지 늘어났다. 성형외과 중에서도 미용성형이 특히 유망 종목이었다.

미용성형은 주로 머리, 눈꺼풀, 코, 지방흡입, 주름제거 등을 다루었다. 주름제거 수술은 머리 가죽을 잘라서 얼굴 피부를 끌어올려 봉합하는 안면거상이라는 다소 엽기적인 방식으로 이루어졌다. 이 시술은 1919년에 프랑스에서 개발되어 1960년대에 일반에 보급되었다.

제2차세계대전 후 아름다움은 젊음과 동일시되었다. 그래서 노화는 곧 추해진다는 의미였다.

젊음을 종교처럼 숭배하는 '영 컬트'가 대세가 되며 사람들은 주름을 두려워하게 되었고 팽팽한 얼굴을 만들어준다는 주름제거 시술이 인기를 끌었다. 초반에는 영화나 무대에 올라 대중과 카메라 앞에 얼굴을 적나라하게 공개해야 하는 배우들이 은밀하게 받는 시술이었는데, 1950년대 후반부터 경제적 여유가 생긴 중산층 여성들도 성형외과 문을 두드리게 되었다. 주름제거 열풍은 언론이 부추긴 측면이 컸다. 1965년경부터 잡지에 미용성형 기사가 실리기 시작했다.

1996년 〈샌프란시스코 크로니클San Francisco Chronicle〉이라는 일간지에 따르면, B라는 여성은 62세의 과부였는데 주름제거 수술을 받고 나서 2주 만에 30대 남성에게 세 번이나 데이트 신청을 받았고, 44세인 연하 남성과 사랑에 빠져 결혼했다고 한다. 그녀의 실제 나이를 안 새신랑이 어떤 반응을 보였는지는 알 길이 없다.

1960년대에는 젊음이 강조되고 노화는 꺼림칙하게 여겨졌다. 〈보그Vogue〉 〈매콜스McCalls〉 〈하퍼스 바자Harper's Bazaar〉 등의 잡지에서 남자는 나이 든 여성에게 눈길도 주지 않는다는 기사를 실었다. 그리고 주름제거 수술 등을 받는 여성은 허영심 가득한 부자에 타락한 이들이라고 여기는 청교도적 편견이 잘못되었다고 거듭 강조했다. 1961년 〈보그〉는 주름제거 수술을 받는 여성은 나르시시스트도 쾌락주의자도 아닌 교외에 거주하는 평범한 여성이라고 선언했다. 1969년에는 〈뉴스위크Newsweek〉마저 지금까지 미용성형은 나이 든 여배우와 돈이 넘쳐 나는 나르시시스트 부인네들의 도락으로 여겨졌으나, 지금은 아주 평범한 일반인까지

받게 되었다고 보도했다.

다이어트와 미용성형은 전후에 발달한 중산층 문화의 중요한 상품이 되었다.

> 딕시 딘 해리스Dixie Dean Harris는 '이것이 1965년의 미국이다'라고 〈에스콰이어Esquire〉 독자에게 말한다. '경쟁적이고 청년 지향의 돈에 관심이 많고 풍요로운 미국.' 어떤 평론가들은 이 변화를 미국 국민이 자기개량을 역사적으로 중시했다는 틀로 설명한다.
>
> _ 엘리자베스 헤이킨Elizabeth Haiken, 《비너스를 선망하다: 성형수술의 역사Venus Envy: A History of Cosmetic Surgery》(1997)

미국인은 역사적으로 자기계발에 열을 올렸기에 미용성형을 환영했다. 그리고 1960년대 중반에는 젊음을 신흥종교처럼 추종하는 움직임이 일반화되고 매끈하고 팽팽한 청년의 육체가 문화적인 토템으로 숭배되었다.

유방확대는 미용성형에서도 가장 많이 이루어지는 수술이다. 일본에서는 1950년대에 유방확대 수술이 최초로 이루어졌고, 1960년대 미국에서도 일반에 보급되었다고 알려져 있다. 처음에는 파라핀이나 실리콘을 직접 주입했는데, 체내에서 녹거나 변형되는 위험이 발생해 1963년쯤에는 실리콘을 넣은 보형물을 채워 넣는 방법을 일반적으로 사용하게 되었다.

주름제거 수술, 유방확대 수술 등의 미용성형 중에서도 특히 다이어트와 관계 깊은 수술이 지방흡입술이다. 1982년에 프랑스에서 미국으로 전해져 단숨에 미용 성형외과를 먹여 살리는 일등공신이 되었다.

1960년대는 젊음이라는 신흥종교에 열광했고, 깡마른 몸매를 요구했다. 또 히피 등의 반문화가 발전하는 과정에서 인공적 사회에서 벗어난 자연주의 생활을 목표로 하며 신체를 의식하는 건강지향의식이 싹텄다. 히피운동, 페미니즘운동이 활기를 띠었다. 또 미용성형도 보급되었다. 그리고 1970년대에 접어들자 다이어트는 이러한 요소와 밀접한 문화현상으로 모습을 드러내게 된다. 다이어트는 정신적 · 사회적 · 문화적 운동과 관련되어 1980년대라는 시대를 관통하는 큰 물결이 되었다. 그런 의미에서 1960년대는 다이어트를 떠받치는 몇몇 큰 기둥이 세워질 준비를 마친 시대라고 볼 수 있다.

1970년대

1970년대는 다이어트가 선택 사항이 되기 시작했고, 병적인 징후를 띠기 시작한 시기였다. 거식증과 폭식증이 사회적 문제가 되었다.

1983년에 여성들이 비만에 관해 쓴 글을 모은 《서커스줄 위의 그림자: 비만 억압에 관한 여성의 저술Shadow on a Tightrope: Writings by Women on Fat Oppression》(리사 쇼언필더Lisa Schoenfielder · 바브 위서Barb Wieser)이라는 책이 출간되었다. 비만에 관한 논문, 체험담, 시 등을 엮은 앤솔러지였다. 이런 책이 나올 정도로 비만이 사회적 문제로 부상했다는 뜻이다. 이 책에는 비비언 메이어Vivian Mayer가 서문을 썼다. 그녀는 〈우먼Woman〉(1981년 7월)이라는 여성해방운동 잡지에 〈왜 먹는 행위를 해방하지 않는가?〉라는 글을 기고했다.

《서커스줄 위의 그림자》에 실린 비비언 메이어의 글을 살펴보자. 그녀는 1972년에 신설된 LA 리버레이션센터Liberation Center에서 나오미라는 여성을 만났다. 나오미는 키가 크고 뚱뚱한 독신 여성으로, 두뇌회전도 빠르고 말도 빨랐다. 그녀는 어지간한 일에는 꿈쩍도 하지 않는 다부진 여성으로 군대에 몸을 담기도 했다.

그러던 어느 날 나오미가 울음을 터트렸다. 이유를 물으니 나오미는 살을 빼고 싶어 의사에게 갔는데, 다이어트 약을 처방받는 것을 거절당했다는 것이었다. 젊은 의사는 다이어트 약 따위는 나약한 사람이 의존하는 약물이라고 처방해주지 않았던 모양이다.

비비언 메이어 본인도 살집이 있는 몸매였기에 나오미의 기분을 잘 알았다. 살찌는 고통은 씩씩한 여성도 눈물을 터트릴 정도로 속상한 경험이었다.

이 책에 모은 글은 비만여성해방운동의 10년을 보여준다고 평가받는다. 1973년, LA에 팻언더그라운드The Fat Underground라는 조직이 결성되었다. 1970년대에는 여성에게 깡마른 몸매를 요구하는 사회에 반대하는 여성해방운동이 시작되며 몇몇 단체가 만들어졌다.

비비언 메이어는 몸소 가담한 비만여성해방운동에 관해 이야기한다. 이 운동은 급진적 페미니즘과 래디컬세러피Radical Therapy라는 두 가지 뿌리에서 출발했다. 1971년, 로스앤젤레스 여성해방운동단체Los Angeles Women's Liberation Movement Collection에 살찐 여성을 위한 페미니스트 래디컬세러피 서비스를 개설해 비비언 메이어와 주디 프리스피리트Judy Freespirit가 참여했다. 이 서비스는 캘리포니아 버클리 래디컬정신의학센터의 지도를 받았다.

래디컬세러피는 기존의 심리요법이 억압을 해소하지 못하고 거꾸로 통제를 강화한다는 비판의식에서 출발했다. 의료란 어차피 억압 상황에 적응시키려는 행위라는 게 그들의 주장이었다. 예를 들면 뚱뚱한 사람에게 가해지는 사회적 억압이 있다. 사회는 뚱뚱한 사람들의 식욕이 비정상이며 비만은 개인적이고 성적인 문제라고 비난한다는 것이다.

비비언 메이어는 다음과 같이 썼다.

> 1972년에는 비만에 대한 억압은 아직 하나의 문제로 다루어지지 않았다. 과체중은 래디컬세러피 치료사가 살짝 언급하고 넘어가는, 쉽게 말해 수박 겉핥기 수준으로 다루고 넘어가는 항목이었다. 그녀는 비만이 억압에 대한 반동이며 과식에서 비롯된다고 말했다. 나는 그 말이 말도 안 된다고 속으로 혀를 차며 마음의 상처를 받았던 순간을 기억한다. 그것은 래디컬세러피 논의에서 상처받은 유일한 경험이었다. 버클리 레디컬정신의학센터에서는 당시 뚱뚱한 사람은 비만 문제를 래디컬한 방법-가령 단식-으로 해결하도록 권장했다.

래디컬세러피도 다른 문제에서는 그럴듯한 견해를 내놓았으나, 다이어트에 관해서는 기존과 별반 다르지 않은 논조를 유지했다.

나오미가 젊은 의사에게 비웃음을 당하고 다이어트 약 처방을 거절당해 분한 눈물을 삼켰던 건 그 무렵이었다. 비비언은 나오미와 자신을 위해 진지하게 살을 빼겠다고 다짐했다. 래디컬세러피에서조차 아직 비만 문제를 제대로 고찰하지 않았기 때문에 비비언은 할리우드 공공도서관에 가서 독학을 시작했다. 다이어트의 성지인 할리우드 도서관에는 다이어트 관련 서적이 충실하게 갖추어져 있었다.

캘리포니아, 특히 할리우드가 다이어트에 높은 관심을 보이는 현상에 초점을 맞추어야 한다. 자연주의, 건강지향과 캘리포니아의 풍토가 맞아떨어졌고, 할리우드는 다른 사람의 시선을 가장 의식하는 도시였다. 미용성형이 그 어느 곳보다 성행한 지역이 할리우드였다.

비비언은 할리우드 도서관에서 루엘린 로더백Llewellyn Louderback이 쓴 《뚱뚱함의 힘: 당신의 몸무게는 얼마든 옳다Fat Power: Whatever You Weigh Is Right》라는 책을 발견했다. 이 책은 뚱뚱한 사람이 현대 사회의 이런저런 분야에서 얼마나 잔혹하게 다루어지는지를 지적하며, 뚱뚱한 사람에 대한 부당한 대우가 과연 올바른지를 논했다. 비비언은 책을 읽고 결론을 다섯 가지로 정리했다.

첫째, 비만의 원인은 식습관이 아니라 생물학이다.

둘째, 뚱뚱한 사람의 건강 문제는 비만 그 자체가 아니라 스트레스와 자기혐오, 주기적 다이어트에서 비롯된다.

셋째, 감량 노력은 건강을 해치고 일시적인 효과로 절대 성공할 수 없으니 시도해서는 안 된다.

넷째, 폭식은 주기적 다이어트로 생긴 자연스러운 반응이다.

다섯째, 래디컬세러피의 역할은 여성이 자신의 몸을 있는 그대로 받아들이고 적절하다고 느낄 수 있도록 돕는 것으로, 감량을 권하는 치료는 중단되어야 한다. 따라서 세러피스트는 뚱뚱한 여성의 건강과 영양에 관해 올바른 지식을 배워야 한다. 살찐 여성의 상담에 종사하는 사람들은 그녀들에게 먹어도 좋고, 먹는 행위에 죄책감을 느끼지 말라고 조언하며 도와야 한다.

당시에는 폭식을 조장한다는 오해를 받을 수도 있는 이야기였다. 사람들은 꾸역꾸역 먹고 몇십 킬로그램이나 살이 쪄서 죄책감으로 죽을 수도 있다고 두려워했다. 그러나 이후 실험으로 먹어도 좋다고, 먹는 행위를 중단할 필요가 없다고 조언을 들은 여성은 도리어 식이 문제가 사라지고 몸무게가 안정되었다는 결과를 얻었다고 한다.

비비언의 주장은 엄청난 모험이었다. 좋아하는 음식을 원하는 만큼 실컷 먹는다는, 기존의 치료법을 뒤집어엎는 혁신적인 치료법에 도전해서 실제로 감량에 성공할 수도 있지만 실패할 수도 있었다. 비비언은 1983년 기준이라면 그렇게 무모한 실험은 하지 않았을 거라고 말한다.

1970년대 초는 그렇게 위험하고 혁혁한 우상파괴운동에 나서는 시대였다!

비비언은 1970년대를 돌아보며 이렇게 평가했다. 10년 후 여성해방운동의 기세는 약간 꺾이며 다소 주춤해졌다.

어쨌든 《뚱뚱함의 힘》이라는 책에 용기를 얻은 비비언과 동료들은 비만여성해방운동 조직을 결성했다. 그리고 이미 존재하던 NAAFANational Association to Advance Fat Acceptance에 가담했다. 그러나 급진적인 비비언과 동료들은 NAAFA를 탈퇴하고, 팻언더그라운드라는 새로운 조직을 결성한다. 기존의 건강산업 종사자(의사부터 다이어트 전문가까지)와 대결한다는 비비언의 자세는 당시 기준으로는 지나치게 과격했을 수도 있다.

1971년에 비비언이 비판했던 래디컬세러피스트들도 그 후 비만에 관해 고찰하기 시작했다. '로스앤젤레스 래디컬 페미니스트 세러피 컬렉티브Los Angeles Radical Feminist Therapy Collective'라는 긴 이름의 단체를 결성하고 비만 문제를 다루었다.

1974년, '마마 캐스Mama Cass'라는 이름으로 알려진 가수 캐스 엘리엇Cass Elliot이 다이어트 도중에 돌연사했다.

그녀는 햄샌드위치를 먹다가 질식사했다.

신문은 비꼬는 논평을 실었다. 그러나 그녀를 추모하는 팻언더그라운드는 LA 공원에 모여 비만 여성을 사망에 이르게 한 의학 전문가를 규탄하는 성명을 발표했다.

그리고 몇 년 동안 비만여성해방운동은 레즈비언 페미니스트의 영향을 받았다. 1970년대 중반 여성해방운동에는 레즈비언 페미니스트들의 입김이 거세졌다. 남성을 벗어나 여성들만의 공동체를 만들어 비만 여성을 필두로 하여 함께 지성과 개성으로 서로 사랑할 수 있다고 주장했다.

1976년에는 LA의 여성해방운동이 분열했다. 팻언더그라운드도 1977년에 해산했다. 해산 직전에 《서커스줄 위의 그림자》 기획을 시작했으나 조직이 해산하며 2년 동안 기획은 중단되었다. 어떤 출판사도 비만은 나쁜 식생활 탓이라는 상식에서 벗어나지 않았다. 페미니스트 중에서도 비만에 관해서는 일반적인 시선으로 바라보는 견해도 있었다. 뚱뚱함에 대한 억압은 여성이라는 성의 전체적 문제라는 인식이 페미니스트 사이에 퍼질 때까지는 몇 년의 시간이 걸렸다.

그러나 비만여성해방운동은 잿더미에서 부활했다. 1978년, 비비언은 비만해방자출판Fat Liberator Publications, 약칭 FLP를 결성했다. 1980년, 제1회 비만 행동가 작업회의Fat Activists' Working Meeting가 열렸다. 회의는 비비언과 행동주의자들이 주도해 뉴헤이븐에서

캐스 엘리엇

개최되었다. 이렇게 겨우 1983년에 책을 정리해 세상에 내놓을 수 있게 되었다.

1970년대에 다이어트에 반대하는 여성해방운동을 조직한 비비언 메이어에 관해 살펴보았다. 다이어트가 여성해방운동을 만나면서 다이어트가 여성을 억압하는 수단이 될 수 있다는 인식이 싹텄다. 그러나 아직은 페미니스트 전체가 공유하는 가치관이 아니라 아주 일부가 주장하는 이데올로기였다.

1972년에는 아직 비만이 그 정도로 중대한 문제로 여겨지지 않았다. 1970년대에는 비비언과 행동주의자들도 비만에 관한 책을 출간하지 못했다. 1970년대에 비만에 대한 억압으로 이루어진 다이어트가 이미 사회적 문제로 불거졌으나, 아직 문제 인식이 널리 퍼지지 않았던 것이다. 그러나 비비언과 행동주의자들은 여성해방운동 여전사도 울게 할 정도로 비만에 관한 억압이 매우 강하게 여성을 압박하고 있다는 현실을 깨달았다.

1970년대 상황을 보자.

> 여성운동의 영향을 받는 와중에도 날씬하고 젊고 싱그러우면서도 자연스러운 타입이 유행했다. 가슴은 자연스러운 형태를 유지했고 '노브라'가 적합하다고 여겨졌다. 모델은 일반 여성보다 키가 크고 날씬하고 다리가 길어야 하나, 신체 치수와 골격은 정상 범위로 이전 시대보다 현실 인간에 가까워지고 현실을 더 잘 반영했다. 1970년대 이상형은 자의식을 지닌 여성으로, 행동하되 자신을 통제할 줄 아는 여자였다. 공들여 화장하고 붙임머리와 가발로 숱이 많아 보이도록 머리를 부풀린 모습이었다. 그녀들은 여성에게 부과된 시대에 뒤처진 역할과 기대에서 해방

된 약간 어른스러운 여성이었다. 신체 해방은 초기 여성운동에서 중요한 문제였다. 그러나 이제 여성은 몸을 옥죄는 코르셋에서 해방되었으나, 가장 도달하고 싶은 미의 이상에 맞추기 위해 다른 방식으로 몸매를 관리할 필요가 있다고 믿게 되었다. 수많은 젊은 여성은 틀에 박힌 체형을 유지하도록 여성에게 부과된 역할에 염증을 느꼈다. 고정화는 진정한 남녀평등으로 가는 데 걸림돌로 여겨졌다. 그런 그녀들의 기분에 응답하듯 때마침 등장한 옷이 '미니스커트'였다.

_ 메리앤 테샌더, 《이상적인 여성상》

'슬림 앤드 영Slim & Young'이라는 키워드는 여전히 살아 숨 쉬고 있었으나, 1960년대의 인공적인 실루엣과 달리 1970년대는 상당히 자연스러운 실루엣으로 돌아왔다. 여성해방운동의 영향도 있었다. 자의식을 지닌 성인 여성이 하나의 유형이었다. 그러나 자로 잰 듯 딱 떨어지는 스타일에 반항하는 젊은이들이 나타나기 시작했다. 1967년, 애틀랜타에서 브래지어를 불태우는 일명 '브래지어 화형식'이라는 행사가 반항의 시작이었다. 1960년대에는 대다수 여성이 브래지어를 착용했는데, 1968년부터 브래지어에 대한 공격이 시작되었다. 시대에 민감한 파리 패션에서는 이해에 이브 생로랑Yves Saint-Laurent이 노브라로 입을 수 있는 시스루 블라우스를 발표했다.

1964년, 루디 게른라이히Rudi Gernreich는 토플리스Topless 수영복을 발표해 엄청난 스캔들을 일으켰다. 해변에서는 토플리스 차림의 소녀들이 풍기문란죄로 체포되는 소동이 벌어지기도 했다. 1970년대로 들어서자 곳곳에서 토플리스 차림을 볼 수 있게 되었다.

1970년대에는 하의는 점점 짧아져 '미니'가 되었다. 그리고 비키니 브리프가 유행했다. 파리 패션계와 속옷 브랜드는 바짝 긴장했다. 맞춤복을 고수하던 오트쿠튀르에서는 자존심을 접고 기성복 라인인 프레타포르테를 내고 액세서리와 향수를 부티크에서 함께 판매했다. 속옷 브랜드들은 1972년에 '보이지 않는 브래지어'를 출시했다. 자연스러운 가슴 형태를 유지하면서 입지 않은 듯 보이는 브래지어, 시대에 맞춘 상품을 가까스로 출시하고 나서야 기업은 겨우 숨을 돌릴 수 있었다.

보디스타킹도 1970년대에 유행했다. 부드럽고 매끄러우면서도 탄력이 있는 합성섬유로 몸에 꼭 맞는 이른바 '소프트 코르셋'이라고 불린 속옷으로, 1964년에 미국의 워너코르셋Warner Corset Company이 출시해 인기를 끌었다. 색상도 살구색이라 마치 속옷을 입지 않은 듯한 '보이지 않는' 속옷이었다. 보디스타킹, 타이츠, 팬티스타킹 등의 속옷은 고정된 성에서 탈피하는 경향을 표방했다. 스타킹 위로 거들을 입고 그 사이로 슬쩍슬쩍 드러나는 맨살이 연출하는 에로틱한 분위기가 사라지며 실망하는 남성들도 있었다.

1970년대에는 한 가지 주류를 고집하는 패션이 해체되고 다양한 스타일이 등장했다. 패션은 내추럴과 순수함을 추구했고 장발, 멀티컬러, 헐렁한 유니섹스 패션이 이 시대를 규정하는 특징이 되었다. 아시아와 아프리카의 민속적인 스타일에 공감하는 디자이너들이 나타나며 패션에 멕시코와 인도풍 디자인도 가미되었다.

1970년대 초부터 패션기업은 히피 패션을 하이패션에 접목하려 했다. 1960년대에 젊은이들이 입던 청바지도 1970년대에는 세련된 '영 어덜트Young Adult'의 패션이 되었다.

1970년대 영 어덜트 패션의 상징, 청바지

청바지의 유행은 남녀 차이가 없는 패션을 만들어냈고, 여성을 고정된 성 역할에서 탈피할 수 있게 해주었다. 그러나 청바지의 유행은 야누

스처럼 다른 얼굴을 숨기고 있었다. 움베르토 에코Umberto Eco는 〈허리에 대한 생각Lumbar Thought〉(1976)이라는 에세이에서 청바지가 가진 해방과 억압이라는 양면성을 지적했다. 청바지는 편안한 패션처럼 보이나 하반신을 하나의 형태로 가두는 일종의 족쇄 역할을 한다. 그 증거로 살이 찌면 청바지를 입을 수 없게 된다. 청바지가 어울린다는 건 날씬한 몸매의 이상형이기 때문이며, 청바지를 입기 위해서는 다이어트를 해야 한다.

1970년대는 딱 붙는 청바지가 유행했다. 빨아서 덜 말랐을 때 입으면 입고 있는 동안에 마르며 수축해 몸에 딱 달라붙는다. 마치 갑옷과 같다.

1960년대부터 1970년대 초까지는 호경기가 이어지며 여성의 일터도 늘어났다. 그러나 1973년부터 1974년에 걸쳐 불황이 시작되며 여성의 일자리가 줄어들었고, 동시에 여성의 패션도 보수적이고 여성스러워졌다.

1976년에는 '펑크Punk'라는 하위문화가 등장했다. 불황의 늪에 빠진 사회에서 청년들은 펑크에 빠졌고, 기존 패션을 파괴하는 충격적인 안티 패션을 전개했다. 기존 유행은 젊은 남성이 주도했으나, 펑크는 최초로 젊은 여성이 중심이 된 하위문화였다.

펑크는 히피와 달리 반자연주의로 인공적이었다. 타투를 새기고 안전핀을 얼굴과 몸에 찌르는 등 도착적인 신체 개조를 강조했다. 펑크와 미용성형에는 공통분모가 있다고 볼 수 있다. 신체에 대한 새로운 의식으로 학대적인 공격성은 다이어트 과정에서 겪게 되는 고통과 어딘가 닮았다.

> 새로운 예술 사조 포스트모더니즘은 1970년대 말에 움트기 시작했다. 포스트모더니즘은 자연스러움을 추구하는 기능주의의 순수하고 단순한 형태와 충돌했다. 포스트모더니즘은 몇 년 사이에 장식과 형태와 함께 건축, 가구, 패션의 중요한 요소로 자리매김했다. 포스트모더니즘 사조와 동조하듯 1977년 중반 무렵부터 여성 이상형은 새로운 양상을 보이기 시작했다. 여성의 신체는 줄곧 여성성에서 탈피하기 위해 애썼다. 그러나 하이힐, 나일론 스타킹, 멜빵, 벨트, 가터벨트 등 여성스러움의 상징으로 꾸미게 되었다. 신체를 확보하는 속옷 혁명의 과정에서는 단순하고 부드러운 형태의 패션이 유행했으나, 바야흐로 도발적이고 장식적인 실크 속옷으로 대체되며 레이스가 너풀너풀 달린 낭만적인 새틴 재질 여성 속옷, 밤 나들이에 입고 남성을 유혹할 수 있는 속옷이 유행했다.
>
> _ 메리앤 테샌더, 《이상적인 여성상》

이처럼 1970년대에는 다양한 스타일이 등장해 패션계가 요동

치기 시작했다. 히피와 펑크 등의 하위문화가 상당한 영향력을 행사했으나 하이패션도 절대 호락호락 물러나지 않았다. 그러나 이상적인 몸무게는 일관되게 내려갔다.

> 여성운동의 제2 물결의 출발에서 20년 사이에 미스 USA의 몸무게는 내려갔다. 〈플레이보이Playboy〉 잡지에 등장하는 '플레이보이 플레이메이트Playboy Playmate'라는 여성 모델들의 평균 몸무게는 17퍼센트 넘게 줄어들었다. 모델인 에이미 류Aimee Liu는 자서전에서 많은 모델이 거식증 등 식이장애에 시달린다고 고백했다. 본인도 거식증을 앓으며 모델 일을 계속했다고 말했다. 또 직업적으로 춤을 추는 댄서 중 38퍼센트도 거식증이라는 보고가 있다. 모델, 댄서, 여배우는 여성 인구의 95퍼센트보다 말랐다. 아이언 메이든Iron Maiden(사회가 여성에게 기대하고 요구하는 몸)은 본래 여성스러운 형태와 감촉을 유지한 채 골격과 같은 형태와 남성의 근육 조직을 강요했다. 여성 중 아주 일부 엘리트 군단만이 자신의 몸을 아이언 메이든에 맞출 수 있는데, 그녀들은 이상에 도달하는 대가로 병을 얻어 시름시름 앓게 되었다.
>
> _ 나오미 울프, 《아름다움의 신화》

아이언 메이든은 여성의 형태를 본뜬 철제 관 안에 촘촘히 못을 박아 만든 중세 유럽의 고문 기구로, 현대에는 다이어트라는 아이언 메이든이 군림하고 있다. 다이어트가 아이언 메이든으로 여성을 옥죄는 현상은 고도 소비사회의 발달과 관련 있다. 1970년대에 다이어트는 본격적으로 기업화했다.

다이어트 식품 매출은 1960년부터 1980년 사이에 매년 10퍼센트씩 증가했다. 급기야 미국 식품 매출의 70퍼센트를 차지할 정도로 유망 산업으로 발전했다. 다이어트 음료 매출은 20퍼센트씩 증가했다.

처방전 없이 살 수 있는 다이어트 약도 매년 20퍼센트씩 매출이 늘어났다. 톰프슨메디컬Thompson Medical Company은 아페드린, 프롤라민, 컨트롤드롭스, 덱사트림 등을 출시해 1978년에 2,900만 달러의 매출을 기록했다. 또 릴럭시사이저라는 다이어트용 기구로도 짭짤한 수익을 올렸다.

1960년대에 줄줄이 문을 연 다이어트 그룹 세러피 단체는 기업 규모로 성장했다. 예를 들어 웨이트와처스Weight Watchers는 1964년에 기업으로 등록해 16만 달러의 수익을 냈다. 1970년대에 이윤은 800만 달러로 껑충 뛰어올랐다. 1977년에는 3,700만 달러로 성장했고, 13년 사이에 900만 명이 프로그램에 참여했다. 1970년대 다이어트 열풍이 얼마나 뜨거웠는지를 알 수 있다.

해럴드 캐츠Harold Katz는 뉴트리시스템체중감량센터Nutrisystem Weight-Loss Center를 만들고 가맹점을 늘려나갔다. 1981년에 352개 지부에서 4,800만 달러 수익을 올렸고, 농구팀 필라델피아 세븐티식서스를 사들여 성공의 상징인 구단주가 되었다.

1933년에는 미국인의 5분의 1이 자신은 10퍼센트 이상 과체중이라고 느낀다고 답했다. 그러다 1949년에는 4분의 1이 자신이 과체중이라고 느꼈고, 1973년에는 3분의 1로 늘었다. 남녀 성별로 보면 1951년에는 남성의 21퍼센트, 여성의 44퍼센트가 자신이 과체중이라고 느꼈는데, 1973년에는 남성의 38퍼센트, 여성의 55퍼센트가 자신을 과체중으로 인식했다.

1980년 여학생 조사에서는 70퍼센트가 자신이 과체중이라고 답했는데, 생명보험 평균 체중표를 기준으로 잡아도 39퍼센트만이 과체중이었다. 사람들은 평균 체중이라도 살을 빼야 한다고 느끼게 되었으며 다이어트는 강박관념으로 발전했다.

힐럴 슈워츠는 다이어트가 '생활양식' 자체가 되었다고 말한다. 1930년대와 1970년대를 비교하면, 1930년대에는 다이어트 중인 사람이 저녁식사 자리에 초대를 받았을 때 식사에 가기 전에 음식을 조절하고 초대받은 곳에서는 차린 사람의 성의를 생각해 먹는 시늉이라도 하는 게 사회적 예의였다. 그러나 1970년대에는 다이어트 중인 사람에게는 억지로 먹으라고 권하지 말아야 한다는 게 새로운 시대의 예의범절이 되었다. 다이어트가 당연해지며 새로운 생활양식으로 자리 잡았음을 보여주는 현상이다.

다이어트 식품을 만드는 기업은 대기업으로 발돋움했다. 의사와 병원 등을 통해 유아식을 판매하던 미드존슨Mead Johnson은 1959년 텔레비전 광고를 활용하며 일반인을 대상으로 한 다이어트 식품을 본격적으로 판매했다. 이에 자극받은 대기업들도 다이어트 식품 시장에 참전을 선언하고 뛰어들었다. 통신판매업계의 최강자인 시어스로벅의 발칼Bal-Cal, 퀘이커오츠Quaker Oats Company의 쿼터Quota, 코벳Korvette의 코발Kor-Val, 주얼티Jewel Tea Company의 다이어트칼Diet-Cal 등 다양한 제품이 등장했다.

다이어트 식품은 대중화되고 소비자들은 기초식품으로 부담 없이 장바구니에 담게 되었다. 다이어트는 당연해졌고, 일상생활이 곧 다이어트가 되었다. 1962년에는 미국 가정의 40퍼센트가 저칼로리 상품을 소비했는데, 1970년대에는 70퍼센트로 증가했다. 1984년 웨이트와처스에서 출시한 냉동식품은 '지금까지 이런 다이어트는 없었다. 다이어트는 생활이다'라는 광고 문구를 내걸었다.

1961년에 미국인 중 운동과 체조 등 신체활동을 하는 사람은 약 20퍼센트에 불과했는데, 1977년에는 48퍼센트, 1982년에는

60퍼센트까지 증가했다.

미국인은 1961년에 'Thin(얇은, 마른)'이라는 단어를 'Thick(두꺼운, 굵은)'보다 2배 더 많이 사용했다. 1978년에는 'Trim(늘씬한)'이라는 단어가 들어간 상품(맥주 등)이 58개, 'Slim(얇은)'이 들어간 상품(버지니아슬림 등)이 73개나 있었다. 그리고 1980년대에는 상품명에 'Light(가벼운)'를 부각한 상품이 대세가 되었다.

힐럴 슈워츠는 1916년부터 1958년에 걸쳐 기초식품 구성이 변화하고, 'Trim, Slim, Light'가 기준이 되었다고 말한다. 미국인은 지방과 설탕을 동일시하게 되었고, 이 둘을 기초식품에서 관념적으로 배제하게 되었다. 물론 지방과 설탕이 전혀 들어가지 않은 식품은 없어도, 이론적으로 필요한 식품으로 취급하지 않고 비만과 질병의 요인으로 보게 된 것이다.

1916~1923년까지 기초식품은 다섯 가지 품목(빵, 채소·과일, 고기·달걀·우유, 버터·식용유, 설탕)이었다. 1941~1942년에는 일곱 가지 품목(빵, 채소·과일, 고기, 달걀, 우유, 버터·식용유, 설탕·감귤류)으로 늘어났다. 그런데 1951년에는 다섯 가지 품목(빵, 채소·과일, 고기·달걀, 우유, 지방·설탕) 그리고 1954~1958년에는 네 가지 품목(곡물, 채소·과일, 고기·달걀, 우유)으로 바뀌며 기초식품에서 지방과 설탕이 사라졌다. 실제로 네 가지 품목 중에는 지방과 당분이 많은 식품이 포함되어 있으나 딱히 구분하지는 않았다.

이 대목에서 슈워츠는 음식의 의미를 보여주는 좌표를 제시한다. 먼저 20세기 미국인은 음식을 '라이트Light'와 '헤비Heavy' 둘로 나누었다. 이를 세로축(y축) 양 끝에 둔다. 이어서 가로축(x축)에 강화(동적 변화), 약화(정적 변화)를 마찬가지로 양쪽 끝에 둔다. 이렇게 사분면이 완성된다. 오늘날에는 '헤비'보다 '라이트'를 바람직하게 여긴다. 또 신체 강화를 바람직한 행동으로 여기게 되었다. 따라서 오른쪽 위의 '라이트'와 '강화'에 도움이 되는 식품이 가장 바람직하다.

이 좌표로 현대 식품의 몇 가지 경향을 알 수 있다.

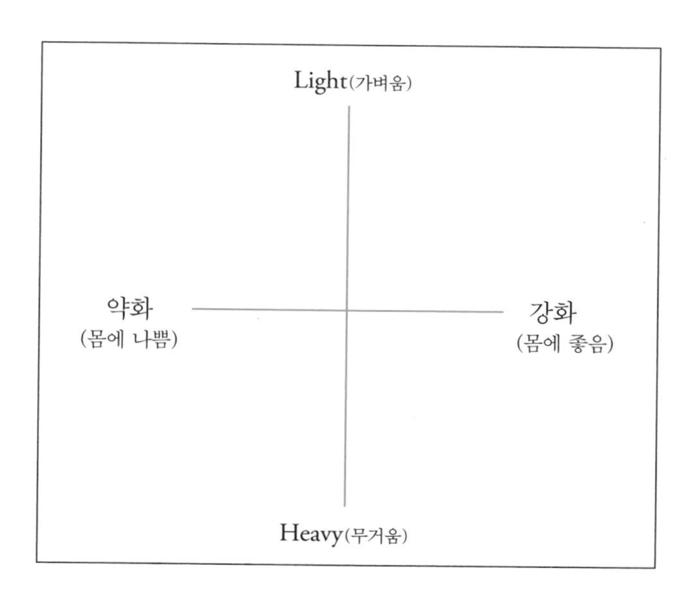

첫째, 붉은색 구역의 이동.

슈워츠가 '레드 시프트Red Shift'라고 부른 현상이다. 미국인은 1910년 무렵부터 붉은색을 혐오하게 되었다. 이 적색 공포는 공산주의에 반대하는 사상적 측면에서도 나타났는데, 식품에서는 일단 붉은 고기에서 멀어지려는 경향으로 나타났다. 반대로 미국인의 스테이크 사랑을 반영하는 현상으로 해석할 수도 있다. 미국인은 고기를 너무 많이 먹어서 살이 찌고 병에 걸린다. 그러니 고기를 먹지 않는 다이어트가 필요하다는 주장이 힘을 얻었다. 붉은 고기 대신 닭고기, 참치 통조림, 치즈, 생선 등을 식탁에 자주 올리려고 노력하게 되었다.

단백질 섭취량은 한 세기를 통틀어 거의 변화하지 않았다. 붉은 고기는 우리 몸을 강화하는 식품으로 식품 관념 지도의 오른쪽 절반에 위치한다. 그런데 무엇이 문제일까? 붉은색은 '헤비'해서 좌표축 아래쪽에 들어가기 때문이다. 반대로 백색육(닭, 생선)은 오른쪽 위에 들어간다. 희고 가벼운 식품이다.

희고 가벼운 식품을 선호하는 경향은 밀가루, 양파, 포도, 와인 등에서도 찾아볼 수 있

다. 겉보기에는 적포도주는 '헤비'하고 칼로리가 높아 보이지만, 실상은 다르다. 그러나 줄곧 적포도주 선호도가 떨어지는 현실로 나타났다.

또 한동안은 '프렌치 패러독스French Paradox'라고 해서 적포도주가 건강에 좋다는 인식이 퍼지기도 했다. 적포도주를 즐겨 마시는 프랑스인들은 건강하고 심장병에 잘 걸리지 않으므로 적포도주를 마셔야 한다는 주장이었는데, 아직도 이 주장이 옳은지를 두고 학계에서는 논쟁이 끊이지 않는다. 가볍고 하얀 식품, 순수한 이미지 쏠림 현상에 대한 반동으로 몸에 좋은(최소한 좋다고 여겨지는) 불순물을 포함한(포함했다고 추정되는) 색이 들어간 식품, 적색 식품이 인기를 끌었다고 볼 수 있다.

설탕도 백설탕보다 황설탕이나 흑설탕처럼 색이 들어간 설탕이 몸에 좋다는 인식이 있으나, 단순히 정제 공정의 차이일 뿐 성분과는 관계가 없다. 즉 색이 부여한 이미지로 만들어진 차이에 불과하다.

어쨌든 가볍고 하얀 단백질이 몸에 좋다는 이미지가 만들어졌다. 그리고 1970년대에는 액체 프로틴이 인기를 끌었다.

일명 마시는 단백질이다.

둘째, 지방의 변화.

1899년에 미국인은 1인당 약 9킬로그램의 버터를 소비했는데, 차츰 동물성 지방 소비가 줄어들었다. 특히 돼지기름을 가공해서 만드는 라드 사용이 빠르게 줄었다. 1957년에는 마가린을 버터보다 많이 사용했는데, 동물성 지방보다 식물성 지방이 좋다는 인식이 퍼지게 되면서부터다.

그러나 1910년부터 1976년에 걸쳐 지방 소비량은 28퍼센트나 늘어났다. 버터나 라드를 덜 먹게 되었다고 해서 지방을 섭취하지 않았던 게 아니라, 이미지로서 지방을 비만 그 자체로 보게 되었을 뿐이다. 예컨대 살찐 사람을 '버터볼'이라고 부르거나 '돼지'에 비유하곤 했다. 마가린은 버터와 라드보다 가볍다는 인식이 퍼졌고, 기름 특유의 끈적끈적한 느낌이 들지 않는다고 생각했다. 그래서 마가린을 먹어도 지방을 그다지 섭취하지 않았다고 생각하는 사람들이 생겨났다.

다시 식품 관념 지도를 살펴보면 버터는 오른쪽 위에서부터 오른쪽 아래로, 즉 '헤비' 영역으로 들어갔다. 라드는 오른쪽 위에서 왼쪽 아래로, 즉 '헤비'하면서 약화하는 최악의 식품으로 들어갔다. 포화지방산은 왼쪽 아래에서 왼쪽 위로 상승하고, 불포화지방산은 왼쪽 위에서 오른쪽 위로, 가벼우며 강화하는 식품으로 옮겨 갔다. 흔히 우리가 식용유라고 부르는 식물성 기름이 여기에 들어간다. 이처럼 동물성 지방과 식물성 지방이 자리를 바꾸었을 뿐, 지방 양이 줄어든 게 아니라는 부분에 초점을 맞추어야 한다.

셋째, 설탕 조절.

1884년에 메리 J. 링컨Mary J. Lincoln은 《링컨 부인의 보스턴 요리Mrs. Lincoln's Boston Cook Book》라는 요리책에서 집에서 손수 굽는 빵에 설탕 한 숟가락을 넣으라고 추천했다. 밀가루는 기계로 정제될 때 당분이 다소 사라지므로 설탕을 추가해서 보충하라는 친절한 설명을 덧붙였다. 1917년에 미국인은 1인당 1년에 약 38.5킬로그램의 설탕을 소비했다. 이 수치는 한 세기 전의 10배에 해당하는 양이었다. 옛날에 설탕은 귀중품이었다.

마침내 설탕 과다 섭취로 당뇨병과 비만이 발생한다는 사실이 알려지며 문제가 되기 시작했다. 1941년에는 설탕 소비량이 1인당 1년에 약 50킬로그램으로 증가했다. 초반에는 충치가 생긴다는 이유로, 이어서 살이 찐다는 이유로 설탕을 줄이라고 권고했다. 1962년부터 1982년 사이에 설탕 소비량은 23퍼센트 감소했다. 그러나 설탕을 직접 사용하지 않았을 뿐, 주스와 쿠키 등을 먹으며 보이지 않는 형태로 당분을 섭취했다. 식품 관념도로 보면 정제된 설탕은 오른쪽 위에서 왼쪽 아래로 옮겨 왔고, 반대로 황색 설탕은 왼쪽 아래에서 오른쪽 위로 옮겨 가 몸에 좋은 식품이 되었다. 과당과 벌꿀은 오른쪽 아래에서 오른쪽 위로 올라가 가볍고 몸에 좋은 식품으로 변신했다.

넷째, 향신료 유행.

예전에는 자극적인 향신료는 몸에 좋지 않다고 여겨졌다. 향신료 사용은 소금과 반비례하는 경향을 보이는데, 소금은 우리 몸에 꼭 필요한 성분이나, 근대에 들어서면 다이어트에 좋지 않은 피해야 할 성분으로 여겨지게 되었다. 소금을 섭취하면 목이 말라 물을 마시게 되어 살이 찐다는 논리였다. 또 고혈압, 심장병이 염분 과다 섭취와 관련 있다는 주장도 나왔다.

그래서 다이어트 요리책에서는 소금 대신 이국적인 향신료를 사용하라고 조언했다. 향신료에는 신진대사를 활발하게 만들어 날씬해지는 효과가 있다고 주장했다. 식품 관념도에서 보면 소금은 오른쪽 아래에서 왼쪽 위로, 향신료는 왼쪽 아래에서 오른쪽 위로 옮겨 갔다. 소금은 몸에 좋지 않고, 향신료는 가볍고 몸에 좋은 식품으로 인식이 달라졌다.

실제로 향신료를 넣은 요리는 식욕을 자극해 과식을 유발해서 살이 찌는 원인이 될 수도 있다. 또 살찐 사람은 날씬한 사람보다 향신료를 선호하는 경향이 있다. 살찐 사람은 먹는 행위를 즐기고 맛있는 음식에 대한 관심도 높다. 그래서 향신료를 선호하게 되고, 향신료를 즐겨 먹을수록 과식해서 살이 찔 수 있다. 이런 논리에서 보면 향신료가 다이어트 식품이라는 주장에는 모순이 있다.

다섯째, 스퀘어 딜Square Deal.

좌표에서 네 개로 나누어진 식품 지도에 각각 돈을 배당한다는 의미다. 앞에서 살펴본 네 가지 현상을 합친 셈이다. 이 대목에서는 미국 요리가 최대한 주방에서 시간을 적게 보내며 조리 과정을 거치지 않는 방향으로 발전했음을 알 수 있다. 쉽게 말해 품이 적게 들고 정성을 적게 들인 음식이다. 현대인은 통조림, 인스턴트식품, 냉동식품 등 가공된 식품에 둘러싸여 있다. 요리 과정은 우리 눈에 보이지 않는 장소에서 이루어지게 되었다. 기계화 · 공장화된 식품에 대한 반동으로 최대한 자연에 가까운 음식을 찾아서 먹는 자연주의 식품 열풍이 불기 시작했다.

샐러드바, 식이섬유, 밀기울 등의 유행은 자연식품을 추구하는 과정에서 나타났다고 볼 수 있다. 가공할수록 식품은 무거워지고 몸에 좋지 않다는 사고방식이 일반화되었다. 이를 식품 관념도에서 살펴보자. 장시간 가열하면 비타민과 미네랄이 파괴된다. 굽거나 익히는 요리는 오른쪽 위에서 오른쪽 아래로 내려갔다. 스튜도 왼쪽 위에서 왼쪽 아래로 내려갔다. 기름에 튀긴 음식은 무거우나 몸에는 좋다는 오른쪽 아래에서, 무겁고 몸에 나쁜 왼쪽 아래로 옮겨 갔다. 찌고 데치는 요리는 왼쪽 위에서 오른쪽 위로 옮겨 가, 가볍고 몸에 좋은 음식이 되었다. 마찬가지로 굽더라도 그릴에 굽거나 프라이팬에 기름을 둘러 볶거나 지지는 요리는 무거우나, 오븐이나 전자레인지 등으로 기름을 쓰지 않고 굽는 요리는 몸을 가볍게 만드는 음식으로 여겨졌다.

소금과 기름이 들어가는 요리는 몸을 무겁게 만든다. 이렇게 가볍고 무겁고, 몸에 좋고 나쁘다는 네 가지 척도로 구분하는 지도로 음식을 배분함으로써 '질보다 풍미를 중시하는 역설적인 결과를 초래했다'고 슈워츠는 지적한다. 자연스럽고 정직한 식품을 찾겠다는 노력이 함정에 빠지고 말았다. 가벼운 식품을 풍미로 선택해 본질과 무관한 가장에 속아 넘어가기 때문이다. 식품 관념도란 식품의 본질과 다른 환상이 지배하는 공간이다.

다이어트에 신경을 쓰는 사람들은 지방과 설탕을 피하게 되었다. 그 대신 마가린과 사카린 같은 가짜 식품, 그럴듯한 포장으로 사람들을 속이는 식품이 등장했다.

'라이트' '저칼로리' 등의 수식어를 전면에 내세운 식품이 마트 진열장을 가득 채웠고, 미국식품의약국FDA은 복잡한 규제를 만들어내야 했다. 예를 들어 '저칼로리' 표시는 1그램당 0.4칼로리 이하로, 1인당 40칼로리 이하여야 한다. '칼로리를 줄였다'는 표현은 3분의 1 이상의 칼로리를 줄인 식품에만 표기할 수 있다. 그런데 애초에 칼로리가 낮은 양송이버섯에 '저칼로리 양송이버섯'이라는 문구를 내걸었고, 소비자들은 그 표시를 보고 '양송이버섯은 저칼로리 식품이니 몸에 좋다'며 장바구니에 집어넣게 되었다. 수상한 식품과 소비자를 헷갈리게 만드는 약품이 시장에 나돌았으며 식품과 약품의 경계선이 모호해졌다. 예를 들어 비타민은 식품일까, 아니면 약품일까?

> 사회가 무엇이 음식이고 무엇이 음식이 아닌지, 무엇이 진짜고 무엇이 가짜인지 헷갈리게 된 순간, 우리는 거대한 힘이 작용하고 있음을 깨닫게 된다.
>
> _ 힐럴 슈워츠, 《절대 만족하지 않아》

이 '거대한 힘'이란 다이어트라는 충동이다. 이어지는 1980년대에는 거대한 힘이 우리 눈에 보이는 형태로 실체를 드러내기 시작한다.

5장

다이어트 카니발:
1980~1990년대

다이어트의 비극, 캐런 카펜터

힐러 슈워츠는 다이어트를 둘러싼 현대의 광기를 카니발에 비유한다. 모두가 광기가 일으킨 소용돌이에 휩쓸려 어지러이 도는 시대다. 1980년대 고도 소비사회에서 그 광기는 절정에 달했고, 희생자가 속출했다.

〈Top of the World〉 등의 히트곡을 청아한 목소리로 불러 우리 귀에 익은 캐런 카펜터의 갑작스러운 죽음은 전 세계로 보도되어 사람들에게 충격을 안겨주었다. 그 당시에는 거식증이라는 기묘한 병을 아는 사람은 많지 않았다.

캐런 카펜터는 당시 아직 잘 알려지지 않았던 식이장애라는 병과 7년간 사투를 벌인 끝에, 1983년 2월 4일에 세상을 떠났다. 그녀가 죽기 전까지 가족과 친구들은 캐런이 수많은 여성이 걷는 길을 충실히 따라 살을 뺐다고 믿었다.

그러나 실제로 캐런은 다이어트에 중독되어 멈출 수 없는 상태였다. 그리고 치료할 새도 없이 심부전으로 사망했다. 그녀는 여성이 안고 있는 심각한 문제로 그 무렵 겨우 표면화한 신경성 식욕부진증으로 생긴 합병증으로 죽음에 이르렀다.

향년 32세, 결혼했으나 행복하지는 않았고 일을 사랑했으며 엄청난 부자였다. 그녀는 애수로 가득한 호소력 짙은 목소리로 음악 디렉터이자 싱어송라이터였던 오빠 리처드와 함께 자전적인 이야기라 할 수 있는 좌절한 사랑과 낭만을 담은 일련의 곡을 노래했다. 〈Yesterday Once More〉 〈Hurting Each Other〉 〈Goodbye to Love〉 〈Solitaire〉 등의 곡을 남겼다.

_ 레이 콜먼, 《카펜터스》

레이 콜먼이 쓴 전기는 캐런이 평생을 앓았던 현대병인 거식증을 자세히 묘사하고 있어 한 번쯤 읽어볼 만한 가치가 있다.

캐런 카펜터는 1950년에 미국 코네티컷주 뉴헤이븐에서 태어났다. 오빠인 리처드는 음악적 재능이 풍부했다. 아버지인 해럴드는 서부 해안의 일자리가 더 높은 수입을 보장한다는 소문을 들었다. 게다가 따뜻한 기후에 막연히 끌렸던 모양이다. 1963년, 캐런의 가족은 캘리포니아로 이사했다.

리처드는 캐런과 밴드를 만들어 활동하며 차츰 실력을 인정받았다. 캐런은 드럼을 쳤는데, 열일곱 살에 키 163센티미터, 몸무게 66킬로그램으로 살짝 통통한 몸매였다. 몸매로 고민하는 딸을 위해 어머니인 애그니스는 캐런을 의사에게 데려갔다. 의사는 스틸먼의 물 다이어트 요법을 처방했다. 하루에 물 여덟 잔을 마시고, 지방을 줄이고, 비타민 알약을 먹는 방법이었다.

처방에 충실히 따랐던 캐런은 1967년에 6개월 동안 11킬로그램을 감량해 55킬로그램이 되었고, 이 몸무게를 1973년까지 유지했다. 이해에 《의사의 빠른 체중감량 다이어트The Doctor's Quick Weight Loss Diet》라는 스틸먼 다이어트에 관한 책이 베스트셀러 순위에 오르며 널리 알려졌다.

1970년, 〈Close To You〉가 히트하며 카펜터스는 톱스타가 되었다. 이 무렵 다이어트에 신경을 쓰던 사람은 캐런이 아닌 리처드였다. 정크푸드를 즐겨 먹고 불규칙한 생활을 하던 리처드는 고무줄처럼 갑자기 늘어난 몸무게로 고민했다. 마음이 급해진 리처드는 반짝 다이어트에 돌입해 두세 달 만에 75킬로그램, 표준 체중까지 감량했다. 캐런은 그때까지 다이어트에 크게 신경

쓰지는 않았다.

그러나 1970년대 캘리포니아에서 젊은 여성이 다이어트에 무관심하기는 어려웠다.

날씬한 몸매와 건강식품은 1970년대에 유행했다. 이미지 관리에 철두철미한 캘리포니아에서는 특히 다이어트에 열을 올렸다. 운동을 배우러 다니거나 집으로 트레이너를 불러 일대일로 관리받기도 했다. 1973년 8월에 타호호Lake Tahoe에서 열린 콘서트에서 찍힌 사진을 본 캐런은 하늘이 무너지는 충격을 받았다. 허리 둘레에 살이 붙고 배가 나와 드레스가 꽉 끼는 자신의 모습이 사진에 적나라하게 찍혀 있었다. 그녀는 '트레이너'를 고용해 집으러 불러 운동했다. 침대에 누워서 운동하는 힙사이클Hip Cycle이라는 운동기구를 사서 매일 아침 침대에 누워 열심히 페달을 밟았다. 콘서트 투어를 다닐 때도 운동기구를 챙겨 다녔다. 그녀의 트레이너는 탄수화물을 챙겨 먹으라고 조언했고, 그녀는 칼로리가 높다고 알려진 식품 대부분을 식단에서 빼버렸다. 물론 그녀가 가장 사랑하는 아이스크림도 포기했다.

그녀 주변에서는 젊은 여성이 열심히 몸매를 관리하는 건 이상한 일이 아니라고 대수롭지 않게 여겼다. 그러나 캐런은 결과를 달성하기 위해서 자신이 옳다고 믿는 일을 끝까지 밀어붙이는 완벽주의자였다. 그녀를 곁에서 지켜보던 스태프인 에벌린 윌리스Evelyn Wallace는 캐런이 침대에 누워 필사적으로 페달을 밟는 모습을 본 적이 있다고 말했다. 불규칙한 식사와 음반 작업과 콘서트 투어를 병행하는 데 필요한 에너지를 생각하면 캐런은 너무 적게 먹고 많이 움직였다.

_ 레이 콜먼, 《카펜터스》

캐런은 1967년부터 55킬로그램의 몸무게를 유지했다. 그러다 1973년 무렵 갑자기 살을 빼는 데 집착하기 시작했다. 스타가 되어 대중의 시선에 노출되지 않는 곳이 없어지면서부터 몸무게에 부쩍 더 열중했다. 1973년, 캘리포니아에서는 다이어트를 촉구하는 거대한 힘이 움직이기 시작했다.

캐런은 자칭 영적 지도자라는 구루, 운동을 가르쳐준다는 트레이너, 보디빌딩 기구까지 온갖 다이어트를 섭렵하며 캘리포니

1973년의 카펜터스(좌-캐런 카펜터, 우-리처드 카펜터)

아 다이어트 카니발의 수렁에 발을 들여놓고 말았다. 그녀는 목표를 세우면 끈기 있게 밀어붙이는 성격이었다.

그런데 난감한 상황이 발생했다. 운동을 가르치던 트레이너가 너무 실력이 좋았는지 근육이 생기며 몸무게가 늘고 말았다. 화들짝 놀란 캐런은 운동을 중단했다.

캐런이 언제부터 거식증 징후를 보였는지는 알 수 없다. 언제부턴가 그녀는 살이 쪄서 엉덩이가 펑퍼짐해 보인다며 신경이 곤두서 있었다. 1970년에 일본 공연을 갈 때 캐런은 고무로 만든 엉덩이 보형물을 챙겨 갔다. 이때까지는 자신의 엉덩이가 거대하다고 생각하지 않았고, 비만에 대해서도 심각하게 고민하지 않았다.

1973년에 근육이 생기는 운동을 중단하고 나서 캐런은 점점 살이 빠져갔다. 주변 사람들은 그녀가 식단을 조절하는 일반적인 다이어트를 하는 줄 알았다. 1974년, 오빠 리처드의 생일 파티에서 가족은 캐런이 음식을 거의 입에 대지 않는다는 사실을 깨달았다.

아마도 이 무렵부터 캐런은 철저한 다이어트에 돌입했다고 추정할 수 있다. 모든 음식에 설탕 대신 스위트엔로Sweet'n Low라는 대체 감미료를 넣고, 당분을 제거한 젤리를 먹었으며, 단 음식이 먹고 싶어 도저히 참을 수 없을 때는 냉동실에서 아이스크림을 꺼내 딱 한 숟가락만 먹었다. 집에는 다이어트용으로 제조된 각종 식품을 사다 쟁여놓았다. 다이어트용 면과, 컵에 뜨거운 물을 붓기만 하면 완성되는 고형 채소 수프 등이 그녀의 식품 저장고를 가득 채웠다. 아무리 좋게 봐도 맛있다고는 할 수 없는 음식들이었다. 캐런은 다이어트 식품마저 절반만 먹고 남겼다. 그나마도 양을 줄이기 위해 뜨거운 물을 늘려 맛이 거의 느껴지지 않는 밍밍한 상태로 먹었다. 맛도 영양도 거의 없는 음식이 그녀의 다이어트 식단이었다.

_ 레이 콜먼, 《카펜터스》

이 무렵부터 캐런은 죽음에 이르는 다이어트에 돌입했다. 다들 보기 좋게 날씬하니 살을 더 뺄 필요가 없다고 말렸다. 그러나 1975년, 리처드에게 지금은 52킬로그램인데 48킬로그램까지 빼고 싶다며 다이어트에 집착하는 모습을 보였다. 그녀는 깡마른 모델 트위기처럼 위에서부터 아래까지 일자인 몸매가 되고 싶었다.

리처드는 지금의 여성스러운 몸매도 아름답다며 작은 접시에 담긴 샐러드만 깨작거리는 캐런을 설득했으나 실패했다.

캐런은 나날이 말라갔다. 그녀를 가까이에서 지켜보던 스태프

에벌린 윌리스는 열두 살 소녀가 다이어트를 하다 신경성 식욕부진증(거식증)에 걸렸다는 잡지 기사를 읽고 캐런의 증상을 떠올렸으나 차마 말을 꺼내지 못했다.

1975년 투어 공연은 살인적으로 빡빡한 일정이었다. 무대에선 캐런은 꼬챙이처럼 빼빼 말라 있었다. 아버지 해럴드는 딸이 거식증이라고 의심했으나, 어머니 애그니스는 믿지 않았다. 캐런은 다 같이 식사하는 자리에는 오지 않고 룸서비스로 소량의 샐러드만 주문해서 먹었다. 몸무게는 36킬로그램까지 떨어졌다. 급기야 과로가 누적되어 쓰러지고 말았다. 일본 공연이 연기되고, 캐런은 어머니 집에서 6주간 요양하며 몸을 추슬러 몸무게를 47킬로그램까지 회복했다.

이 무렵 캐런은 음악 프로듀서인 테리 엘리스Terry Ellis와 연애 중이었다. 영국인이었던 그는 음악사업에 성공해 부자가 되었다. 그는 캘리포니아 저택으로 캐런을 초대했다. 그러나 함께 살다 보니 두 사람의 생활 방식이 맞지 않아 갈등이 생겼다. 유럽인인 그는 느긋하게 푸짐한 저녁을 즐기는 습관이 있었는데, 전형적인 중산층 미국 가정 출신인 캐런은 저녁은 가볍게 텔레비전 앞에서 냉동식품으로 간단히 때우며 〈왈가닥 루시I Love Lucy〉 같은 드라마를 보며 먹으려 했다. 테리 엘리스는 미국에서 'TV 디너'라고 부르는 냉동식품을 먹지 않겠다고 선언했고, 캐런은 집으로 돌아갔다.

연애가 파국으로 치닫자 캐런은 큰 충격을 받았다. 휴양으로 어느 정도 회복하고 일에 복귀했으나 다이어트는 중단하지 않았다. 드레싱도 없는 샐러드만 먹고 입에 들어가는 모든 음식은 칼로리를 계산했다. 전분은 한입도 먹지 않았다. 단백질은 생선으로만 섭취하고, 소스도 뿌리지 않았다.

딸이 나날이 야위어가자 그녀의 부모는 슬슬 걱정되기 시작했다. 그러나 어머니는 심리적 문제임을 인정하려 하지 않았다. 거식증 환자는 다른 사람들의 시선에 굶주려 있다. 그래서 극단적으로 몸무게에 집착해 자신의 몸을 관리할 수 있음을 보여주면 사람들에게 인정을 받을 거라고 믿는다.

거식증은 사춘기 증후군이라고 말하는 것처럼, 사춘기에 시작되는 경우가 많다. 자립해서 어른의 정체성을 찾는 시기에 생기는 장애로, 어머니와 관계가 특히 중요하다. 캐런의 어머니는 지배적인 성향으로 딸의 일거수일투족을 감시했다. 어머니의 강력한 지배가 캐런에게 하나의 억압으로 작용했을 수도 있다.

캐런은 사춘기에는 거식증 징후가 뚜렷하게 드러나지 않았다. 마침 그 시기에 스타의 길을 걷기 시작해 거식증이 일시적 휴면 상태에 들어갔다고 볼 수 있다. 1975년까지 카펜터스라는 그룹으로 누구나 부러워할 만한 명성을 얻었으나 사생활은 점점 더 공허해져 갔다.

음식은 어머니가 주는 선물이라는 말이 있다. 그 음식을 거부하는 행위는 어머니로부터 독립을 뜻한다.

1975년 이후, 캐런은 독한 다이어트를 계속했다. 대사를 촉진하는 갑상선 약물을 처방받아 몸무게를 36킬로그램까지 줄였다.

1979년에는 오빠인 리처드의 간절한 설득에 넘어가 베벌리힐스의 내과 전문의에게 진찰을 받고 식사를 하게 되면서 몸무게가 48킬로그램으로 늘어났다. 그러나 2~3주 사이에 갑자기 몸무게가 늘어나자 깜짝 놀란 캐런은 다시 다이어트를 시작했다. 오후 5시까지만 먹고 이후로 먹지 않으면 살이 찌지 않는다는 이야기를 듣고 새로운 다이어트에 돌입했다.

1980년, 캐런은 토머스 제임스 버리스Thomas James Burris와 결혼했다. 캐런은 아이를 원해 임신을 준비하며 한동안 정상적인 식사를 하는 듯 보였다. 그러나 몇 달 가지 못하고 원래의 다이어트 식단으로 돌아왔고, 15개월 후 두 사람은 헤어졌다.

그 무렵 신경성 식욕부진증을 언론에서 다루기 시작했다. 심리요법 전문가인 스티븐 리번크런Steven Levenkron은 《세계 최고의 소녀The Best Little Girl in the World》라는 책을 써서 베스트셀러가 되었고, 그는 TV 토크쇼에도 출연하는 유명 인사가 되었다.

1981년 말에 캐런은 거식증 전문가로 알려진 스티븐에게 치료를 받겠다고 결심하고 캘리포니아에서 뉴욕까지 가서 1982년 1년 동안 치료에 전념했다. 뉴욕에 호텔을 잡고 오렌지주스, 달걀프라이, 베이컨, 토스트, 커피 등 일반적인 아침 식단을 챙겨 먹으려 노력했다. 그러나 먹자마자 바로 욕실로 달려가 토하거나 변비약인 둘코락스를 먹어 식사한 음식을 모조리 몸 밖으로 내보내야 직성이 풀렸다.

그래도 캐런은 스티븐에게 1시간에 100달러나 주고 일주일에 닷새 치료를 받았고, 11월에는 49킬로그램까지 몸무게를 회복했다. 몸무게가 올라가자 캐런은 갑자기 완치를 선언하고 짐을 싸서 캘리포니아로 돌아갔다. 그녀는 6개월 만에 자신의 병이 말끔히 치료됐다고 믿었다.

"식욕부진증을 앓는 사람들은 정신과 자아인식의 공허감에 시달립니다. 환자들은 자신이 정말로 누구인지 알지 못합니다. 자신의 몸을 학대하는 건 자신이 누구인지 모르기 때문입니다. 저는 환자들이 자신이 누구인지를 인식할 수 있도록 돕는 치료에 전념합니다."

스티븐 리번크런이 자신의 치료법에 관해 설명했다.

7년 동안 자신의 몸을 못살게 군 결과, 캐런은 섭식장애 전문가가 만성 상태로 진단하는 추정 65퍼센트의 식욕부진증 환자 범주에 들어갔다. 7년을 앓은 환자의 완전한 회복 성공률은 '0에 가깝다'고 대부분 전문가가 추정한다.

_ 레이 콜먼, 《카펜터스》

아마 캐런도 입원 치료를 받아야 하는 상태였을 공산이 크다. 그러나 불행하게도 그녀의 가족이 치료사인 스티븐을 믿지 않았기에, 가족 상담은 성사되지 못했다. 치료는 효과가 없었다. 캐런은 여전히 대량의 변비약을 섭취해 먹은 만큼 내보내려 애썼기 때문이다. 1982년 9월에는 심장에 이상이 생겨 긴급 입원하기도 했다. 그때 몸무게는 35킬로그램이었다. 소화기가 약해져서 음식을 먹을 수 없어 링거로 영양을 공급했다. 링거 덕분에 몇 주 사이에 몸무게가 14킬로그램이나 불었다. 비싼 심리치료가 아니라 링거가 그녀의 몸무게를 늘려주었던 것이다.

그런데 퇴원한 캐런은 스티븐의 심리치료도 거부하고 갑자기 캘리포니아로 돌아가 버렸다. 그녀의 쇠약해진 모습을 보고 가족은 충격을 받았으나 캐런은 자신이 다 나았다며 고집을 부렸다.

1983년 2월 4일, 캐런 카펜터는 거식증 합병증으로 생긴 심부전으로 사망했다.

거식증을 비롯한 섭식장애에 대한 사회의 인식은 캐런의 죽음

> 으로 달라졌다. 캐런은 순교자가 아니다. 그녀는 어디까지나 자신의 인생을 스스로 선택했기 때문이다. 그러나 그녀의 비극적 죽음이 초래한 결과로 섭식장애라는 문제에 사람들이 눈을 뜨고 귀를 기울이기 시작했다.
>
> _ 레이 콜먼, 《카펜터스》

미국에서는 신경성 식욕부진증 및 관련 장애에 관한 전미협회 ANAD: The National Association of Anorexia Nervosa and Associated Disorders가 1976년에 설립되었다. 이는 섭식장애를 다루는 가장 오래되고 규모가 큰 조직으로 알려져 있다. ANAD의 회장을 맡았던 비비언 핸슨 미헌Vivian Hanson Meehan은 다음과 같이 말한다.

> 우리 시대의 젊은이는 심각한 이미지 장애를 안고 있다. 그 장애는 그들의 다이어트 관련 상품 사용 혹은 오용으로 나타나며, 섭식장애를 촉발할 때도 있다. 우리는 마른 몸을 궁극의 이상으로 여기는 사고방식은 잘못되었다고 알리며 동시에 위험한 환상을 극복하고 인생을 건강하게 살며 진정한 가치를 추구하도록, 젊은이들과 여론을 동시에 재교육하기 위한 종합적 공공 프로그램을 채택해야 한다.
>
> _ 레이 콜먼, 《카펜터스》

캐런 카펜터의 사례는 거식증이 신경성 · 심리적 · 정신적 질병임을 일반인에게 알리는 계기가 되었다. 1970년대 후반까지는 거식증이 정신에 생긴 병이라는 사회적 공감대가 형성되지 않았다. 1980년대에야 다이어트가 단순히 날씬하고 아름다운 몸에 대한 문제가 아니라 심리적 갈등과 연관되어 있음이 밝혀졌다. 병적인 다이어트에는 죽음에 이르는 병이라는 또 다른 모습이 숨겨져 있다.

> 최근 섭식장애 문제는 의학잡지의 병례 영역에서 일반인의 눈에 띄는 대중적 영역으로 진출했다. 언제나 그렇듯 유명인의 고민에는 세간의 화제가 집중되고 적극적 논의의 길이 열린다. 캐런 카펜터라는 가수의 거식증으로 인한 죽음, 제인 폰다Jane Fonda와 다이애나Lady Diana Frances Spencer 비가 한때 폭식증을 앓았다는 고백은 사람들에게 널리 알려져 여론을 만들고, 일반적인 지식으로서 받아들여질 수 있는 사회적 공감대를 형성했다.
>
> _ 샬린 히스 비버Sharlene Hesse-Biber, 《나는 아직 날씬한가?: 날씬함에 대한 숭배와 정체성의 상업화Am I Thin Enough Yet?: The Cult of Thinness and the Commercialization of Identity》(1997)

다이어트와 다이어트에 집착하는 사람들의 탈선은 정신의 문제로 발전했고, 또 1980년대에는 일반적 사회 문제가 되었다.

제인 폰다

1980년대 다이어트의 일면을 선명하게 드러내는 인물이 제인 폰다이다. 1970년대에 정치에 눈을 뜬 제인은 1973년, 반체제 운동가인 톰 헤이든Tom Hayden과 결혼했다. 베트남전쟁 반대, 원전반대운동 등을 펼친 반체제 인사였다. 그리고 1970년대가 끝날 무렵, 그녀는 과격한 정치 활동에서 영역을 확장해 일상으로 눈을 돌려 세상을 바꾸는 방향으로 전환했다.

1979년 가을, 제인은 그녀를 알던 사람들이 깜짝 놀랄 만한 일을 시작했다. 베벌리힐스에 '제인 폰다 워크아웃'이라는 다이어트 교실을 연 것이다. 언론이 보도 경쟁을 펼치며 몰려들었다. 제인은 취재 경쟁에 냉정하게 대응했다. "내 건강은 내가 믿는 바로 지키고 싶고, 실제로 건강을 유지하려고 일주일에 세 번 운동하고 있다. 절대 돈벌이 목적이 아니다. 주식회사로 만들 생각도 없다"라고 그녀는 또박또

제인 폰다(1963년)

박 소식을 밝혔다.

_ 프레드 로런스 길스Fred Lawrence Guiles, 《제인 폰다: 당대의 여배우Jane Fonda: The Actress in Her Time》(1983)

제인 폰다가 출간한 《제인 폰다의 운동 책Jane Fonda's Workout Book》(1981), 《제인 폰다의 운동 기록Jane Fonda's Workout Record》(1982)은 베스트셀러가 되었다. 캘리포니아에서 시작한 세 군데 운동교실에서 160개 수업을 열었고, 매주 3,200명이 1회 레슨에 7달러씩 내고 수업을 들었다. 제인 폰다는 1980년대 다이어트 열풍의 상징이 되었다.

왜 그녀가 다이어트에 관심을 보이게 되었을까? 1967년 로제 바딤Roger Vadim 감독의 〈바바렐라Barbarella〉라는 영화에서 제인은 전형적인 섹스 심벌을 연기했다. 물론 그녀는 젊은 시절부터 날씬한 몸매를 유지하기 위해 다이어트에 열중했다. 암페타민을 복용하고 변비약을 사용하기도 했다. 그러나 정치운동에 눈을 뜨고 베트남전쟁에 반대하게 되며 여성을 구속하는 날씬한 몸매를 강요하는 현대의 신흥종교가 존재한다는 사실을 깨달았다. 그녀는 베트남의 윤락 여성이 전형적인 미국 미인에 맞추어 성형수술을 받기 위해 수술대에 오른다는 사실을 전해 들었다. 사이공의 간판에는 〈플레이보이〉의 바니걸 차림을 한 아시아 여성들이 등장했다. 그 사실을 알게 된 제인은 베트남 여성이 자신이 중독된 〈플레이보이〉 문화에 희생당하고 있음을 느꼈다. 자신이 연기한 섹스 심벌이 전 세계 여성을 구속한다고 생각한 그녀는 충격을 받았다.

그래서 제인 폰다는 운동에 집중하는 다이어트를 통해 자신의 몸을 통제하는 방향으로 전환했다. '수련을 통한 해방Discipline Liberation'이 그녀의 슬로건이었다. 강요된 신체 이미지에서 탈출하려면 스스로 훈련하고 신체를 단련해 몸을 만들어야 한다. 운동으로 지방을 연소하고 땀을 흘려 노폐물을 배출해서 몸매를 다듬자는 게 그녀의 주장이었다.

엄격한 훈련으로 살을 빼고 몸매를 만드는 보디빌딩은 1980년대 다이어트의 새로운 특징이었다. 단순히 살을 빼는 게 아니라 잘 다듬어진 탄탄하고 탄력 있는 실루엣을 목표로 했다.

운동과 다이어트라는 조합은 드물지 않으나 제인 폰다는 이 조합을 더욱 강조했다. 캐런 카펜터가 1975년에 근육이 생겨 운동을 중단했던 사실을 떠올려보자. 1970년대에는 아직 여성스럽고 하늘하늘한 라인을 선호했다. 캐런은 운동을 중단한 후 오로지 칼로리 계산에 매달리다 거식증이라는 다이어트 개미지옥에 갇히고 말았다.

반면 제인 폰다는 운동으로 신체를 단련하고 건강한 식단을

2011년 건강과 우정에 대한 자신의 신간을 홍보 중인 제인 폰다

유지해야 한다고 주장했다. '워크 아웃Work Out'을 강조한 것이다. 그녀의 다이어트 식단은 식이섬유, 복합 탄수화물, 낮은 비중의 동물성 단백질, 낮은 비중의 지방으로 이루어졌다. 사실 베트남전쟁 전 베트남 농민의 식단에 가까웠다. 베트남전쟁은 자연주의 식생활을 파괴했고, 제인 폰다는 과거의 자연환경을 되찾아야 한다는 주장에 귀를 기울였다.

그렇다면 제인 폰다의 워크아웃 교실은 어떻게 폭발적인 성공을 거두었을까?

> 워크아웃 교실에서 특별한 운동을 가르쳐서 성공한 게 아니다(예전부터 있던 방법이었다). 운동 결과가 특별해서 성공하지도 않았다. 사람들은 제인 폰다의 말과 행동, 도덕적 성실성에 공감했고 열광했다.
>
> _ 힐럴 슈워츠, 《절대 만족하지 않아》

도덕적이고 정신적인 호소가 제인 폰다의 운동을 특별하게 만들었다.

아름답고 건강한 옛 시절의 베트남으로 돌아가자.

그녀의 교실에 다닌 사람들이 모두 정치적 메시지에 관심을 가지지는 않았다. 메시지에는 귀를 기울이지 않고 열심히 운동만 하는 사람도 많았다.

'수련을 통한 해방'이라는 제인 폰다의 슬로건에 비판적인 페미니스트도 있었다. 운동은 어차피 사회가 여성에게 강요하는 이미지에 종속하게 만든다는 주장이었다. 해방을 운운하면서 그녀 역시 다이어트라는 신흥종교에 지배받고 있다고 지적했다.

제인 폰다의 운동은 여성의 기존 이미지(〈플레이보이〉의 바니걸)에서 해방을 목표로 했으나, 시대가 요구하는 이미지를 만들어낸 측면도 있다. 운동으로 만든 탄탄한 몸매가 1980년대에 새로운 아이콘으로 부상했다.

1980년대에 사람들은 그때까지 없었던 스포츠, 피트니스 클래스, 파워 트레이닝 세션, 러닝, 그 밖의 각종 운동에 참여했다. 모두 '몸매 유지Keep in Shape'라는 욕구에서 비롯되었다. '몸매 유지'는 신체를 유연하고 젊고 바람직한 상태로 유지하고 노쇠를 예방한다는 의미에서 사용되었다. 아름다움은 젊고 날씬하고(그러나 깡마르지는 않았다) 탄탄하며 햇볕에 그을린 갈색 피부로 나타났다. 여성에게 그것은 탄탄한 근육, 살짝 풍만한 가슴, 잘록한 허리, 아담한 엉덩이를 뜻했다. 사람들은 보조도구를 덕지덕지 붙여 완벽하게 아름다운 몸매를 만들어 보여주지 않게 되었다. 그렇다고 자연스러운 몸매를 숨김없이 드러내지도 않았다. 자신의 신체를 이상형에 맞게 다듬으려고 피나는 노력을 기울이게 되었다.

_ 메리앤 테샌더, 《이상적인 여성상》

날씬하면서 운동으로 다져진 몸매가 관건이었다. 아름답고 강하고 자신에 대한 확신이 넘쳐야 했다. 피트니스센터가 속속 문을 열었다. 운동으로 다져진 탄탄한 몸매를 강조하는 1980년대의 경향을 힐럴 슈워츠는 이렇게 정의한다.

몸무게Weight에서 몸매Shape로.

단순한 체중 감량으로는 부족하다. 운동으로 근육을 다듬어야 한다. 리사 라이언Lisa Ryan 같은 보디빌더가 아름답다고 찬양받으며 새로운 선망의 대상이 되었다. 힐럴 슈워츠는 운동으로 몸을 만들려는 경향은 마른 몸에 집착하며 폭주하는 다이어트에 어느 정도 제동장치 역할을 했다고 보았다. 단순한 감량은 캐런 카펜터처럼 거식증과 쇠약으로 이어질 수 있다. 이에 제인 폰다처럼 운동해서 강하고 탄탄한 근육을 잃지 않으면서 살을 빼야 한다는 인식이 생겨난 것이다. 극단적으로 깡마른 몸매에 대한 집착은 1980년대에 섭식장애에 관한 일반 지식이 보급되며 어느 정도 수그러드는 듯했다.

1983년에 메트로폴리탄생명보험은 체중 기준표를 수정하고 평균 체중을 늘렸다. 20세기에 날씬한 몸매를 추구하는 경향은 강화되었으나, 실제 미국인의 체중은 야금야금 늘어났다. 1912년부터 1962년까지 미국 남성은 0.5~2.3킬로그램, 여성은 0.9~2.7킬로그램씩 몸무게가 증가했다. 1950년부터 1978년 사이에 미국인은 사카린 같은 대체 감미료를 사용했음에도 섭취 칼로리가 60퍼센트나 증가했다. 날씬한 몸매에 강박적으로 집착하는 현상은 예전보다 더 먹고 몸무게가 늘어났다는 위기감의 반동일 수도 있다.

이처럼 실제로는 몸무게가 늘어나 옛날 평균 체중표를 수정해야 했다. 그런데 웨이트와처스 등의 다이어트 단체는 여전히 구시대의 이상 체중을 걸고 그에 맞추어 다이어트를 강조했다고 슈워츠는 지적한다. 현실과 이상이 멀어질수록 날씬한 몸매를 만들기는 어려워졌다.

몸무게보다 몸매를 중시하게 되자, 체중계의 바늘을 뚫어지게 바라보던 경향은 줄어들고 다양한 측면에서 날씬한 몸매를 추구하게 되었다. 그렇다면 '몸매 만들기Shape Up'는 '날씬해야 하는 사회Thin Society'로부터의 해방일까?

1980년대라는 시대를 'Shape Up'이라는 단어로 규정하면, 시대의 막을 연 인물은 제인 폰다였으나, 1980년대 후반의 심벌은 마돈나로 세대교체된다. 1986년에 미국 잡지에서는 연일 마돈나 특집을 실었다.

> 연예 정보와 패션 정보를 다루는 〈배니티 페어Vanity Fair〉라는 잡지에서는 마이클 그로스Michael Gross가 그녀의 변신을 좇으며 마돈나의 일거수일투족을 특집 기사로 실었다. 철저한 채식주의(베지테리언은 안색이 창백하다), 매일 5킬로미터 정도를 달린다, 무자비한 트레이너를 고용해 일상을 감시받으며 독하게 운동해 사춘기에 찐 '젖살'을 약 4.5킬로그램이나 빼고 지방을 근육으로 바꾸었다는 기사를 썼다.
>
> "마돈나의 변신은 무죄, 교태 어린 소녀가 매력적인 여왕으로 거듭났다. 볼록 나왔던 배는 납작해졌다. 매춘부처럼 문란한 차

림에서 세련된 은막의 요부로……. 눈부시게 변신한 그녀가 온 몸으로 호소하는 메시지는…….”

몇 년 후 마돈나의 표어가 되는 말을 이때 마이클 그로스가 기사에 쓴다.

‘오랫동안 자리가 비었던 야심만만한 금발 미인의 왕좌를 꿰찬 정통 상속인.’

_ 크리스토퍼 앤더슨Christopher Andersen, 《마돈나: 공인되지 않은 이야기 Madonna: Unauthorized》(1992)

금발 여왕의 왕좌를 정통 상속했다는 말은 매릴린 먼로의 재림이라는 의미다. 사춘기에 찐 젖살을 약 4.5킬로그램이나 빼고 지방을 근육으로 바꾸고 볼록 나온 배를 납작하게 만들었다는 말은 1980년대 다이어트를 잘 보여준다. 지방을 줄일 뿐 아니라 근육을 만들기 위해 달리고 운동한다. 그리고 복근이 선명하게 보이는 납작한 배가 중요하다.

수전 보더Susan Bordo는 《견딜 수 없는 무게: 페미니즘, 서구문화, 몸Unbearable Weight: Feminism, Western Culture, and the Body》이라는 책의 ‘날씬한 몸 읽기Reading the Slender Body’ 부분에서 재미있는 주장을 내놓았다. 1980년대는 울룩불룩 나온 몸을 정리해 가지런하게 만드는 데 집중했다. 왜 불룩 튀어나온 살이 나쁠까? 공포영화에

마돈나

서는 인간의 몸속에 악령이나 외계인이 둥지를 틀면 몸이 점점 부풀어 오르다가 뻥 터지는 장면을 볼 수 있다. 툭 튀어나오고 불룩한 신체 부분은 내적 욕망이라는 악마가 돌출한 악마의 소굴이다. 불룩 나온 배는 임신한 어머니를 상징한다. 수전 보더는 불길하고 이질적인 것에 대한 혐오감과 함께 여성이 모성적 이미지에서 해방되고자 하는 열망을 갖게 되었다고 주장한다. 다이어트는 몸무게뿐 아니라 체내에 깃든 악령, 욕망, 정신에 집중되었다.

다이어트는 바야흐로 악령과 싸우는 오컬트Occult 양상을 띠게 된다.

마돈나가 '젖살'을 약 4.5킬로그램이나 뺐다는 부분에 주목해야 한다. '젖살'은 영어로 'Puppy Fat'이라고 부른다. 레이디 콜린 캠벨Lady Colin Campbell이 쓴 《사적인 다이애나: 아무도 알지 못하는 왕세자비Diana in Private: The Princess Nobody Knows》(1992)라는 책을 보자.

다이애나는 찰스와 결혼식 날짜를 잡고 나서 젖살을 빼려고 다이어트를 했다.

즉 1981년 결혼식 당시 'Puppy Fat'이라는 단어가 일반에 알려지며 관심이 집중되었다.

어린아이가 젖을 먹고 포동포동 오른 살을 '젖살'이라 부르며 귀여움의 상징처럼 인식되었다. 그런데 비만이 공격의 대상이 되고 비만의 원인을 두고 갑론을박 논쟁이 벌어지며 젖살이 빠지지 않은 아동까지 다이어트에 눈을 돌리게 되었다.

힐럴 슈워츠에 따르면 1940~1950년대에 비만의 원인은 사춘기에 생긴다고 여겨졌다. 그러다 1960년대에 들어서면서 초등학생의 비만이 문제가 되었고, 1970년대에는 유아기의 비만을 거론하게 되었다. 그리고 1980년대에는 태아 단계가, 1990년대에는 급기야 비만 유전자가 거론되었다. 유아의 비만도 문제가 될 수 있다는 인식이 퍼지며 아기에게 다이어트 이유식이나 다이어트용으로 조제된 분유를 먹이고, 약물까지 쓰게 되었다. 이러다가는 비만 유전자를 없앤다며 유전자 조작을 시도하는 날이 올 수도 있다. 부모들은 우량아를 낳을까 가슴을 졸이며 임신

중에도 몸무게를 관리하게 되었다.

다시 다이애나의 이야기로 돌아가 보자. 영국 왕실의 왕세자비로 전 세계의 시선에 노출된 젊은 여성은 대중의 환상에 부합하는 모습을 보여주기 위해 고군분투했다. 그녀의 이야기는 현대의 다이어트 카니발의 비극에서 피날레를 장식한다.

다이애나는 1961년에 태어났다. 왕실로 시집간 그녀는 찰스와 불화를 겪으며 스트레스로 폭식과 다이어트를 반복했다. 그러나 그녀는 결혼 전에도 이미 섭식장애로 고생했고, 그녀의 언니인 엘리자베스 세라 라비나 스펜서는 거식증을 앓고 치료를 받기도 했다. 언니와 여동생이 같은 섭식장애로 고생했다는 건 병의 원인이 자라난 환경, 즉 가정에 있으며 어린 시절부터 문제가 있었을 거라고 다이애너의 인생을 책으로 쓴 레이디 콜린 캠벨은 말한다. 엘리자베스 여왕은 다이애나의 폭식증이 결혼에 영향을 주었고, 결혼생활에서 생긴 문제로 폭식증에 걸린 게 아니라고 선을 긋는 발언을 하기도 했다.

다이애나는 소녀 시절부터 식사 문제를 겪었다. 상당한 대식가로 포동포동 살집이 오른 몸매였고, 본인도 그런 몸매를 못마땅하게 여겼다. 대신 어머니의 피를 물려받아 운동신경이 좋았다. 테니스, 발레 등을 즐기며 발레리나를 꿈꾸기도 했으나 키가 너무 커서 포기했다는 이야기도 있다. 다이애나는 열아홉 살부터 폭식증을 앓으며 속앓이를 했다.

찰스와 결혼식 날짜를 잡자 그녀의 모든 것이 사진으로 찍혔고 텔레비전에 매일같이 모습을 드러내게 되었다. 자신의 영상을 본 다이애나는 너무 뚱뚱하고 못생겼다며 속상해했고, 다이어트를 결심했다. 결혼식 날에는 날씬한 모습을 보여주어야 한다고 마음을 다잡았다.

처음에는 실컷 먹고 바로 토하는 방식을 썼다. 그러나 생각처럼 살이 빠지지 않아 굶는 방식으로 바꿨다. 끼니를 거르며 빈속으로 과격한 운동까지 병행했다. 운동을 좋아하던 그녀는 매일 독한 훈련을 계속했고, 근육을 단련했다. 참으로 1980년대다운 다이어트였다. 운동으로 땀을 흘리는 다이애나의 사진이 파파라치에게 찍혀 화제가 되기도 했다.

다이애나는 웨스트히스기숙학교 시절 음악과 춤을 담당한 교사였던 릴리 스닙Lily Snipp과 웬디 미첼Wendy Mitchell을 버킹엄궁전으로 불러 개인 레슨을 받았다. 다이애나는 검은색 레오타드를 입고 발레를 하며 학창시절로 돌아간 듯한 기분을 만끽했다. 왕실에서 고립된 그녀에게 다이어트와 발레, 운동은 마음을 달래주는 크나큰 위안이 되었다.

독하게 다이어트에 집중한 덕분에 결혼식 날에는 날씬하고 아름다운 모습으로 등장했다. 그러나 결혼생활에서 불거진 갈등과는 사람들에게 노출되는 일상에서 오는 스트레스로 폭식과 절식을 반복하기 시작했다.

그녀의 폭주는 임신으로 잠시 멈추었다. 다이애나는 아이를 위해 식생활에 신경을 쓰게 되었다. 어머니가 먹은 음식이 태아에게 영향을 주고, 태어난 아기의 비만 여부를 결정한다는 인식이 자리 잡은 시대였기에 다이애나도 임신 중에는 식단을 철저하게 관리했다. 그녀는 백색육(닭고기, 생선), 파스타, 샐러드, 과일 이외에는 먹지 않았다. 당연히 디저트에는 손도 대지 않았다.

임신으로 다이애나의 섭식장애가 나아진 듯했다. 그러나 출산 후 심리가 불안정해진 시기에 다시 폭식을 시작했다. 곁에서 지켜보던 찰스도 걱정스러웠던지 의사의 진료를 받아보라고 권했

배우 존 트래볼타와 다이애나(1985년)

으나 그녀는 고집스럽게 치료를 거부했고, 자신이 병에 걸렸다는 사실을 인정하지 않았다.

그녀의 섭식장애는 찰스와의 결혼생활을 좀먹었다. 물론 그녀를 괴롭히고 파경으로 몰아간 원인은 그 밖에도 이루 헤아릴 수 없이 많았으나, 《사적인 다이애나》를 읽으면 폭식증이 그녀의 일상에 어두운 그림자를 드리웠다는 점을 부인할 수 없다.

책을 쓴 레이디 콜린 캠벨을 비롯한 측근들은 다이애나가 자신이 병에 걸렸다는 사실을 인정하지 않고 의사의 진료를 거부했다고 증언했는데, 이들의 증언이 100퍼센트 사실은 아니라는 주장도 있다. 다이애나는 거식증과 여성의 식이장애를 다룬 책을 쓴 수지 오바크Susie Orbach를 찾아가 상담을 받고, 크리스마스를 궁에서 보내지 않고 치료를 받으며 보내기도 했다. 책에는 치료를 받은 이야기는 나오지 않는다.

수지 오바크는 심리치료사로 1976년에 루이제 아이켄바움Luise Eichenbaum과 함께 런던에 위민스세러피센터Women's Therapy Centre를 설립하고, 1981년에는 뉴욕에 연구소를 개설했다. 1978년에 출간한 책 《비만은 페미니스트 이슈다Fat Is a Feminist Issue》는 페미니스트들의 고전이 되었다. 1986년에 나온 《굶주림의 공습: 우리 시대의 메타포로서 거식증 환자의 투쟁Hunger Strike: The Anorectic's Struggle as a Metaphor for Our Age》은 거식증을 다루며 화제의 도서가 되었다.

다이애나는 수지 오바크에게서 구원을 찾았다. 어쩌면 여성해방운동 계열의 치료사에게 상담을 받은 그녀의 행실이 왕실 사람들의 반감을 불러일으켰을 수도 있다. 상담을 받았음에도 결혼생활은 파경으로 치달았고, 그녀는 왕실을 떠났다. 그리고 새로운 생활을 시작하려던 때 교통사고로 생을 마감했다. 어쩌면 다이애나의 죽음은 다이어트가 사인이었을 수도 있다. 다이어트는 나이를 먹지 않고 젊음을 유지한 채 죽는 'Die Young'이라고도 해석할 수 있다.

셰러피와 다이어트

1980년대 이후 다이어트에는 이전 시대와는 다른 두 가지 경향이 나타났다.

첫째, 비전문가가 쓴 다이어트 서적이 쏟아져 나왔다.

너도나도 다이어트 전문가 행세를 하고 수만 가지 다이어트법이 난무하며 사람들의 눈과 귀를 어지럽혔다. 기존에는 의사, 영양학자, 스포츠 트레이너 등 나름 그 분야의 전문가가 다이어트 책을 쓰거나, 영화배우나 스타 등 유명인이 자신의 다이어트 경험을 발표하는 정도였으나 어느 순간부터 어중이떠중이까지 다이어트를 말하게 되었다.

> 둘째, 다이어트가 신체뿐 아니라 정신, 마음, 뇌 등 내부적 문제를 강조하게 되었다.

즉 날씬해지고 싶다는 마음, 동기부여가 이전보다 중요해졌다.

이러한 두 가지 경향은 밀접하게 관련되어 있다. 다이어트가 정신과 마음의 문제가 되자 객관적이고 과학적인 근거가 필요하지 않게 되었고 누구나 다이어트 시장에 뛰어들 수 있게 되었다. 그러자 근거가 없는 주관적인 방법도 어느 정도 먹혀들게 되었다. 이렇게 다이어트 제자백가, 다이어트의 춘추전국시대가 막을 올렸다. 다이어트법, 건강법이 우후죽순처럼 쏟아져 나왔다. 마구잡이로 쏟아져 나온 다이어트법 중에는 엉겁결에 웃음이 터질 만한 황당한 방법도 있었다.

나는 우리의 정신을 치유하는 다양한 세러피를 연구하는 과정에서 다이어트에 관심이 생겼다. 종교적 · 정신적 · 심리적 세러피는 기묘하게도 다이어트와 닮았다. 오늘날에는 물건에서 마음으로 시대가 옮겨 가며 치유의 시대에 접어들었다. 어디서나 '힐

링'이나 '세러피'라는 단어를 들을 수 있다. 아로마세러피, 크리스탈 힐링 등이 여성잡지에 매달 소개된다. 웨이트 트레이닝, 마사지, 다이어트, 세러피, 힐링 등은 공통적인 배경을 가진 현상이 아닐까.

이들은 '뉴에이지'라는 단어로 연결되어 있다고 본다. 뉴에이지는 1960년대에 뿌리를 둔 반문화 사조로, 1980년대에 폭발적으로 퍼져나갔다. 그리고 1990년대에 일반에게 널리 알려지며 일상에서도 뉴에이지 냄새가 나는 것들을 볼 수 있게 되었다. 뉴에이지의 역사는 다이어트의 흐름과 겹친다. 1980년대에 다이어트는 정신적인 부분으로 기울었고, 뉴에이지와의 접점이 확대됐다.

나는 뉴에이지를 20세기 말의 현상으로 추정하고, 《세기말 신드롬: 뉴에이지의 빛과 그림자世紀末シンドローム: ニューエイジの光と闇》(1998)라는 책을 썼다. 이 책에서 뉴에이지 현상으로서의 다이어트를 다루는 과정에서 20세기 다이어트의 역사에 초점을 맞추게 된 것이다.

다이어트는 신체와 정신 양방향과 관계가 있다. 다이어트법은 세러피(정신요법) 양상을 띠고 있다. 다시 말해 컬트화, 나아가 신흥종교로 흘러갈 수 있다는 것이다. 어떤 다이어트법이 효과가 있는지 없는지는 믿음에 달린 셈이다.

갖가지 다이어트 방법은 원래 정통과학(서양의학)의 주변, 이단의 영역에 자리 잡고 있었다. 다시 말해 대체요법이었기에 수많은 방식이 존재했다. 옛날부터 주술, 마법, 민간요법, 미신 등이 있었다. 과학이 발전하며 한때는 기세가 한풀 꺾였으나, 20세기 후반, 반문화 흐름에 편승해 봉인이 풀리며 일제히 분출되기 시작했다. 그것이 뉴에이지로, 다이어트법 전성시대도 그중 하나다.

날씬해져야 한다는 20세기의 강박관념은 '마른 몸에 대한 숭배The Cult of Thinness'라는 신조어를 만들었고, 이는 신앙과 종파, 종단 등과 몹시 닮았다. 믿음 그리고 입교, 수행, 해탈 등 종교의 계율과 가까운 개념이 다이어트에도 존재한다.

힐럴 슈워츠는 1929년 세계 대공황 이후, 다이어트도 신진대사에서 식욕으로 방향을 전환하고 심리학적 경향을 강화하며 동시에 그룹요법이 성행했다고 지적한다. 그룹 가입과 구원 과정은 다이어트의 컬트화를 강화했다. 초기 그룹요법 중 하나인 과식자 모임 OAOvereaters Anonymous는 알코올 중독자 모임 AAAlcoholics Anonymous를 참고해 유사종교적 12단계 프로그램을 만들었다.

대전제는 개인적 책임성이다. 회복은 폭식 문제에 자신이 무력함을 스스로 인정하고, '절대적인 힘'을 받아들이는 과정이다. 12단계 프로그램은 자신들의 비정치적인 성격에 자부심을 느낀다. 실제로는 어떠한 정치 그룹과도 동일시되지 않으려는 그들의 방식에서 일탈하고 있다. 여성의 힘을 곧 이 문제를 해결하는 힘으로 간주하는 대신에 여성은 이 '병' 앞에 무력하다고 인정하라고 촉구했다. 어디까지나 개인의 문제를 강조하고 여성의 체중에 관한 강박관념 문제의 사회적 · 문화적 · 정치적 맥락을 완전히 무시한다.

_ 샬린 히스 비버, 《나는 아직 날씬한가?》

샬린 히스 비버는 세러피가 폭식과 거식을, 여성을 사회적 맥락에서 고려하지 않고 어디까지나 개인적 문제로 치부하며, 의학적으로 '질병'으로 취급하는 방식을 지적한다. 여기서 여성은 혼자서는 무력하고 누군가에게 의존해야 하는 존재로 여겨진다. 그리고 절대적인 힘을 믿어야 한다. 또 치유는 당신 개인의 책임이며 절대적 힘을 믿고 훈련해야 한다고 주장한다.

개인과 가정에 초점을 맞추고 사회적 맥락은 거의 다루지 않는 이러한 관점은 뉴에이지 계열 세러피에서 흔히 찾아볼 수 있다.

물론 그 밖에도 페미니스트 계열 세러피가 있고, 여기서는 섭식 문제를 여성의 사회적 억압과 관련지어 고찰한다. 페미니스트 계열에서는 다이어트(억압적이지 않은)를 권하는 방향과 비만해방Fat Liberation처럼 날씬한 몸매를 종교처럼 숭배하는 풍조에서 해방되자고 주장하는 방향이 있다.

그러나 역시 자아찾기, 자기구제 계열 세러피가 개인적 치료, 자기구제에 머무는 한 문제의 사회적 본질은 해결되지 않는다. 문제는 사라지지 않기에 세러피도 불필요해진다. 병과 세러피의 연쇄가 끝없이 이어진다.

개인적 세러피가 1980년대 주류였던 현상은 페미니즘이 여성 내부에서 눈뜬 개인적 변신에 대한 희구를 달성할 수 없다는 현실에서 비롯되었다고 샬린 히스 비버는 말한다. 페미니즘은 사회의 변혁을 목표로 했으나, 여성 개개인의 꿈은 이룰 수 없었다. 1980년대에 들어서자 원대한 꿈이 무너지고 작은 꿈이 남았다.

세러피는 모든 것이 자신의 문제이며 자신의 힘으로 헤쳐나가야 하고, 모두 내 탓이고 나는 무력하니 절대적인 힘의 도움을 받아야 한다고 주장한다. 절대적인 힘이란 신, 영혼, 구루, 세러피스트 등을 가리킨다. 세러피는 치유, 치료, 구제 등으로 종교적 체험과 이어진다. 세러피가 성행하며 다이어트와 운동이라는 신체적 차원에서 심리적 · 정신적 차원으로 위상이 변환되었다.

다이어트는 기원적으로 수도승 등의 종교적 체험과 연관되어 있으나, 근대에는 과학적 · 세속적 차원에서 다루어져 왔다. 그러나 뉴에이지 현상이 범람한 1980년대에 다시 종교와 결탁하는 모습을 보인다.

가령 기독교 원리주의는 비만을 죄악이라 공격하기 시작했다. 수전 보더는 1980년대 다이어트가 불룩 나온 배를 납작하게 만들고자 했던 건 튀어나온 배에 악령이나 외계인이 깃들어 있다고 믿었기 때문이라는 터무니없는 주장을 했다. 1978년, 원리주의 목사인 C. S. 러벳C. S. Lovett 박사는 《주님 도우소서: 악마는 내가 뚱뚱하길 원해!Help Lord: The Devil Wants Me Fat!》라는 자극적인 제목의 책을 발표했다. 이 책에 따르면 악령은 가장 의심스럽지 않은 곳에 둥지를 튼다. 예를 들면 우리가 신에게 감사기도를 올리는 음식 속에 악령이 깃들어 있다. 책은 음식에 숨어 있는 악령이 우리를 살찌게 만든다고 주장했다.

힐럴 슈워츠에 따르면 최초의 기독교 다이어트 서적은 찰리 W. 셰드Charlie W. Shedd가 1957년에 출간한 《체중 감량을 위해 기도하라Pray Your Weight Away》였다. 찰리 W. 셰드는 약 45킬로그램을 감량했는데, 그에 따르면 몸무게는 죄악의 무게로, 자신은 45킬로그램만큼 죄가 가벼워졌다고 주장했다. 그는 1972년에 두 번째 다이어트 서적을 출간했다. 《비만은 당신 머릿속에 있다The Fat

Is In Your Head》라는 제목의 책이었다.

1970년대에 기독교 다이어트 그룹이 결성되었다. 그중에 3D Diet, Discipline, Disciple가 있다. 'Disciple'은 예수의 제자를 뜻한다. 장로교 목사의 아내인 캐럴 쇼월터Carol Showalter가 뉴욕에 설립한 단체로, 그녀는 10년 동안 체중과 사투를 벌여 75킬로그램 남짓 감량에 성공한 경험의 소유자였다.

기독교적으로 다이어트는 일종의 십자군 전쟁이었다. 먼저 성령에 눈뜨고 내적 변신이 이루어진 다음에 악령과 맞서 싸워야 한다. 1970년대에는 체중조절그리스도시스템Weight Control Jesus System이 활동했으며 프랜시스 헌터Frances Hunter가 쓴 《비만과 감량에 대한 하느님의 대답God's Answer to Fat, Lose It》이라는 책은 1970년대 중반에 30만 부나 팔려 나갔다.

슈워츠는 복음주의자와 행동주의자가 다이어트의 양극단에 있다고 보았다. 복음주의자는 종교적 열정으로 내적이고 보이지 않는 영혼의 문제로 다이어트를 진행한다. 행동주의자는 외적이고 눈에 보이는 신체, 몸무게, 칼로리 등을 다이어트의 대상으로 삼는다. 이 양극단 사이에 온갖 다이어트가 존재한다.

1970년대부터 종말의 위기감이 고조되기 시작했다. 식량위기나 지구 환경파괴가 진행되어 지구가 멸망할 수 있다는 주장이 나오며 생태학적 위기감이 제기되었다. 이 시기에 배불리 먹어도 좋을까? 식욕인가, 아포칼립스(묵시록)인가. 인류의 포식으로 세계에 종말이 찾아오고 이어지는 새로운 시대가 시작된다.

1980년대는 세러피, 힐링, 다이어트가 완전히 뒤섞여 뉴에이지 카니발을 연출한 시대였다. 다이어트는 뉴에이지의 호수로 흘러 들어갔고, 마술에서 동양 종교에 이르는 세러피와 융합했다. 요가, 기공, 아유르베다 등의 다이어트가 이 시대를 휩쓸었다. 과학이 진보하고 다이어트도 더 합리적인 방향으로 나아가리라 예상했으나 점점 더 비합리적인 다이어트가 성행했다.

계절의 여왕 5월이 오고 옷차림이 얇아지기 시작하면 여성잡지는 다가오는 여름을 준비하라며 여성들에게 다이어트를 촉구하는 특집 기사를 싣는다. 옷차림이 얇아지면서 몸매가 드러나게 되면 아무래도 신경이 쓰이게 마련이다. 〈TOKYO 1주일〉(1998년 5월 5일 호)에 '날씬하고 예뻐질 수 있다! 베스트 100'이라는 기사가 실렸다. 기사에서 다룬 최신 다이어트를 살펴보자. '손쉽게 즐겁게 무리하지 않고'라는 문구를 강조한다. 오늘날 젊은 세대의 풍조로 그들은 엄격한 수행을 선호하지 않는다. 이러한 풍조는 뉴에이지 현상과도 공통점이 있다.

그렇다면 어떤 방법이 있을까? '최면 그림책 다이어트'는 한 달 동안 이 그림책을 보기만 해도 그림이 잠재의식에 작동해 살을 빼준다고 주장한다. 암시에 잘 걸리는 사람에게 적합한데, 경험한 사람의 의견에 따르면 한 달 동안 그림책을 꾸준히 보는 게 귀찮다는 모양이다. 아무래도 귀찮은 일은 꾸준히 계속하기 어렵다. 다이어트 CD도 있다. 이 제품에는 'CD를 듣기만 해도 살이 빠진다'는 문구가 붙어 있다. 보고 듣기만 해도 효과가 있다면 얼마나 편할까. 이 방법들은 모두 '마인드 컨트롤'에 바탕을 두고 있다.

인도네시아 식물인 자무Jamu에서 추출해 만든 알약을 먹으면 가슴이 풍만해진다는 제품도 나왔다. 에스닉 식품의 효과는 한약 다이어트 열풍을 비롯해 여러 가지가 있는데, 자무도 그중 하나다. '단추 다이어트'라는 다이어트도 있다. 배꼽 위아래로 단추를 올리고 반창고로 붙여두면 살이 빠진다는 주장이다. 배꼽 아래의 단전이라는 혈에 붉은색을 가까이하면 기의 순환이 활발해져 살이 빠진다는, 빨간 팬티를 입는 다이어트도 등장했다. '반창고 다이어트'도 나왔다. 양쪽 가운뎃손가락과 약손가락에 반창고를 감으면 허리가 잘록해진다는 다이어트다.

진심인지 농담인지, 진짜인지 사기인지 아리송한 다이어트가 쏟아져 나왔다. 그 다이어트를 종교처럼 포교하는 사람과 믿는 사람이 있으면 하나의 현상이 된다. 그리고 이렇게 다이어트를 진지하게 생각하는 인간이라는 동물의 신비에 놀라게 된다.

다이어트의 현재와 미래

〈쇼처럼 즐거운 인생은 없다There's No Business Like Show Business〉라는 매릴린 먼로가 출연한 영화가 있는데, 샬린 히스 비버는 《나는 아직 날씬한가?》에서 '몸 장사만큼 즐거운 장사도 없다'고 썼다. 몸 장사라고 하면 우선 식품, 다이어트, 재활을 들 수 있고, 이어서 운동과 성형외과도 몸을 팔아 돈을 버는 장사다.

다이어트는 20세기 소비사회의 산물이다. 다이어트와 미용은 여성지를 유지하는 기둥이 되고 있다. 재미있게도 또 다른 기둥은 맛집 탐방 기사로, 화려한 레스토랑과 요리를 추천하며 다른 한쪽에서는 다이어트를 권한다. 쉽게 말해 눈 가리고 아웅 하는 식이다.

특히 1980년대에 다이어트는 거대한 산업으로 성장했다. 다이어트는 (가부장적인) 자본주의사회가 마련한 거대한 소비를 만들어내는 장치의 하나라고 할 수 있다. 지닌 로스는 《음식이 사랑일 때》에서 미국은 연간 330억 달러를 다이어트에 쓴다고 주장했다. 보디 비즈니스 자체가 엄청난 규모로 성장했다.

언론은 광고와 미용 정보 기사를 통해 사고, 시도하고, 따르라고 속삭인다.

자본주의와 가부장제는 문화적으로 바람직한 신체를 여성에게 투영하기 위해 언제나 언론을 이용했다. 자본주의와 가부장제가 바라는 이미지는 어디서든 볼 수 있다. 텔레비전, 영화, 광고판, 인쇄물 등. 여성지는 번쩍번쩍한 여름 광고, 기사를 가장한 광고, 미용 상담 등으로 교묘하게 거울을 내걸고 여성에게 자신의 모습을 비추어 보라고 유혹한다. 그들이 제시하는 '도움'이란 알고 보면 실현 불가능한 거울이다.

_ 샬린 히스 비버, 《나는 아직 날씬한가?》

미국의 저널리즘은 여성들을 항상 자신의 외모에 대한 욕구불만 상태로 설정하고, 다이어트와 미용 소비를 부추긴다.

다이어트 식품도 거대한 산업이다. 미국인은 한 손에 다이어트 콜라, 한 손에 고지방 햄버거를 든 역설적인 상황에 살고 있다. '먹어야 할까, 먹지 말아야 할까' 혹은 '먹어라, 먹지 마라'라는 말 사이에서 갈등한다. 그래서 영양가 하나 없는 다이어트 식품이 출시되었다.

1980년대에는 미국의 모든 식품의 70퍼센트가 다이어트 식품이 되었다. 1984년에는 다이어트 식품, 다이어트 음료가 다른 식품의 3배 속도로 시장이 성장했다.

1983년에는 '라이트'를 붙인 식품 91종이 출시되었다. '라이트' 상품은 일반 식품보다 원료를 더 적게 사용해 원가는 더 저렴한데도 건강식품이라며 더 비싼 값에 판다.

다이어트를 위한 온갖 약품부터 다이어트 서적, 다이어트 교실 등 거대한 시장이 펼쳐졌다. 1991년에 이르면 1만 7,000개 다이어트법이 미국에서 활용되었다. 그중에서 제니크레이그Jenny Craig Inc., 다이어트센트, 뉴트리시스템 세 군데가 유명했다. 제니크레이그는 400개 이상의 지점을 거느린 거대 다이어트기업이다.

〈일간 겐다이日刊ゲンダイ〉(1998년 2월 20일 호)에 따르면, 2대 다이어트 약품인 리덕스REDUX와 펜펜FEN-PHEN은 심장질환을 유발하는 부작용이 있어 1997년에 시판이 중지되었는데, 그 대신 애벗Abbott사의 메리디아Meridia(시부트라민 성분으로 국가에 따라 '리덕틸'이라는 상품명으로 출시)가 새로운 항비만 약품으로 승인되어 연간 5억 달러의 매출을 올릴 전망이라고 보도하고 있다. (2010년 메리디아도 심근경색과 뇌졸중 위험이 있다고 하여 애벗에서 자발적으로 회수하기로 결정했다.-옮긴이)

재활은 자기구제와 마찬가지로 정신적 요법으로, 비만에서 회복하는 기전으로 작용한다. 식사와 운동이 중심인 다이어트센터와는 구별되는데, 실제로 양자의 경계는 명확하지 않은 경우가 많다. 《사랑의 굶주림: 음식중독으로부터 재활Love Hunger: Recovery from Food Addiction》이라는 책은 1990년에 20만 부나 팔리며 재활 전문 토머스넬슨출판사Thomas Nelson Publishers까지 세웠다. 재활치료에서는 비만을 질병으로 간주한다. 재활, 자기구제는 정신세계와 접점을 가지는 뉴에이지 계열이다.

1980년대 운동으로 다져진 탄탄한 몸매의 유행은 피트니스산업을 키웠다. 피트니스센터, 운동 비디오, 가정용 운동기구, 각종 운동복과 용품, 운동화 등이 거대한 시장을 형성했다.

예전에는 거기서 거기였던 피트니스클럽, 스포츠클럽, 애슬레틱클럽이 각기 다른 고객을 상대하게 됐다. 피트니스클럽은 여성의 다이어트와 몸매 관리를 목적으로 했다. 그 무렵 심야 방송에서 미국의 피트니스 프로그램을 볼 수 있었는데, 주로 가정용 운동기구 광고로 채워졌다. 운동 비디오는 1982년에 제인 폰다가 출시하고 나서 폭발적으로 팔려 나가기 시작했다.

다이어트의 극한은 미용성형이다. 1986년, 미국의 미용성형에서 지방흡입이 1위에 올랐다가 1990년대에는 3위로 내려갔다. 복부처럼 지방이 많은 부위에서 흡입한 자신의 지방을 얼굴에 주입해 주름을 없애는 시술도 개발되었다. 또 다이어트 끝판왕이라고 할 수 있는 위축소술도 나왔다. 밴드나 의료용 스테이플러로 위를 묶고, 스테인리스 철사를 위 속에 넣어 위를 축소하는 수술이다.

20세기가 막바지에 달하며 20세기의 선택 사항 중 하나였던 다이어트도 발악하듯 극한에 가까워졌다. 비만의 원인을 찾다가

연령이 점점 내려가 마침내 유아 다이어트에서 태아 다이어트까지 등장했고, 급기야 1994년에 비만 유전자가 발견되었다.

1994년 이후, 다이어트의 역사는 새로운 국면에 접어들었다. 가모하라 세이카蒲原聖可의 《비만 유전자: 비만의 수수께끼가 풀렸다!肥満遺伝子: 肥満のナゾが解けた!》(1998)라는 책에서는 새로운 정보를 역동적으로 전달한다. 저자는 뉴욕 록펠러대학교에서 비만 유전자를 발견한 J. 프리드먼J. Friedman 박사의 연구실에 있었던 연구원으로, 최신 지식을 소개하고 있다.

먼저 '비만은 유전자다'라는 단호한 주장으로 독자의 귀를 솔깃하게 한다.

> 비만의 원인은 그 사람의 체질, 즉 유전적 요인에서 비롯될까, 아니면 풍요로워진 식생활 등의 환경이 원인일까? 1990년대 후반에 급속하게 진보한 의학과 생물학 연구 결과를 고려하면, 유전자로 규정되는 부분이 환경의 영향보다 크다고 추정할 수 있다.
>
> _ 가모하라 세이카, 《비만 유전자》

비만의 기준이 되는 BMI(체질량 지수)는 최소 40퍼센트에서 최대 80퍼센트가 유전적 소인으로 규정된다는 주장이다. 비만이 유전이라면 도대체 다이어트는 무슨 소용이란 말인가? 유전자로 결정된다면 살을 빼려고 아무리 발버둥을 쳐도 헛수고로 끝나지 않을까?

희한하게도 이 책에서는 전반에서 비만 유전자를 설명하고, 후반에서는 느닷없이 다이어트법을 소개한다. 유전자와 식사가 어디서 어떻게 다이어트로 연결되는지 알 수 없다. 아마 유전자와 일상적 다이어트 사이에 파인 골은 여전히 깊고 넓을 공산이 크다. 저자는 맺음말에서 다음과 같이 끝을 맺고 있다.

> 사람의 다양한 행동을 그 사람의 유전자 책임으로 돌린다면 '신우생학'의 대두를 용인하게 될 수도 있다. 극단적인 '유전자 환원주의'는 주의해야 한다. 어처구니없는 과오를 과학자와 사회가 저지를 가능성이 있다.
>
> _ 가모하라 세이카, 《비만 유전자》

비만이 유전이라고 가정하면 살을 빼려는 인간의 노력은 허무해진다. 힐럴 슈워츠는 이미 1986년에 자신의 책에서 복음주의자도, 행동주의자도, 그리고 과학자도 비만을 인간 의지의 힘을 훨씬 웃도는 저 너머에서 온 것으로 규정한다고 밝혔다. 사회가 단편화하고 사람들의 욕망도 단편화하면 인간의 의지력은 무력해진다.

강력한 시장경제가 개인을 그물망에 가두고 만다. 시장경제의 촘촘한 그물망에서 개인의 욕망을 해방하려면 어떻게 해야 할까? 복음주의자는 식욕을 신에게 바친다. 행동주의자는 식욕을 규칙적으로 다스리라고 일상적으로 교육한다. 신경생리학자는 식욕은 뇌의 문제라고 보고, 의학생물학자는 식욕을 유전자로 환원한다. 복음주의자, 행동주의자와 마찬가지로 과학자도 비만을 소비의 사회적 · 경제적 산물과 분리해서 생각한다. 슈워츠는 비만과 다이어트 문제를 식탁과 시장에서 분리해 영혼과 유전자 문제로 보는 관점에 의문을 표한다.

유전자부터 우리의 비만에 이르기까지 아직 큰 공백이 있다. 내가 다이어트에 흥미를 느끼게 된 건 다이어트가 특히 여성, 특히 미국에서 볼 수 있는 문화적 현상이었기 때문이다. 설령 먼 길을 돌고 돌아 유전자와 이어지더라도 나는 유전자의 기나긴 여행 끝에 우리의 식탁과 시장, 그리고 살아가는 우리의 몸에 관해 말하고 싶다.

날씬한 몸매를 종교처럼 추앙하는 20세기의 신흥종교, 즉 슬림 컬트Slim Cult는 아직도 이어지고 있다. 우리가 우리 몸에 품은 환상은 앞으로 어떻게 변해갈까?

맺음말

다이어트는 상식이라는 말이 나올 정도로 현대 생활의 일부로 자리 잡았다. 그러나 곰곰이 생각해보면 다이어트는 참으로 불가사의한 인간 행동이다. 우리는 무심코 먹고 살을 빼야 한다는 강박관념에 시달린다. 왜 살을 빼서 날씬해져야 할까? 건강을 위해? 아니면 아름다운 스타일을 유지하기 위해? 다이어트의 필요성을 설명하는 말 중에 무엇이 진실일까?

왜 건강을 해칠 정도로 과격한 다이어트에 몰입하는 사람이 생겼을까? 또 우리가 생각하는 '다이어트'라는 개념은 먼 옛날에 만들어졌다기보다 근대에 나타난 경향으로 기껏해야 100년 정도의 역사밖에 없다.

나는 문득 다이어트가 인간의 기묘한 행동이라는 생각이 들어, 다이어트의 역사에 흥미가 생겼다. 조사해보니 다이어트가 1980년대부터 정신세계와 접점을 가지게 되었음을 알게 되었다. 다이어트는 신체의 문제뿐 아니라 정신의 문제이기도 한 모양이다.

나는 마침 20세기 말에 '힐링'이니 '웰빙'이니 하는 말이 범람하는 기묘한 현상에 관해 고찰할 기회가 있었다. 힐링, 웰빙 등의 말을 어디서든 듣게 되었다. 몸과 마음을 치유해주고 행복한 삶을 살 수 있게 해준다는 온갖 요법이 꼬리에 꼬리를 물고 쏟아져 나왔다. 마찬가지로 다이어트법도 줄줄이 등장했다. 각종 요법과 다이어트법은 소름 끼칠 정도로 닮았다. 나는 각종 치유요법과 다이어트, 미용요법 등은 떼려야 뗄 수 없는 관계에 있다고 생각하게 되었다. 그리고 20세기 세기말론으로《세기말 신드롬: 뉴에이지의 빛과 그림자》라는 책을 썼다. 이 책은 현대라는 한 시대를 바라보는 일종의 겨냥도를 그려보자는 생각에 쓰게 됐는데, 책을 쓰는 과정에서 다양한 주제가 부각되었다.

이번 책도 그 산물 중 하나다. 이 책에서는 20세기에 우리의 신체가 어떻게 다루어져 왔는지를 고찰해보았다.

이 책 첫머리에서 말했듯 다이어트는 근대적이고 여성적이며 미국적인 현상이다. 새삼 다이어트를 생각하는 과정에서 20세기란 어떤 시대였는지를 이야기할 수 있겠다고 생각했다. 다이어트는 다양한 영역과 결합했다. 먼저 건강 측면에서는 영양학, 가정학, 의학, 스포츠론, 운동론, 무용론 등과 접하고 있다. 영양학도 참으로 기묘한 학문으로 시대에 따라 주장을 손바닥 뒤집듯 바꾼다.

미적 측면에서는 패션사와 미술사와 접하고 있다. 왜 어느 시대는 풍만한 여성을 선호하고, 또 어느 시대는 마른 여성을 선호할까? 그리고 20세기는 왜 극단적으로 날씬한 몸매를 추앙하게 되었을까?

패션사에 관해서는 어느 정도 지식이 있다고 생각했으나, 다이어트의 역사를 조사하는 과정에서 내가 알던 상식이 뒤집히는 경험을 했다. 세기말에 여성은 코르셋에서 해방되었다고 알고 있었는데, 알고 보니 20세기에 들어서 코르셋은 보이지 않는 형태로 부활했다.

1980년대 접어들어 미국에서는 건강식품, 다이어트, 미용 등 거대한 산업이 발전했다. 미국에서 시작된 물결은 세계 각국으로 몰려갔고 여성지는 앞다투어 특집 기사로 다루었다. 다이어트는 인간의 가장 약한 부분 중 하나일 수 있다. 그 부분을 찔리면 사람은 움찔하며 고분고분해지게 마련이다. 1990년대에 다이어트는 급기야 유전자 문제까지 도달했다.

다이어트는 미국적이고 미국에서 가장 활발하게 성장했다. 특히 미국 서부 해안, 캘리포니아가 다이어트의 본고장이다. 언젠가 그런 관점을 포함한 캘리포니아 이론을 다룬 책을 쓰고 싶다.

미국에서는 이 책에서 여러 번 언급한 힐럴 슈워츠를 비롯한 뛰어난 전문가들이 다이어트에 관한 연구를 진행했고, 그 덕분에 이 책을 쓸 수 있었다. 내가 사는 일본에서는 역사적 관점에서 다이어트를 바라본 연구를 찾을 수 없어 슈워츠를 비롯한 미국 연구자들의 책을 주로 참고했다.

어쨌든 몸무게와 스타일에 이 정도로 신경을 쓰고 다이어트를 둘러싸고 일희일비하는 현대인은 이 얼마나 불가사의한 존재인가. 다이어트에 미쳐 돌아가는 현대라는 시대는 요지경 같다. 나는 그 인간 희극에서 눈을 뗄 수 없었다. 정신을 차리고 보니 매일 보는 신문에도 다이어트와 미용 관련 기사가 숨어 있었다. 하나하나의 다이어트법 속에서는 각각의 이야기를 엿볼 수 있다. 다이어트 책을 왕창 사들이는 나를 보고 서점 여직원이 격려의 미소를 보내기도 했다.

막상 쓰려고 보니 이런 주제로 책을 써도 되나 싶어 민망한, 그러나 너무나 재미있는 책을 쓸 기회를 주신 출판사 편집부에 감사 인사를 전한다.

독자는 이 책을 읽고 살을 빼고 싶다는 생각이 들 수도 있으나, 다이어트를 시작하기 전에 먼저 살을 뺀다는 게 어떤 의미인지를 생각해보기 바란다.

운노 히로시